龍浩
LONGHAO
FORTURE
完美
PERFECT
U1074718
Have A Wonderful New Year
恭禧新年好
《新春快樂大吉大利，心想事成合家歡樂》
民建聯
DAB
中国农业银行
AGRICULTURAL BANK OF CHINA
溫柔的人有福了。

如意
吉祥

中华红包集锦

献给祖国的文化礼品

编著 王力建 姜夏旺

華中科技大學出版社

以红包的名义：致敬祖国！

亲爱的母亲
千万个红包献给您，也
表达不尽儿女的感恩之心，
倾吐不完儿女的思念之情！

（红包上的英文：献给特别的您）

紫气东来

不　亦

红　乎

中华红包

XIAN GEI NIN

序

中华民族哺育了灿烂辉煌的五千年华夏文明。中华文明，是世界上最早形成的文明之一，也是世界上唯一未曾中断、延绵至今的文明。当我们的目光，回望五千多年甚至更远一点的时光岁月，可以看到，祖先们创造的中华文明百花园中一朵朵奇葩竞相绽放。而这里面就包含了一代代传承下来的精神文明、物质文明和风俗文化生活等各种形态。民族民俗的生活方式，既是社会意识形态之一，又是我们民族宝贵的文化遗产，影响着我们的思维模式、价值观念、行为准则和风俗习惯。民俗风情千万种，红包礼轻情意重。红包作为民俗文化中一种有形的物质形态，折射出中华民族几千年来社会生活、地域文化、风土人情的变迁。吉祥、礼仪、亲情……都是小小红包寄托着人们对美好生活向往的期许。

王力建先生，用他有生以来近乎一半的岁月——30 多年的时间，集藏了三万多个红包封。又在四年的日子里，对其数次进行筛选、分类、整理，最终编著出版。尤其是，书中每篇的内文（配上相关的红包封），提纲挈领地阐述了中华红包及其文化的作用与意义，和在新的时代的传承、创新与发展；论证了中华红包及其文化，也是中国民俗文化的重要组成部分，是中华民族文化的根基和中华民族传统的渊源。图文并茂，可谓非常“有意”且“用心”。

姜夏旺先生，近十多年来致力于红包设计制作与红包理论研究。将红包这种民俗文化承载物与现代视觉语言相结合，赋予红包新的时代积极元素。“庆雅集”“禧时”等品牌的一系列现代红包设计作品，都是他的精心之作。民俗文化与现代设计、当代社会生活方式的碰撞，使红包有了更多的可能性。姜先生不仅每年在红包设计上做足功夫，更是致力于民俗红包的理论研究。在王先生收集整理红包的过程中，进一步认识和梳理民俗红包的艺术价值和文化价值，将民俗文化运用到社会文明及树立文化自信建设中去。

王力建、姜夏旺共同编著的《中华红包集锦》出版面世，其意义深远。这是一部红包收藏著作，更是对两人多年来从事民俗红包工作最好的诠释。两人珠联璧合，将这些红包及其文化呈现到大众面前，不仅是为树立正确的红包价值观做出了一种努力，也是为中国民俗文化传承发扬增添了一抹光彩，为弘扬优秀的中华传统文化奉献了一份力量。

红包作为中华民俗文化的重要组成部分，一直是牵系海外华人的特殊情感纽带。如今，红包习俗已悄然在国外流行，成为中国传统民俗文化在国外的又一重要标志性载体。随着红包文化的深入和传播，也从一个侧面体现出国家的软实力。《中华红包集锦》在收集整理的基础上，分类编辑且公开出版，应是该领域目前尚无人做到。他们为民俗文化的传承与发展，作出了自己的贡献。同时，为民俗红包文化资源的整合、红包价值观的积极认识、红包设计创意的提升和红包未来的发展研究，提供了有益的参考。

江田明　教授

《中国设计年鉴》编委

中国包装联合会设计委员会全国常委

中国美术家协会平面设计艺术委员会委员

"包"醉"封"迷

红包，你不可能不知道吧。这个似乎中华儿女都喜欢的"包包"，好像现在越来越红火。"包"红，虽不是"品牌"，但胜似"名牌"。如今，已从给红包、送红包，到发红包、派红包，再到要红包、抢红包……。时代的变迁，造就了华夏大地这个古老的"宠物"非凡的人气。我，不仅对"红包包"里面的东西感兴趣，而且对这个"纸封封"饶有兴致。

传统意义上的红包也叫压岁钱。是过农历春节时，长辈在年三十晚上零点后，送给晚辈的压岁钱，表示把新一年的祝福和好运带给他们。据传，最早是叫压胜钱，出现于汉代，当时只是辟邪品。至宋元以后，才逐渐形成送给小孩压岁钱之习俗。明清时，压岁钱大多数是用红绳串着赐给孩子。清末民初，则演变为用红纸包裹。现在的红包，泛指能装钱（物）的红包封；用于馈赠的礼金（礼品），也指奖金、贿赂他人的钱。在中国粤语区的红包，被称为利市（俗作利是、利事、励事），取其大吉大利、好运年年之意。别称利是封、利事封、利市封。

在以前，红纸包一百文铜钱，寓意"长命百岁"。红纸包里放一枚银元，寓意"一本万利"。现在，在中国大部分地区，很多人已习惯于用新印制的纸币来封红包。除了比较雅观外，也有寓意辞旧迎新。特别是，长辈们喜欢将票面号码相连的新钱给小孩，祝愿孩子"连连高升"。因此，每年春节前许多银行的新钞提取量就会急剧增大。印钞厂也会有增印钞票的压力。

在中国，或异国他乡，一些与华有往来的其他族裔朋友，对中国的红包传统文化也是随俗例行。民间如此，社区、公司也奉行如仪。

伴随岁月的流转，红包——"袋儿""封儿"的"个头"长高了，"块头"丰满了，很是讨人喜爱。"打扮"越来越时尚、越来越精巧。款式由少变多，材质由次变优，颜色由红变彩，图案由简变俏，语词推陈出新。而且，用途愈来愈广，意头愈来愈新，内涵愈来愈深。有的，现金换成了糖粒子、开心果、巧克力"金币"，或者彩票、小卡片、带薪休假券……。在广州性文化节展览厅上，我去寻找荷花，结果收到一个红包，里面装的是安全套。

中国是礼仪之邦。中华儿女在人际交往中，特别讲究用精心包装的礼品来表达心意。红包袋——利是封，这种压岁钱的包装，更积累了传统文化的优雅与精致，沉淀出礼仪文明的深远和厚重。小小的红包，大大的意思。透过红包——时代的印记，可以看到喜庆与快乐、情义与交结、艺术与精神、历史与文化、传承与创新……。红包红包，无所不包；此袋此封，可爱可奉。

社会高速发展，始料不及。2014 年春节，"微信红包"出现了。当年除夕开始，网上"一片红火"，至大年初一 16 时，参与抢微信红包的用户超过 500 万，总计抢红包 7500 万次以上，领取红包超过 2000 万个。日本《读卖新闻》惊叹：一种打破传统纸币红包形式的新款红包迅速蹿红。2016 年除夕当日，微信红包的参与人数已到 4.2 亿人次，收发总量至 80.8 亿个，是 2015 年除夕 10.1 亿个的 8 倍。2017 年除夕这天，收发红包达到了 142

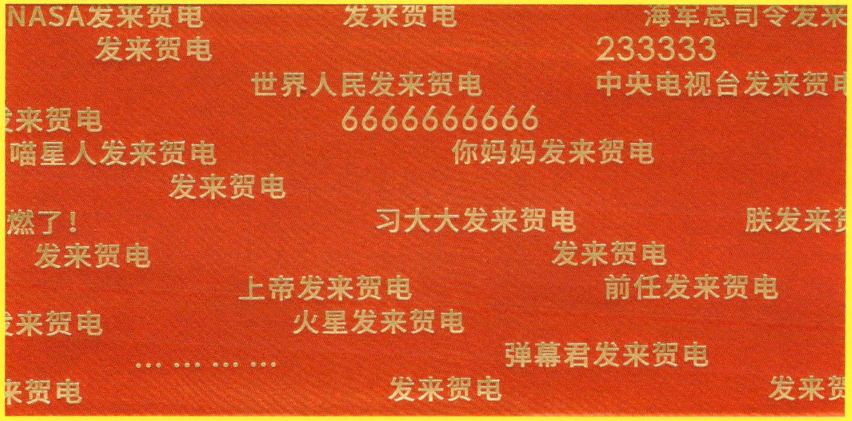

亿个。到了2018春节，共有7.68亿人选择微信红包传递新年祝福。2019年，仅春晚直播期间，全球观众参与百度APP红包互动活动次数达208亿次，共同瓜分9亿现金红包大奖。中国除夕，已经成功地被各大互联网巨头以及商家，改造为“抢红包日”。英国广播公司网站、新加坡《联合早报》网站、日本《每日新闻》等，也发表过中国抢红包的专题文章。

微信红包“别样红”。现在，它已成为亿万中华儿女日常生活中，尤其在春节，与亲人朋友增强情感交流和分享快乐、趣味互动的重要方式。“锄禾日当午，不如抢钱苦。对着爱疯六，一抢一上午。抢完了上午，还要抢下午。问你抢多少，总共贰块伍。一查流量费，超过二百五。”尽管如此，每打开一个红包，都是一份惊喜。红包令人期待，不全是为了“壮大”储蓄户头的数字，更有意思的是，红包所蕴含的祝福。

儿时的我，只晓得压岁钱。现在还清晰地记得，那时家里虽然穷，我们就是盼过年。为了过年，长辈很早就苦费心力、想方设法总要给小孩准备一点好吃好穿的，特别是压岁钱。除夕夜晚，守岁将尽，打着瞌睡也要等一样东西。我们兄妹穿着新衣（有时只有洗净的衣服），就在茅屋里、煤炉旁、油灯下，嘴里哼着当时的流行语：“拜年拜年，鼻子上前，不要你的枯豌豆（过年炒货，实指蚕豆），只要你的压岁钱。”两腿一弯，跪到长辈前，得到几分、几毛钱的纸币（当然那时候，我的故乡吾的家，不可能有红包袋来封装）。在那个苦日子的年代，虽然钱不多，但绝对是心满意足，高兴死了。钱存起来买棒棒糖、小花片等零食。我是老大，随着年龄增长，本人的压岁钱几乎都用在上学和家里买米买盐了。

最难忘的是，有年春节，爷爷外地做手工苦活回故乡过年，将好不容易攒的一沓贰分新纸票，作为压岁钱给我。第二天上街玩，在小朋友们面前很得意地拿出来炫示。结果，回家口袋空空，钱不见了。50多年过去，在老家讲起这件事，爷爷真的很生气地说，给你是两沓，不是一沓！为了这一刻骨铭心的祖孙情，爷爷百岁后，我特地去钱币市场，买了两沓过去的贰分纸币珍藏起来，永生永世怀念。

待到我做了外公，外孙拜年的时代，压岁钱变为利是封，已有红包装钱。或两刀（沓）伍圆，或一刀（沓）拾圆，或20张伍拾、10张壹佰圆，甚至更多的新钞，给我外孙这个“最好最好的朋友”。币值高，钱额大，红包鼓鼓的，过去无法想像。他要么双膝下跪，要么两手作揖，口里吐出来的伢腔也变了：恭喜发财，红包拿来！

人之好尚，各因其性。记不起来，我什么时候开始收集红包。旧报纸裹着的散发出霉味的“一袋袋”“一封封”，却可以清楚地告诉我，从收集到珍藏，收袋藏封之路，不经意间，走了30多年的时光！虽然，没有别人集藏得那么刻意而极其苦心，但是，本人确实收集得这般有意且很是用心。不为全而多，但求玩与乐。

回望收集，几多酸楚几多笑。曾几何时，每逢春节，我的踪影就匆匆

出现在穗港澳。游走街头上，串行店铺间，徘徊橘树旁……向别人费口舌、说好话，为的就是一个空“袋子”。有时干脆用钱去买去换。为了实现愿望，我曾死皮赖脸乞讨过、偷取过，亦被人鄙视过、训斥过、驱赶过。更多的，是被人感动过。热心人快快乐乐、大大方方地送我一个“包”。

当我手捧这一叠叠纸封，拂拭这一个个红包，如烟的往事，一幕幕浮现于我的脑海。我不能忘却他们！20 世纪 80 年代后期，广东省委宣传部的子平大姐，就开始为我收集。党校研究生部的“头头”、我的班主任，竟然发动学生为我张罗。北京新新精艺礼品有限公司的胡长芬女士，为我的集藏，也提供了宝贵支持和鼓励。由于荷花情缘，认识了澳门的诗慧小妹和春容美女。她们至今还在为我收集，有时自掏腰包邮递给我。台湾拍摄荷花时，偶遇如玉小姐。她，曾为我多次寄来“台包”。让我意外开心的是，从两封国泰世华银行的红包中，清理出 8 张 500 元的新台币。如花似玉的小妹啊，您的心意我已收藏。其实，千千万万的红包中，还清理到美元、港币、澳门的钱，更多的是人民币。需要特别告诉大家的是，一位同事家住香港，他要求女儿为我收集“港封”。同事不幸英年早逝，收集虽然中断，但我缅怀的情感十多年来至今未了。必须在此补述：我翻出早年一箱箱、一捆捆、一包包、一扎扎红包进行整理时，惊诧地发现，这位伙计（可能是他小孩），一次次将香港各银行的红包，从早期至近期、正面与背后的图案和文字进行不同比较，作了细致细微的分类，并以许多便条注之！我，凄然的泪水不禁脱眶而出，模糊了眼前的红纸、金字、彩图与白条！只怪我，当时忙乎工作不上心。接过别人送给我的“包包”，说声谢谢，就将其打入了“冷宫”。对不起，在天之灵！现在，只有在本册中破例排印出他们的一点心思，才能聊表我的一片愧意！

唉！真不知有多少人，为我的爱好而费神费力。一纸包心，千种封情，我感恩于怀！冲着这些好心人，我劳命伤财，也要搞出这个本本来。相信老天爷，得失之间，一切都是最好的安排。自己选择的路，跪着也要走完，不管别人的嘴巴眼睛怎么动。况且，我又梦了一回、醉了一场。

为了收集，我专门选择春节期间，去了台湾，又跑了新马泰。台湾之行，希望大，失望也大。在我沮丧之际，离别宝岛前的最后一个晚上，老天爷指引我，莫名其妙地去了住宿旁边一个即将关门的市场。在那里，热心的同胞，送给我早想在台湾收集的一种红包。何等奇妙，亦何其珍重。新加坡的收集，也让我惊喜意外。大年三十，从泰国“一无所获”，飞到新加坡“满怀期待”。原打算晚上到华人街——牛车水去碰“运气”，导游讲封路、关门，去了没用，“我从家里收点给你”。我，很失望地守在酒店想看祖国春晚。没有转播，只好观赏当地华语台。晚上十点整，一条牛车水夜闹除夕的消息，让我迅速穿衣、打的。无论路途熟不熟、远不远，直奔我的“希望”，差不多花了一个小时。牛车水啊，“车”得人水泄不通！不仅，我和当地游人一齐倒数了新年的到来；而且，我窜街跑巷，买了许多红包。凌晨返回住地，敲错房门，惊醒一片人。第二天，我成为“批斗”对象，还送我一个雅号——“隔壁老王”。值啦！谢谢导游“郭胖胖”，

也找来一些漂亮的“新包”。境外的老天爷，也帮我的忙。没有上帝，绝对不能如我所意！随你信不信，反正我不会微信。

红包缘上缘，圆又圆我梦。2018 年春节前夕，我去广州一德路——红包街，认识了华美贸易商行红包档口的黄芝兰老板娘（曾因红包上过电视）。她，热情之心火过红包。不仅将自己亲自设计制作、爆卖过的存底的几种红包送给我（当然还有许多新款的），还为我的红包册出谋划策，给予关心帮助。经她介绍，拜访了一位收卖红包差不多一辈子的高手。通过高手，我又拜见到广州红包大王——陈海萍收藏家。《中国收藏》杂志、香港及广州许多报刊，均报道过他的事迹。向他讨教，更敬佩这位中国真正的“大王”前辈！我呢，老王只能变成默默无闻的“小王”，必须谦恭地甘拜下风。欣慰的是，与他交换，他对我收藏的带有各种名号、以及图案新颖的红包颇感兴趣。也许，我收集的，属于市场买卖的红包并不多。本人虽然没有珍藏久远的“顶级”红包，自以为收集了不少现代版的“高素质”红包。

区区 30 年，弹指一挥间。千万个日子换来千万种红包，人生之美、包封之美，尽在其中。这收集，不仅仅是红包，而且，还有我的时光、我的天性、我的心力。岁月不饶人，我也未曾饶过岁月。

除了荷花，我还能拿什么奉献给——我爱的国、我爱的家、我爱的人呢？三十年光天地间，搬过几次屋，红包“垃圾”不舍不弃。整理之前，床底下、书柜里、房间内、贮物间，到处都有我的“包包”和“袋袋”。谁晓得，经历了千千万万“难舍难分”的筛选，还有成千上万！我懵了。无论如何不能当作“垃圾”扔、“废品”卖！好长时间，困于“粮草”，不知所措。总在琢磨，我的这些“宝贝”，该以什么“容貌”面世呢？做事只有两步，一步是开始，一步是坚持。整理的四个年头：2016，伴您一路；2017，和您一起；2018，如您要发，“宝贝”终于“梳妆”完毕；2019，爱您已久，我的红包来啦！虽然，里面没有一文的压岁钱，但是，却有无价的中华文化，还有我满满地祝福：愿君一生健健康康、平平安安、开开心心！并以此赚得如意的福禄寿禧财！

人生两大境界：知道与知足。正如，荷花是拍摄不完的，那么，红包是集藏不尽的。只有“放手”，才会“收手”。我应该了，怀抱“宝贝”，沽一壶浊酒，饮一杯清风，叹一生因缘，笑一世风尘。

衷心感谢：所有为我红包收集、编辑、印刷、出版而操心竭力的好心人！

尤其感恩：为了我的这个册子，王斌老总费心费力谋划，姜夏旺博士尽心尽力支持。一位是多年相识，一位是一面之交，没有新老朋友的鼎力相助，难以猪年如意，诸事顺利！

二〇一六年十月草于北京

二〇一七年正月改于长沙

二〇一八年八月修于广州

二〇一九年九月定于深圳

凡 例

一、编者 30 年来集藏红包 3 万个。经过不断筛选，留有 1.5 万个。后来扫描或拍照上万个，最终本书收录编辑 3800 多个。

二、编者收集红包区域，主要是粤港澳台，其次是海外华人居住地。 近年，大陆其他地方少有收集。

三、由于编者认知水平有限，很难甄别红包的出品年代、印刷厂家、制作单位（人）等。红包上标明了某些信息，比较容易认定。也许，只能从纸质、印刷、设计等方面，大体判断。恳请各位读者见谅，和诸位方家赐教与涵容。

四、红包属于礼仪型的文化用品。编者曾尝试不同角度的分类，似乎均不如现在如此分类，去体现红包的主要用途，以及鲜明的文化属性。

五、编者判断为久远年代的红包，区别不同的纸质、印刷、图案，选择性地编辑于“概述篇”中的“历史的印记”部分。其后的分类，一般不再收录。

六、“概述篇”中的“红包的演变”部分，只是编者根据本人辨别，选用一些有代表性的红包，来反映不同时期的变化，可能有失精准。

七、编排中尽量保持红包准确大小。由于篇幅问题，书中采用缩小版本。比例 1∶0.5，即原版的长和宽各缩小一半。缩小版是原版的四分之一大。

八、扫描或拍照，均取红包正面。个别取背面，或兼取背面，以满足编排特殊交代需要。

目录

也是醉了

中华红包

第一章：绪论

1、红包概念的溯源

红包别称压岁钱，不同地域的叫法也各有不同。民间也称红喜袋、礼金封，在粤语地区又称利是封。红包的起始到现在已有2000余年的历史。最早的红包概念叫“厌（读音yā）胜钱”（“厌（厭）”通“压（壓）”），亦称“压胜钱”，最早出现于汉代。“厌胜”，古代方士的一种巫术，谓能以诅咒制胜人或物。《汉书•王莽传》第六十九下记载：“是岁八月，莽亲之南郊，铸作威斗。威斗者，以五石铜为之，若北斗，长二尺五寸，欲以厌胜众兵。”“厌胜钱”，即铸成钱币形式的吉利品或辟邪品，自汉以来，即有铸造。有的正面有钱币上的文字和各种吉祥语，背面则是各种图案。厌胜钱，不是流通货币，仅供驱邪祈福、佩戴赏玩。到了唐代，年节散钱之风盛行。王建所作《宫词》中有：“宿妆残粉未明天，总立昭阳花树边。寒食内人长白打，库中先散与金钱。”宋元以后，春日散钱的风俗就演变成为元夕夜赐予小孩压惊钱。至清才有“压岁钱”之称，富察敦崇《燕京岁时记》是这样记载压岁钱的：“以彩绳穿钱，编作龙形，置于床脚，谓之压岁钱。尊长之赐小儿者，亦谓压岁钱。”晚清，出现红绸或红纸包钱。到了民国，货币形式的改革及印刷技术的发展，使红纸包钱普及并有了更多元的发展。 而时间是最好的造物者，现如今的红包又是压岁钱的延伸，有两种涵义：其一是红包本身所带有“钱币”的寓意；其二是指红包封所带有的“包装”之意，二者合在一起才是现代红包的概念。

2、红包与中华传统文化的关系

红包文化是中华传统文化的重要组成部分，亲情和温暖溢于言表，尊老爱幼等优秀传统文化价值是红包文化里最重要的内容，理所当然地成为中华民族共有的精神家园。红包作为中国民俗文化里一个重要的元素，也是时下国风浪潮民俗民艺文化宣传的重要组成部分。小小红包，承载着千百年积淀的吉祥文化；小小红包，凝结着浓酽的无价亲情，阐释着中国人尊老爱幼、孝悌感恩的传统伦理道德；小小红包，传承并发扬着中国传统礼仪文化；小小红包，它以物质的外在形态，传递着精神层面丰富的内涵。祖先们留下来的宝贵精神财富，我们必须加以重视和传承下去，并且不断地为传统内涵注入新的时代积极元素，才会使我们的传统文化在流动的岁月中，奔腾不息，滚滚向前，永远充满活力和魅力。

3、红包在社会历史发展过程中的地位和作用

红包是中国人民俗生活变迁的见证者，也可谓中华民俗瑰宝。红包上的图形、色彩、文字也是特定时期历史文化的显现，因此无论时代怎么变，红包的接受主体不会变，而红包是这些主体背后民族文化、历史故事的映射，是时代精神、时代梦想的体现。当前国内消费市场日趋民族特色化、国风化，挖掘民族特色，红包也是展示我们中华特色的文化之一。随着快节奏生活与高科技的发展，红包的内涵和外延都发生了很多变化。因此，大力弘扬民俗红包正能量，能孵化出越来越浓烈的人情味儿。我们要知根护本，顺时应势，因势利导，不仅要让红包鼓起来，也要把文化装满红包，既传递出清纯的民俗风情，又符合社会主义核心价值观。

第二章：红包历史特征的变迁

1、古代红包的变迁

红包发展至今见证了华夏民族情感的传递，生命的延续，王朝的更替，更见证了中国几千年连绵不断的文化传承。红包的变迁史是整个中国民俗文化中的重要部分，其时间的界定是分析整个红包变迁的必要任务。红包在传统意义上来讲是压岁钱，大多数人又把“压岁钱”归结为“厌胜钱”。

而厌胜钱最早产生于汉代，不可流通，只是用来厌服邪魅，求其吉祥之意的器物。唐代，春日散钱及洗儿钱是主流。《资治通鉴》里的杨贵妃认安禄山为子的史料里也提到了唐玄宗赠送洗儿钱于贵妃，现在看来这则史料虽有点荒唐，但也证实了洗儿钱的存在。宋代，正月初一取代立春日，称为“春节”，此时有“压惊钱”之说。宋神宗年间襄敏公王韶的第十三个儿子王寀（号南陔）在元夕夜被家人带出去看灯，至宣德门众人都在欢呼皇帝的登楼祝贺时，王寀失踪，被贼人掳走，而王寀聪慧机敏，在皇家车马路过时，攀车呼救，自救成功，宋神宗欣赏他的聪慧，留在了身边并赐压惊钱。民间听闻此事，纷纷效仿元夕夜赐予孩童压惊钱。明清时期在年节这一块，“春节”的习俗已相对成熟，正式有了“压岁钱”之说。清代，对“压岁钱”的记录有了更多史料的记载，晚清《旧京风俗志》有：“如系铜钱，则以红绳串之；如系银锭，则以红绸或红纸包之，取吉利也。”明确记载了红绸或者红纸包裹的压岁钱。红包封雏形的出现，为现代民俗红包的成熟奠定了基础。

2、近现代时期的红包

近现代的红包发展演变自然要从民国时期开始，民国时期作为历史上一个特殊时期，起到了承上启下的作用，上承古代，下及现代。陈存仁的回忆录《银元时代生活史》里有：“姑母见到我很高兴，给我一块钱作为‘拜年钱’，我拿着银元回来，觉得飘飘然已成为有钱人了。我拿到的那块钱，又由我姑母剪了一个红纸‘囍’字，牢牢地贴在上面。”由此可见红纸包钱在民国时普及并发展，也试着对红包添加装饰性元素。当专门制作红包的产业出现时，红包制作便更加精美，商家作为赠品赠与买家，红包被赋予了一定的营销功能。可见民国时期的红包相对更重视货币本身的价值，驱邪祈福的作用相对减弱。现代，红包有更多丰富的内涵，不止年节，更是出现在人们常见的礼仪往来中，不管是在色彩上，还是在形态上都愈加多样化，在艺术形式上也不断推陈出新。

3、海外红包

华夏民族以强大富饶鼎立于世，中国四周之友邻多多少少都有中国文化的影子，红包作为传统文化其中的一部分，在被引入海外之后就自然融合其本民族的文化习俗流传至今。如日本红包名为“祝仪袋”，一般是红白色或金银色，装有新钱送于被祝福的人，如果是丧事，则会用黑白色或者灰白色的“奠仪袋”，装有旧钱，表示哀悼。韩国叫做“岁拜钱”，喜用纯白色的信封。这些国家的红包习俗结合本民族的文化习俗而发展成熟，可见中华文化影响之深远。除了周边国家受到汉文化熏陶有红包习俗之外，华侨华人也是把红包带出去的重要媒介，民俗红包也是连接海外华人华侨与祖国的情感纽带。总而言之，红包在国外受各国文化熏陶结合本民族文化使得红包有更多元的发展。

第三章：红包的形态特征

1、红包的材质

民俗红包的历史源远流长，随着社会的演进与技术的发展，红包所运用的材质也发生了巨大的变化。通俗意义上的红包就是人们所认为的红纸包装的钱币，它更多的是指压岁钱的包装。所以在古时纸张等外包装材质还未出现的时候，压岁钱指的是民间一种用作吉利品或避邪物的古钱币。它最初的本义主要是压邪攘灾和喜庆祈福两大类。当时人们使用红绳或彩绳把钱币编成不同的形状来驱邪祈福，此记载见于《燕京岁时记》：“以彩绳穿钱，编作龙形，置于床脚，谓之压岁钱”。后来纸张等包装材质的出现，使压岁钱开始具备现今“红包”的雏形，人们开始直接把铜钱塞进红纸中或者用手帕包裹铜钱。民国初期钱币的演变从之前的元宝、铜钱变成了银元和纸币，这就促使红包的材质变成了红纸或者朱砂纸。随后印刷术的普遍使用和生产技术的提升，大大促进了纸质红包的发展，材质的选用也增加了毛边纸或竹宣纸。随着包装与技术的发展，红包也都一直主要用纸张材质来进行包装。到如今 21 世纪以后，红包的材质从单一的纸张材料变成了多种多样的材质。例如丝绸红包、布艺红包、PU 红包等等。多种材质的运用不仅提高了红包封的视觉感受，更增加了触觉上的层次感。而且现在红包上也会出现各种材质的混搭，展现出不一样的材质搭配，产生不一样的视觉效果。由此可见，红包封作为一种独特的商品设计，具有强大的设计适应性，它的材质随着科技和时代的发展和人们观念的改变而变化，它在一定程度上反映了时代的变迁、人们思想品位的提高以及工业技术的发展。

2、红包的工艺

在出现大家印象中的红包封之前大致出现了三种形式：一是使用钱币本身；二是用绳穿钱币；三是用纸张等材质来进行包裹。三种形式所使用的工艺尤为简单：使用钱币本身来进行图案或语句压印；用彩绳和红绳对钱币进行编织与捆绑；后来就有红包封的雏型出现即用手工织的布袋做“封面”，但仅限于宫廷官方使用，民间并无此习俗。所以布袋红包封的工艺更多的是较为简单的针织或绣花。直到清代，人们才开始在新年伊始用裁成方形的红纸包裹铜钱，但其尺寸和造型随内容物的变化而变化，形式并未统一，整体较为简单。后来，七彩印刷工艺的普遍使用使得红包从工艺上看更加精致美丽。当时的红包已属于作坊式批量生产，遵循一定的生产程序，有较为统一的样式和用纸要求。印刷工艺有时也采用水印木刻技术，纸张则多选用毛边纸或竹宣纸。后来红包印刷工艺刚刚从单一色彩转变为多种颜色，发展还不够丰富多样。改革开放后社会生产工艺发展迅速，烫金工艺在红包上盛行，将金箔烫印在纸张上达到不同于之前的效果，使其更加强调重点与节日气氛。到了 20 世纪 90 年代，印刷技术逐步成熟，出现了凹印、镂空等简单的工艺应用在红包封上。到如今 21 世纪，红包设计跟随时代潮流更是发生了翻天覆地的变化。纸质红包的工艺随着技术的发展而变得多样，丝网印刷、凸板印刷、热压凸印刷、上光油、雕花、起凸和压凹、烫箔、镭射等多种工艺都运用在当代红包封上。同时还出现了运用新工业刺绣工艺的丝绸红包，利用布艺和刺绣工艺的结合，塑造出不同于纸张印刷工艺的红包封，同时搭配扣子、绑绳、串珠等辅件的运用，让红包封更具有中国特色。

3、红包的设计

3.1 字体演变

字体在民俗红包的设计中占据一个非常重要的位置，最初的红包仅是单纯的一张红纸，并无任何图案装饰，多是在纸上书写简单的节庆字句，后来随着印刷技术的发展，逐步演变到加印烫金的祝福语，也流行印上福字和百家姓等。根据红包上所出现的文字内容，我们从其艺术特征角度大致分为四种类型：一是借形寓意，文字本身就起源于象形图画，利用文字本身象征意义的图形重新组合文字是重要设计手法之一；二是谐音寓意，顾名思义运用汉字的读音，用相关图形来表达，如“年年有余”的“余”字通常用鱼的图形来表示，一语双关，充满趣味性；三是笔画图形化，字体设计中把单个汉字的部分笔画图形化形成图画汉字，在不改变文字识别性的同时使其更具装饰性；四是字画重叠，把图画适形于文字笔画结构之中，或用无关或相关的图画与文字进行替花叠影，使文字更准确地传达信息，也更具艺术感染力。在民俗红包中吉祥文字与百家姓是红包字体设计的主要对象，随着时代的发展，红包不再只是年节专属的，根据不同的使用场合，出现了如新年、满月、结婚、祝寿、升学、商务、通用等各种类型。民俗红包中所使用的文字内容也随之增加了流行语、拉丁字母、数字等。同时，时代的发展与需求决定了民俗红包字体设计的发展是一个无止境的过程。

3.2 图形演变

图形是红包包装设计中的兴奋剂，也是红包设计的视觉中心，能增加红包的审美趣味和品位，以及艺术感和时尚性。红包的图形演变从汉代开始，从一开始出现在压胜钱上的吉祥图形到后来纸张红包的出现，特别是印刷术的发展，红包上所出现的图形更是多种多样。根据从古至今红包图形发展的历程，我们简单地将红包上所出现的图形做了大致分类：第一是民间传说的借用，利用民间传说或是神话故事作为母题来进行创作，以那些能给人们带来幸福的传说、神话性人物、事件和物品，作为红包图形中经常出现的主角形象；第二是宗教信仰的延伸，采用宗教界广为供奉的珍贵珠宝构成的图案作为构图主体，将寓意美好的使人崇拜的图形作为红包图案；第三是谐音寓意的手法，运用语言文字的变形或谐音创作吉祥图案，表达一种美好的理想；第四是象征符号的运用，在民俗红包中通常把一些有特征的花草树木或珍禽奇兽作为创作的意象，构成民俗红包装饰的图形用其构图表现其深刻的内涵；最后是以字为图的搭配，用字体本身的元素搭配组合成具有代表性的红包图形。中国传统红包图形是一种装饰性很强的图形形式，在点线面的构成、肌理和色彩的表达上都有浓厚的文化积淀。如今现代红包不仅仅在年节时使用，在婚丧嫁娶、乔迁之喜、满月之时，宾客都会借红包表示对主家的问候和祝福且红包更是成为企业宣传推广的手段。所以根据不同的使用目的，红包的图形变化也就越来越丰富。网络的迅速发展，网络红包的诞生让红包的载体更加丰富，图形变化也就更加多元化年轻化。

3.3 色彩演变

在中国红包文化形成与发展的历史长河中，极具特色的民族色彩逐步形成了中国传统民俗红包文化的一部分。原始人使用红色是带有征服自然的目的，后来在宗教哲学价值观的影响下，人们揣着“大吉大利”的美好意愿，追求红红火火、热热闹闹的色彩气氛，过年时的压胜钱都是用红绳编织串成。从这时开始红色就开始影响人们的思想。汉唐是我国历史上的辉煌时期，这一时期也是红色作为全民族的色彩崇拜形成的重要时期。这个时期服饰、配饰、生活用品等各方面均开始使用红色。明清时代，压岁钱开始具备现今红包的雏形，明朝开国皇帝朱元璋对孔子《论语•阳货》中“恶紫之夺朱也”论断颇有感受，认为紫色为杂色，随之扬红抑紫，官服上下一片红，红色在当时被重用。民国时期以后随着七彩印刷术的发展，红包上出现的色彩也变得越来越丰富。红色、金色、黄色和紫色这类的传统吉祥用色被作为主体色，配上吉祥文字和图案使得红包的样式变得多彩多样。当今社会，思想的进步与科技的发展，人们的接受力越来越强，红包封的色彩也不再拘泥于红色、金色、紫色这些固定色彩中了，更多不同颜色不同特点的红包也出现在了大众的视野中。

3.4 结构演变

在红包封还没有正式出现之前，以压胜钱、洗儿钱为代表的钱币是红包的前身，当时的结构还是用绳穿或者布袋结构。之后印刷技术的不断发展、应用与传播，出现了材质多样的红包封。随着红包使用人群和受欢迎的程度越来越广，红包的结构大小开始有了规范。一般的红包封尺寸可分为 90mmx165mm、80mmx125mm、58mmx82mm 大中小三种。同时封口方式也有了改进，传统的红包使用封口胶条或不干胶封口贴片来粘连红包，不环保且成本较高。新式的红包封口结构采用舌扣设计，只需靠纸张的夹扣结构就可以解决封口问题，让使用者和接受者觉得红包更方便、环保、安全。后来丝绸、布艺红包的出现让红包的结构又发生了变化，盘扣封口结构、磁扣结构、绑绳结构等等。之后科学技术的发展，立体红包、AR 交互红包、摩斯码红包等各类新型红包也随之出现了，红包的结构也从单一的二维结构变成了三维动态结构。这些使用特殊工艺的红包在打开的同时结构从平面变为立体或是从静态变成动态来呈现出不同于传统红包的效果，并增加交互性、惊喜感与趣味性。

3.5 语词演变

吉祥语对红包的影响是深远的，可以从语词的变化感受到社会的变迁。没有任何语言会一成不变，它会随着社会生活和社会思想的变化而变化，作为语言中最为活跃的语汇，红包祝福语更直接地反映了时代的变迁。在红包文化传承的过程中，有些吉祥语仍然保持着稳定性。从古至今，“福、禄、寿、喜、财”是吉祥语内容的核心。“福、禄、寿、喜、祥、财、高、乐、吉、康、泰、富、顺、安、吉祥、如意、和谐、喜庆、富足、祥瑞、万事如意、长命百岁、风调雨顺”等，这些吉祥语经历了漫长的历史长河，在当下继续传承着吉祥文化。由于吉祥文化作为中国民俗文化的重要组成部分，它在民间有着强大的生命力，深受老百姓的喜爱，因此这些吉祥语可以一代一代的传下去。民俗红包语词从产生之初发展到现在，它的流变规律分为三个层面：1. 语词消失； 2. 语词变化； 3. 新语词产生。阶级色彩语词的消失，红包语词也顺应了时代的潮流而变化发展。同时在外来文化以及新事物的冲击下，社会产生符合这个时代色彩的红包吉祥语词。在当今世界全球化的趋势下，西方文化来势汹涌，中西文化产生了交融，人们的思想也得到了空前的解放。红包上出现的词语也融合西方文化祝福语，中西花香交流融合。网络发达的如今，各类网络流行语，新潮词汇也都出现在了红包上，使得红包语词更加年轻化、风格化、个性化，种类更多，更齐全，更加受到欢迎。

第四章：红包的功能特征

1、礼仪的功能

红包的礼仪功能主要体现在岁时节庆、红白喜事、庆典活动中，涵盖的红包形式有压岁红包、贺喜红包、利是红包、微信红包。谈起红包文化，有一点不容忽视，压岁钱是和拜年紧密联系在一起的，缺一不可。拜年风俗由来已久，历代沿袭，至今不衰。宋人孟元老在《东京梦华录》卷六中描写北宋汴京时写到：“正月一日年节，开封府放关扑三日，士庶自早互相庆贺。”明朝中期叶陆容在《菽园杂记》卷五中写到：“京师元日后，上自朝官，下至市人，往来交错道路者连日，谓之拜年。”从古至今拜年仪式和现代基本相同且一直传承下来并无大的改变的就是红包这个年节承载物。而今但凡乔迁、祝寿、结婚、生子、升学，红包都是最直接的表达祝福的方式。这里的红包已经不仅仅只局限于红包内礼金的多少，最重要的是红包所给人带来的浓浓的情意。因此，红包成为一种人情往来的礼仪，是人际关系互动的举动，是情感表达物化的仪式。

2、传承的功能

红包作为一种礼尚往来的物质载体，成为了人和人之间的纽带，是一种美好愿望的传递。过年时节发红包也是老一代人对新一代人的一种心愿传承。红包的传承功能主要是传承红包文化，传承民族精神和民间温情，所有传统红包形式都具有传承功能。人们通过传递红包表达浓浓的敬意、爱意、孝心和感恩，所以红包传递是一份心意，是一种祝福，是一代接一代的习俗传承。红包传承的精髓是国俗语义，如敬老爱幼的社会好风尚、如礼仪之邦的大中华家庭人们的温情、如时代梦想与吉祥意蕴，这些都是红包文化的传承。随着现代科技的发展，出现了诸如微信红包、网络红包等各类数字化平台的红包形式。但不管红包形式如何变化，传承的功能是一脉相承的。此类技术手段不单传承了红包文化，更丰富了这份情谊的形式，增添了传承乐趣。

3、广告的功能

红包的广告功能主要是鉴于近年来红包形式的变化，红包语义的衍生，不少商家从红包视觉元素着手植入广告，例如红包上配印产品、盖上 logo 成为红包广告功能的重要体现。随着广告业的发展，广告红包封应运而生，成为展示产品形象，进行产品推介的最好媒介。而红包作为中国具有代表性的年节用品，更是被各大企业作为弘扬企业文化，展示企业形象的一种重要方式。许多企业都会使用自己的特色元素来重新设计红包封。因为用红包封做宣传，不仅投资小、见效快，而且影响广泛。与众不同的是，这类红包封的商业气息越来越浓厚，它们往往都会印有发行单位或企业的名称，还有代表企业形象的徽标、商标、广告语等等。因此，红包的背后透视出巨大的商业引擎，是刺激消费、促进经济增长的新动能。

4、装饰的功能

红包文化，是中国民俗文化的重要组成部分。它是中华民族在长期的生产实践和社会生活中，逐渐形成并世代相传和不断发展的中国民俗文化。红包封本身就是中国各种装饰元素的载体，红包又是最具代表性的年节用品，所以许多节日场合或者想要营造节日氛围的地方都会有红包的身影。红包的装饰功能主要是应用于卖场装饰和节庆装扮的场合。其装饰效果是为了营造一种喜庆祥和的美好氛围。如挂上一串红彤彤的红包爆竹，寄托对来年美好的盼望，财源旺盛、家庭人丁兴旺，图个吉祥。此外红包的装饰功能还有极少一部分是旧红包封回收利用，做装饰物品甚至是包装材料，给予红包第二次生命力。红包作为年节最好的装饰品，既能烘托节庆气氛，又可以物尽其用，装饰美好。

5、收藏的功能

红包近来已经成为一种民俗文化遗产被研究与收藏，作为一种新兴收藏品，红包正在逐渐成为收藏爱好者关注的对象。红包封虽然不值钱，历史却很悠久，在香港和台湾以及东南亚地区，红包的收藏是一项已经红火了很多年的群众文化活动。首先，收藏不同年代不同用途和形式的红包，可以从红包里看到时代变迁，红包民俗文化的演变，甚至审美喜好的倾向，可以说是一部活存版的民俗文化史册。其次通过收集红包封，可以从中学到不少知识（如图、文、色；广告、装饰、排版等），获得不少快乐，还可以养成细心观察的习惯，是一项老少皆宜的兴趣活动，有益身心健康，既高雅又陶冶性情，真是乐在其中。红包的收藏是发扬并传承红包的中华传统精髓，是弘扬民俗文化遗产的重要途径！

姜夏旺

二零一九年九月

中国民俗文化，是中华民族文化的根基，是中华民族传统的渊源。有了它，中华民族就有了根本，就有了自我，就有了底蕴，就有了传承。

丰厚的红包文化，是中国民俗文化的重要组成部分。它，是中华民族在长期的生产实践和社会生活中，逐渐形成并世代相传、发展的中国民俗文化。

概述篇

红包变了

中华民族历史悠久，中华文明源远流长。

中华传统文化，不仅记录了中华民族和中国文化产生、发展的历史，而且作为世代相传的思维方式、价值观念、行为准则和风俗习惯，已经深深渗透在每一个中国人的血脉中。在新的历史条件下，传承、弘扬中华优秀的传统文化，是中华民族精神始终保持强大生命力的根源所在。

中国民俗文化，是中华民族文化的根基，是中华民族传统的渊源。有了它，中华民族就有了根本，就有了自我，就有了底蕴，就有了传承。

丰厚的红包文化，是中国民俗文化的重要组成部分。它，是中华民族在长期的生产实践和社会生活中，逐渐形成并世代相传、发展的中国民俗文化。

红包，藏有历史藏有文化。传统意义上的红包也叫压岁钱。据史载，最早的压岁钱出现于汉代，时称压胜钱，是为了佩带玩赏而专铸成钱币形状的避邪品。到了唐代，宫廷内立春日互相朝拜散钱之风盛行。宋元以后，春日散钱的风俗，才渐成送给小孩压岁钱的习俗，并出现“压惊钱”。明清时期，压岁钱大多数是用红绳串着铜钱赐给小孩。清末民初，便演变为用红纸包裹。大约二十世纪二十年代开始，出现如今广为流行的红包封形式。

自大量机制印刷的出现，红包封发展势头日益迅猛。发展到今天，红包封的材质、印刷、图案、色彩、词语、形状等等方面，在继承优秀传统的同时，几乎发生了天翻地覆的变化。红包封的变化，体现的是不同时期的红包寓意，展示的是不同时代的文化符号。

如今，红包封正以其令人眼花缭乱的设计和丰富的文化内涵，吸引着越来越多的人。红包早已向商界发展，向海外发展。可以这么说，凡有华人的地方，就有红包封的赫然存在；红包封已经不是过年的专属品，而逐渐成为中国人的日用品。时尚红包封，装满了传统意味和现代意义。

作为社会生活的一个符号，红包是礼尚往来的载体，是人们交往的一种纽带，也是无可替代的民俗民风。社会学告诉我们，一种文化到了大俗的地步，也就溶进世人的血液里了。

还是春节，只是春晚，红包与它们又有了新的关系。媒介是互联网。从红绳串铜钱，到红纸包钱币；从日新月异的式样封套，到简便而行的线上红包，岁月延绵千百年，红包跨入大时代，衍生出新“宠儿”——电子红包。手机红包诞生了！可爱的红包，你今后还要怎样雷人？如何变身？鲍辛格认为，不断进入生活世界的技术，已经嵌入民间，改变民间文化，甚至影响新的生活关系、新的文化产生。互联网红包，成了民俗文化的新语言、新物种。

那些年，我们追过春晚。春节在中国人中带来的共同体效应，依然是无可比拟的。而互联网商家的推波助澜，组成了旧年俗与新技术的融合。人们很爱春晚红包互动这一新年俗，边吐嘈春晚边抢红包。嘴里说着不要了，身子还是很诚实地摇红包。互联网商家入局春晚最好的手段，被证明是红包，也是情理之中。因为，春晚那天那时那刻，观众与商家各得其所。如此看来，今天互联网以营销为导向的全民小额红包派发，倒是歪打正着，成全了红包交流情谊、祝福祈愿的本来面目。

红包不管怎么变，其本质不会改变。红包，骨子里充满了正能量。红包永远“红”下去，红包封也会“疯”下去。

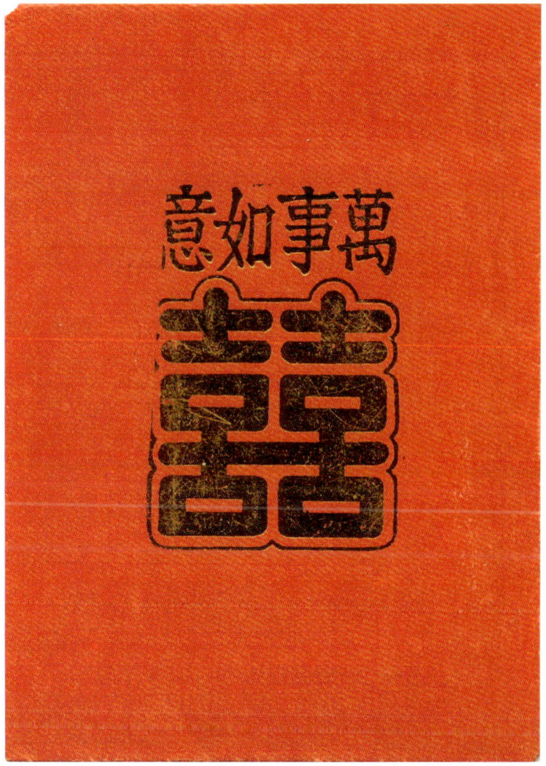
萬事如意
囍

一帆風順
一帆風順

囍
龍鳳呈祥

來來
ROYAL
新年
8
大財
您最信賴嘅電器顧問

力
利
Best Wishes

不挂科
MAYO
SIMPLE
Be From Spain
祝您学业进步！

大菇
大利

HAPPY NEW YEAR
新春快乐
萬事如意迎新年
大吉大利賀新春

賀
年
春
AND MAY THE BEST IN LIFE BE YOURS

大吉大利

福

百財百福

安居樂業
Wishing You
A Prosperous Year

乐福
新年快樂

福
福

大吉大利

清 康熙 銅胎畫琺瑯白地三多盒

恭喜发财 大吉大利
领取红包
微信红包
我问学霸怎样才能考98分，他说："很简单呀，只要有一题选择题没做就可以了"
扫一扫 等领红包

恭喜发财
AU 999

我家的
就拜托你了！

巔峰紅包
當上CEO 成為高富帥
迎娶白富美 走上人生巔峰
想想還有點小激動呀
紅包

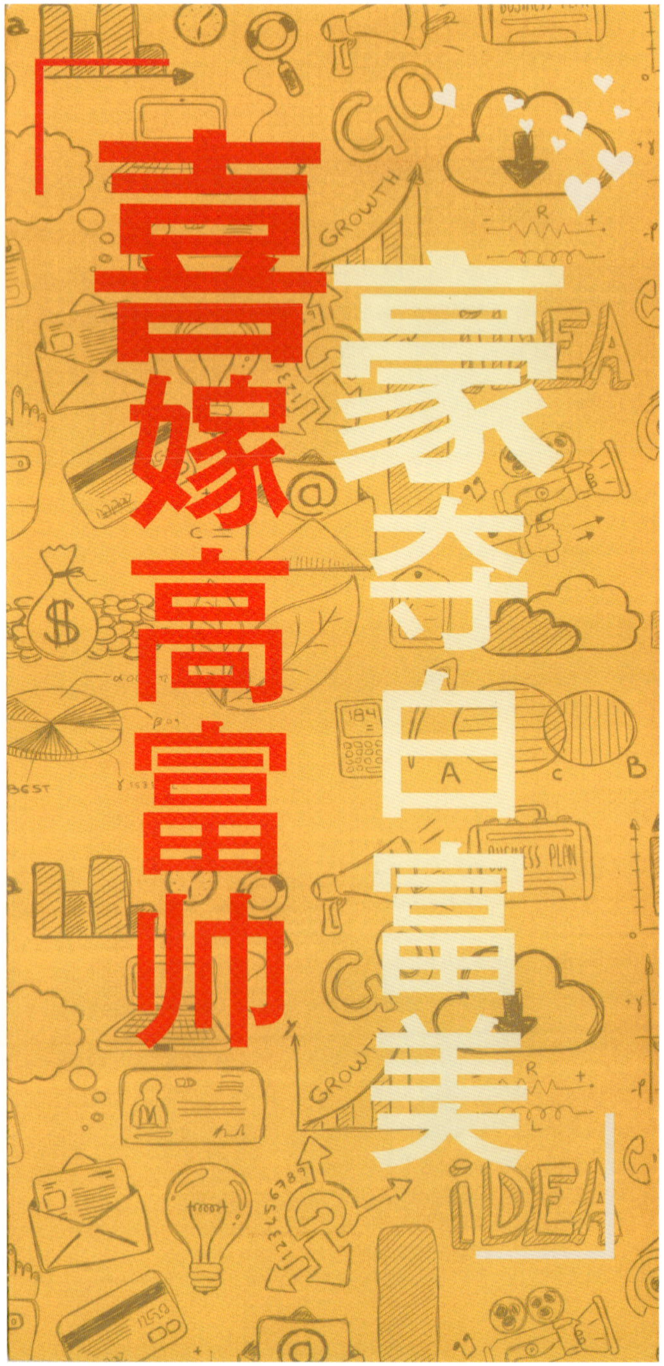
「喜嫁高富帅
豪夺白富美」

龍年吉祥
GALAXY™
MACAU
澳門銀河

前海人寿
FORESEA LIFE INSURANCE
猴年吉祥
Happy New Year
2016 丙申猴年

高档丝绸
织锦红包

茶裏王
阿里山烏龍茶
濃韻
玉兔迎春
2011
莎莎
美麗
承傳
新春大吉
行運發財
小胡大零贰玖齊賀新春
九龍冰室奇門携手送福
飲餐優品
喜發財
200
FILM FOR COLOR PRINTS
FUJIFILM

賀新年

座式利是封

Happy New Year
2004
恭賀新禧

迎春接福
福壽連年

春
開運發財包
財神到
納財天尊
招財進寶

西遊記
Journey to the West
经典红包套装系列
西遊記是描寫孫悟空、豬八戒、沙和尚保護唐僧到西天取經的故事。故事雖以西天取經為主軸，但其中的主人翁並非唐三藏，而是孫悟空。全書從石猴誕生開始，便充滿不凡的氣勢。「目運兩道金光，射沖斗府」並驚動玉皇大帝。人們讀到這裡，自然被這種不凡的氣勢所吸引。自孫悟空誕生之後，歷經拜師學藝，大鬧天宮，以至後來保護唐三藏到西天取經，終於得成正果。在去西天取經的路上，師徒歷經十四年寒暑，九九八十一磨難，與各路妖魔鬼怪進行搏鬥，最後達到西天取回真經。其中最經典的故事有孫悟空大鬧天宮、高老莊收八戒、流沙河收沙和尚、三打白骨精、人參果、盤絲洞、火焰山、真假美猴王等。在與妖魔鬼怪進行鬥爭中刻畫了師徒四人鮮明的個性、故事生動，幾百年來老少皆宜。
恭喜發財
西遊記
Journey to the West
沙悟净

事成
西游記
to the West
三藏
吉祥如意
西游記
Journey to the West
孫悟空
大發特發
西游記
Journey to the West
猪八戒

封口的变化

囍
珠聯璧合
永结同心
五福臨門
門迎春夏秋冬福
户接东南西北财
花開富貴
囍
如意吉祥
福
恭喜發財
一年好運
四季興隆
恭喜發財
囍
福

Self Adhesive 自动粘贴
自动粘贴
自動粘貼
自動免貼膠口
自貼胶封口
Self-Adhesive
自貼膠封口
Self-Adhesive
自贴封口
自 贴 胶 口
自 贴 膠 口
Self Adhesive 自貼膠口
免水自貼膠
免 水 膠 貼
免水自贴
免 水 自 貼

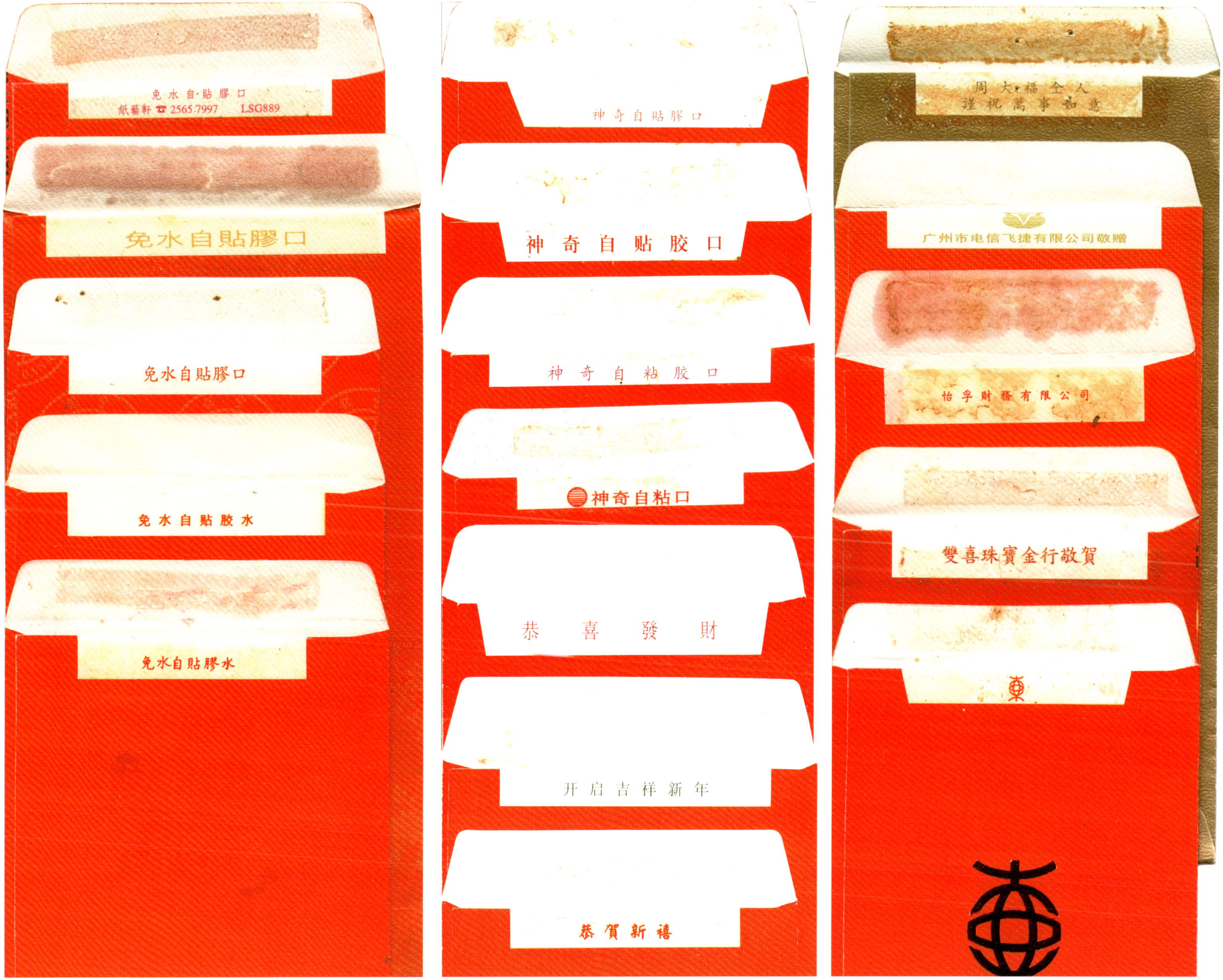
免水自貼膠口
紙藝軒 ☎ 2565.7997 LSG889
免水自貼膠口
免水自貼膠口
免水自貼胶水
免水自貼膠水
神奇自貼膠口
神奇自贴胶口
神奇自粘胶口
神奇自粘口
恭喜發財
开启吉祥新年
恭賀新禧
周大福全人
謹祝萬事如意
广州市电信飞捷有限公司敬赠
怡孚財務有限公司
雙喜珠寶金行敬賀
東

恭喜發財
萬事勝意
福
福

健康生活教育中心
Centro de Educação de Vida Sadia
healthylife.ias.gov.mo
MGM
美高梅
HUA KAI FU GUI
My Melody

历史的印记

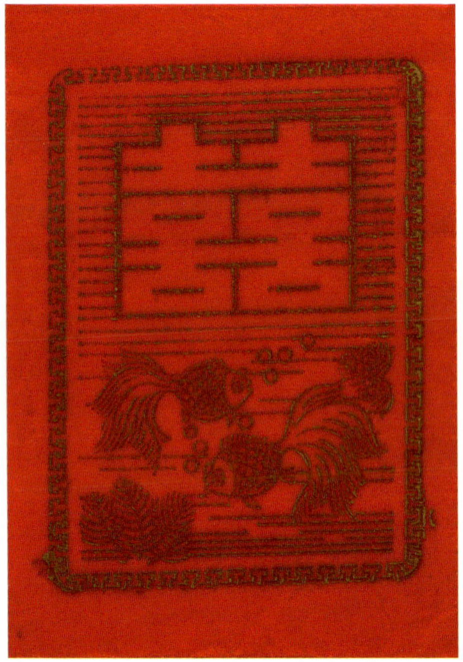

大吉大利

福祿壽全

恭賀新禧

恭賀新禧

花開富貴

如意
吉祥

萬事勝意

恭賀新禧
如意
恭喜發財
萬事勝意

囍

如意吉祥
囍

如意吉祥

囍

如意吉祥
囍

如意吉祥
囍

福

如意吉祥
囍

如意吉祥
福禄寿

如意吉祥
囍

金玉满堂

如意吉祥
福

如意吉祥
福

萬事勝意

如意吉祥
福禄寿

萬事勝意
囍

萬事勝意
囍

萬事如意
囍

萬事如意
囍

萬事如意
囍

萬事勝意
囍

萬事勝意
福

萬事勝意
囍

萬事勝意
囍

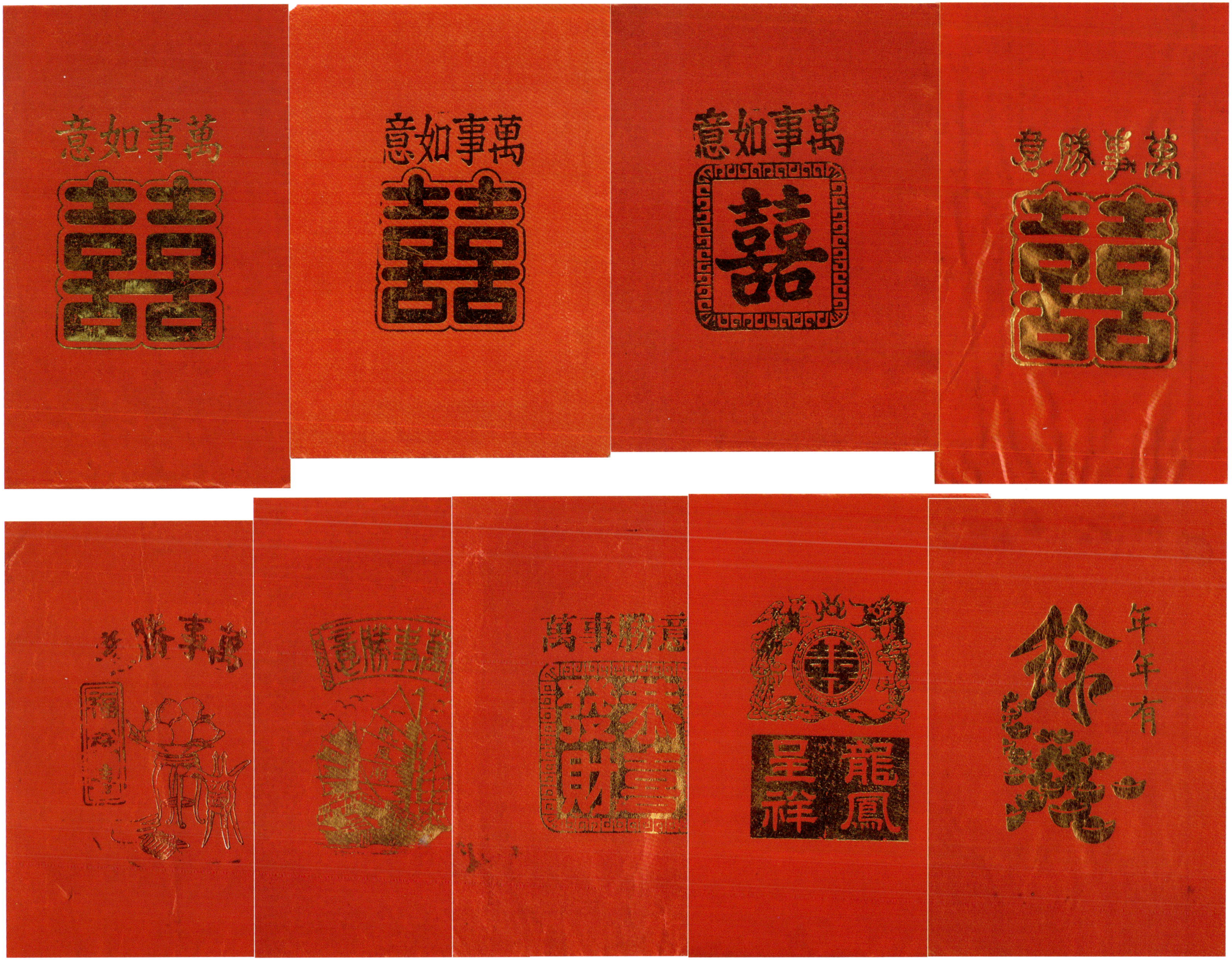
萬事如意
囍
萬事如意
囍
萬事如意
囍
萬事勝意
囍
萬事勝意
萬事勝意
萬事勝意
恭喜發財
龍鳳呈祥
年年有餘

萬事如意
囍

萬事如意
囍

生意興隆
恭喜發財

年年大利

年年大利

財神到

萬事勝意
帆風順

萬里前程
一帆風順

福壽康寧
福

萬事勝意

一帆風順

大吉
大利

大吉大利

大吉大利
福

恭喜發財

恭喜發財

恭喜發財

恭喜發財

財
恭喜發

財
恭喜發

恭喜發財

恭喜發財

恭喜發財

恭喜發財

恭喜發財
福

恭喜發財

如意吉祥
囍

如意吉祥
福

恭賀新禧
囍

如意吉祥

如意吉

大吉大利

年年大利

一帆風順

囍
一帆風順

大吉大利
福

大吉大利
福
恭喜發財
恭賀新禧
囍
囍

大吉大利

福

一帆風順

一帆風順

新年進步
一帆風順

一帆風順
一帆風順

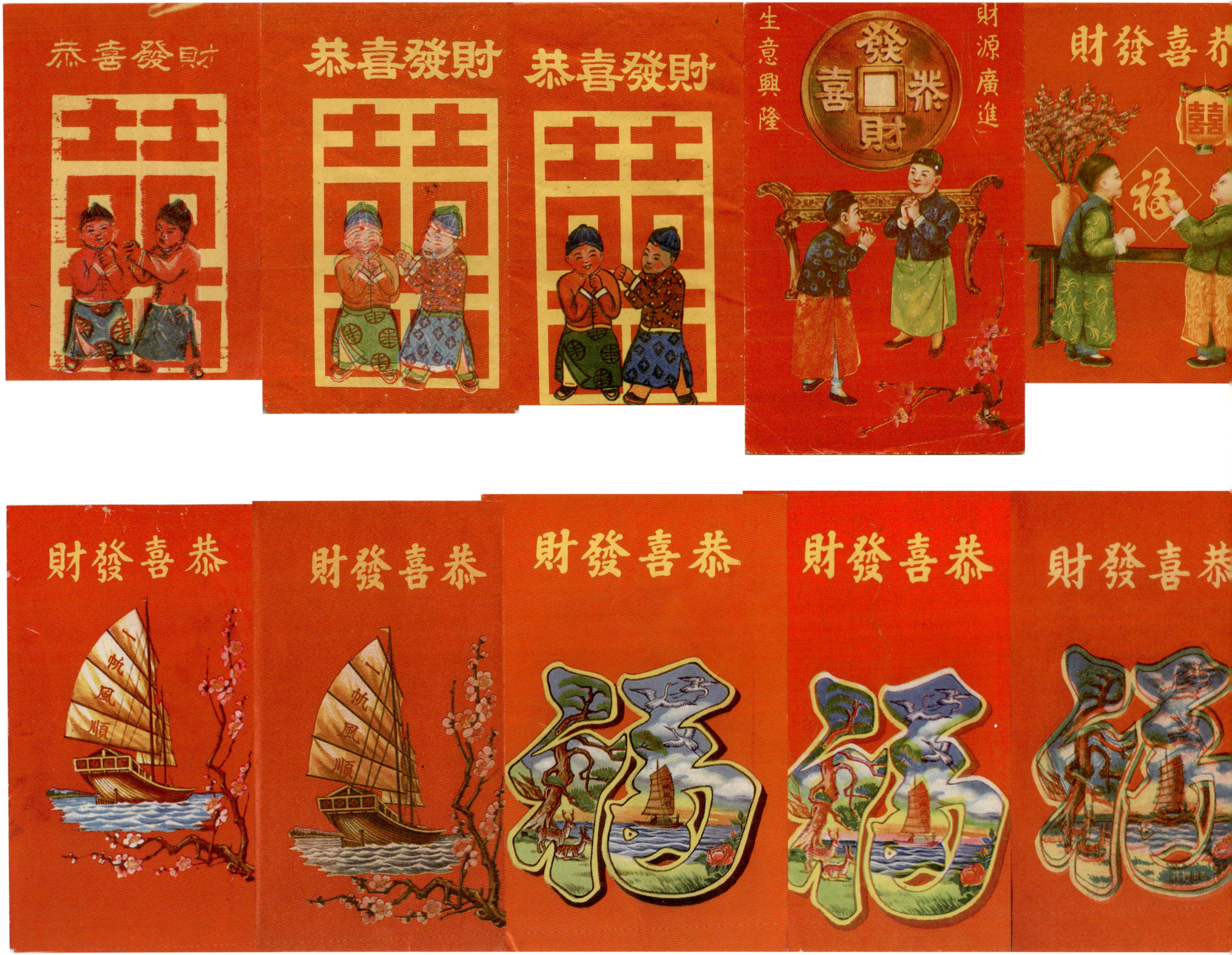
恭喜發財
恭喜發財
恭喜發財
生意興隆
發
喜 恭
財
財源廣進
恭喜發財
福
恭喜發財
一帆風順
恭喜發財
一帆風順
恭喜發財
恭喜發財
恭喜發財

恭喜發財
恭喜發財
恭喜發財
恭喜發財
恭喜發財
囍
福

恭禧發財
恭喜發財
恭喜發財
一年好運
四季興隆
恭喜發財
福多壽

鴛鴦福祿
囍

三星拱照
遠東銀行

福祿壽喜
三星拱照

福祿壽喜
三星拱照

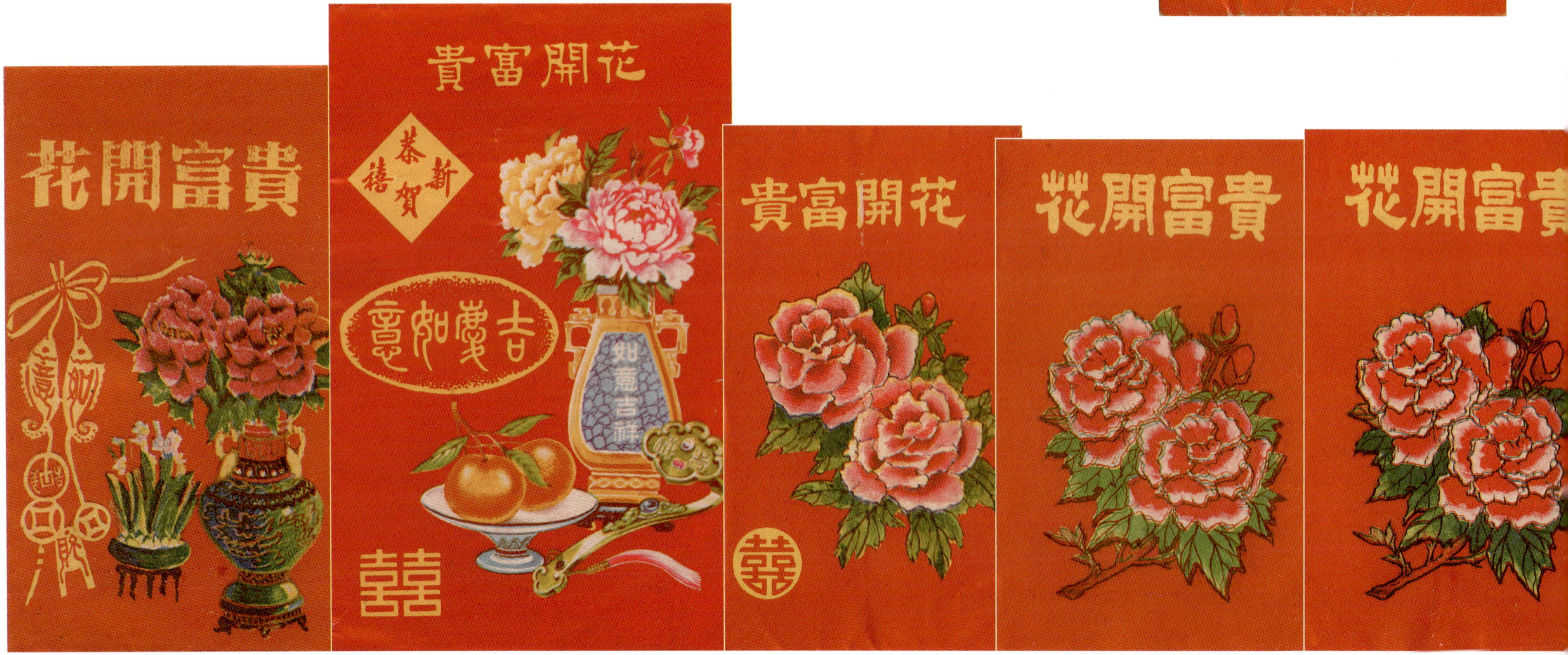
花開富貴
花開富貴
恭賀新禧
吉慶如意
如意吉祥
囍
花開富貴
囍
花開富貴
花開富貴

福祿壽

囍
多福多壽

天官賜福

龍鳳呈
囍

龍鳳呈祥
囍

龍鳳呈祥
囍

囍
龍鳳呈祥

囍
福

風生水起
水起如意財
風生吉祥氣

恭喜發
財

年年有餘

鸞鳳和鳴
新蒲崗
寶生珠寶金行

國華商業銀行

滿堂吉慶
中国銀行 澳門分行

醒獅報喜
恭喜發財
財運亨通

龍鳳
呈祥

吉祥如意

醒獅報喜
恭喜發財

天增歲月人增壽
春滿乾坤福滿門
花開富貴
大展鴻圖
龍鳳
呈祥

財運亨通
五福臨門

錦繡前程
祝君好運
恭喜發財

財運亨通
發
恭賀新禧

福

如意
吉祥

爱
心

萬事勝意

萬事勝意

龍鳳呈祥
如意吉祥
大展鴻圖
如意吉祥
大展鴻圖
如意吉祥
大展鴻圖
如意
吉
祥
万事如意
福
100分
Xin Nion
Kuai Lè
福星高照

大吉大利
Happy New Year
大吉 大利
大吉大利
大吉大利
恭喜發財
恭喜發
財
花開富貴
富貴
富貴花開
农村信用合作
——您身边的银

恭喜發財
恭喜發財
發財
恭喜發財
富貴花開
花開富貴
福
年年有餘
三星拱照

在这守岁拜年的时刻与欢度新春的日子，派红包发红包给红包，是华人新年最为重视的习俗之一。如今，压岁红包、开门红包、开工红包……名目繁多出现在“新年快乐”之中。毫无疑问，红包是中华儿女的重要年俗之一。它，与春节如影随形，与过年同在。

贺岁篇

过年必须压岁钱

节日，是历史和文化传统的积淀与再现；节日，是民族性格、民族文化的集中展示；节日，是社会群体和谐团结的黏合剂；节日，是文化认同、民族认同、国家认同的重要标志。

作为一个节庆，对于中国人来说，还是春节更有感觉，更有气氛。

“新年到，穿新衣，戴新帽；迎财神，舞龙灯，踩高跷；大家乐陶陶，大家一起迎接新年到。”唱着喜气洋洋的歌谣，又一个新年向我们走来。

春节，是农历正月初一，又叫阴历年，俗称“过年”，是中国民间最隆重最热闹的传统节日。其历史悠久，由上古时代岁首祈年祭祀演变而来。

中国人过年讲究四个方面：团圆、欢庆、祥和、平安。人们平常的生活愿望以及精神层面的生活理想，在过年时集中体现出来。我国过年，在传承发展中已形成了一些较为固定的习俗，有许多还相传至今。传统的节日仪式与相关习俗活动，是节日元素的重要内容，承载着丰富多彩的节日文化内涵。何况，现在的春节，还越来越融入了现代生活内容，承担起一些现代文化功能，甚至可以作为“传统文化创造性转化”的一个范例。

辞旧守岁，就是全家相聚一起，在大年三十吃团圆饭、守夜。这种习惯最早源于南北朝，“一夜连双岁，五更分二年”，以后逐渐盛行。至唐朝，唐太宗李世民写有“守岁”诗：“寒辞去冬雪，暖带入春风”。人们点起蜡烛或油灯，通宵相守，象征着把一切邪瘟病疫照跑驱走，期待着新的一年吉祥如意。

新春拜年，是人们辞旧迎新，相互表达美好祝愿的一种方式。待第一声鸡啼唱起，或是新年的钟声敲过，鞭炮顿时齐鸣，家家喜气洋洋，新的一年开始了。新年的初一，人们穿上最漂亮的衣服，打扮得整整齐齐，出门走亲访友，相互拜年，恭祝来年大吉大利。随着时代的发展，拜年的习俗亦不断增添新的内容与形式。现在，人们除了沿袭以往的拜年方式外，又先后兴起了礼仪电报拜年、电话拜年、短信拜年、微信拜年……

在这守岁拜年的时刻与欢度新春的日子，派红包发红包给红包，是华人新年最为重视的习俗之一。如今，压岁红包、开门红包、开工红包……名目繁多出现在“新年快乐”之中。毫无疑问，红包是中华儿女的重要年俗之一。它，与春节如影随形，与过年同在。

送红包收红包，作为一种民间习俗和春节惯例，经过千百年的发展变化，已经固化为中国独有的年俗行为和风俗习惯，升华为一种中国特有的独具特色的民俗文化。可以说，迄今为止，红包理念是中国人最为认可的理念之一，红包行为是中国人最为自觉的习惯之一。这种习俗所承载的文化内涵，绝不仅仅是包在红包之中的那点钱那么简单，它寄托的是国人对亲人、朋友、熟人、老乡、战友、同事、同行、同学、同好等等的一种祝福和愿望，并期盼着将这种美好的运气、福气带给他们。钱的多少在这里已经退为其次，关键的是相互之间那种深深的感情和厚厚的心意。

现在的中国，人们已经将手机抢红包与除夕团圆饭、看春节晚会，并列为春节三大必不可少的年俗，无论缺了哪一样，都不能算真正过年。

红包封内的“乾坤”，送来送去，给来给去，在春节绝不是可有可无。过去如此，现在如此，将来也如此。

福 福 福
万事如意幸福年
吉祥如意拜年顺
财
恭贺新禧
福运到
财运到
福
春

润迅通信
China Motio Telecom

2016

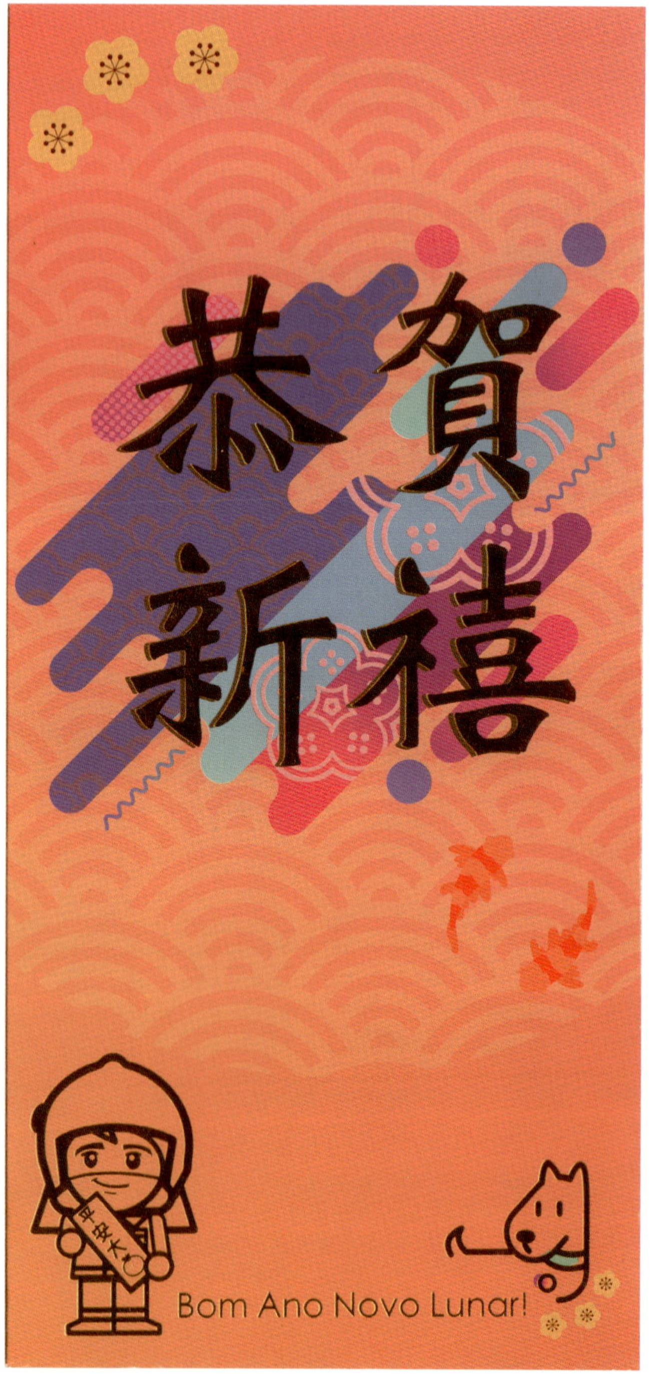
恭賀新禧
Bom Ano Novo Lunar!

过年好，祝您猪年：前程似锦，处处贵人帮忙，财运亨通，钞票多得乱数，大吉大利，彩票头奖，入账，合家欢乐，夫妻生活兴旺，青春永驻，皱纹不长脸上，能吃能睡，心情愉快，舒畅，健康快乐，一家膘肥体壮……

家和萬事興
人和家順百事興
富貴平安福滿堂
福
福
福
壓歲錢
辭舊迎新

喜迎新年
壓歲錢
春

合家欢聚

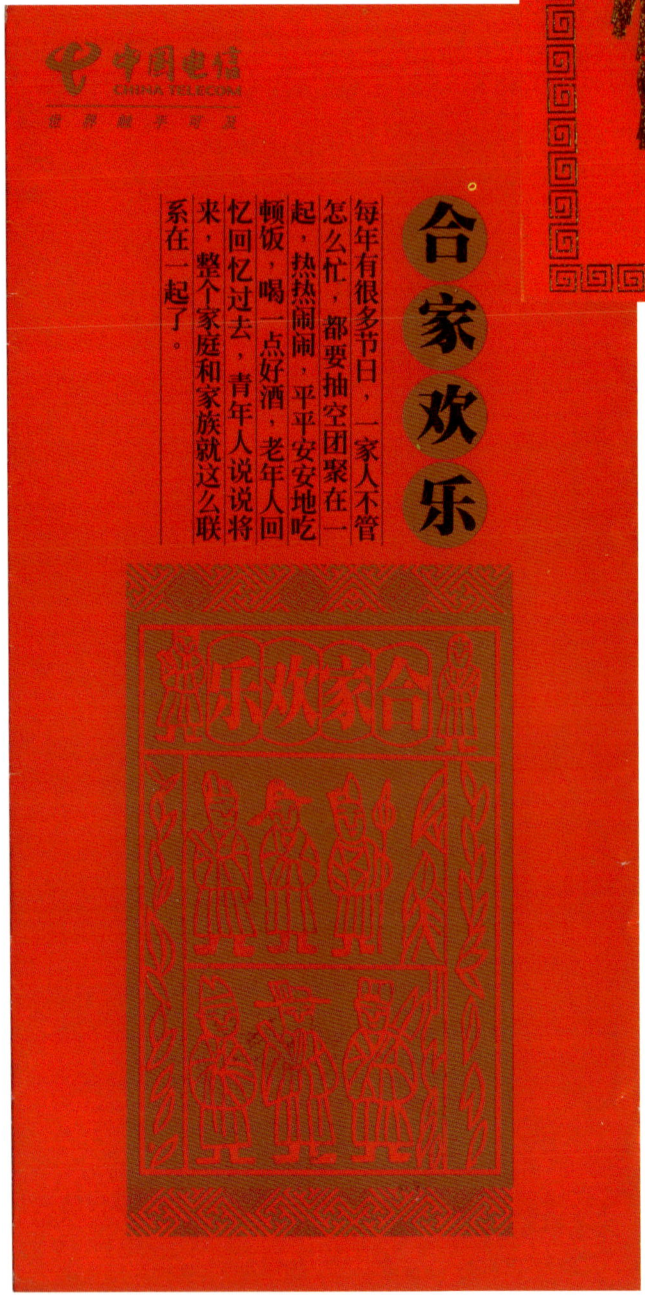
中国电信
CHINA TELECOM
合家欢乐
每年有很多节日，一家人不管怎么忙，都要抽空团聚在一起，热热闹闹，平平安安地吃顿饭，喝一点好酒，老年人回忆回忆过去，青年人说说将来，整个家庭和家族就这么联系在一起了。

大吉大利
恭贺新禧

Happy New Year

年在一起

繁榮昌盛
大吉大利
理想成真
財源廣進

闔家美滿

福

gua hua deng
挂花燈
ban da nian
扮大年

tuan yuan fan
團圓飯
xi xin nian
喜新年

ling hong bao
領紅包
pan guo nian
盼過年
红包

xi yan xian chun
喜燕銜春
fu man nian
福滿年

zhu bao ping an
竹爆平安
he xin nian
賀新年

xi qi ying chun
喜氣盈春
fu man men
福滿門

新年快乐

新年快乐

新年快乐

大吉
大吉
大利
顺
新年快乐
大吉

福
福利？
福利？
新年快乐
福利？
萬事如意

红包
红包
新年快乐
心想事成

新年好

新年好

Português
業 銀 行

拜年
中國銀行
BANK OF CHINA
珠海市分行
ZHUHAI BRANCH

拜年
Happy new year
Thinking of you and
wishing you

压
岁岁平安
Garden
利是
聪明
开运神签
利是
中国工商银行
广州市五羊新城支行
Garden
利是
恭喜

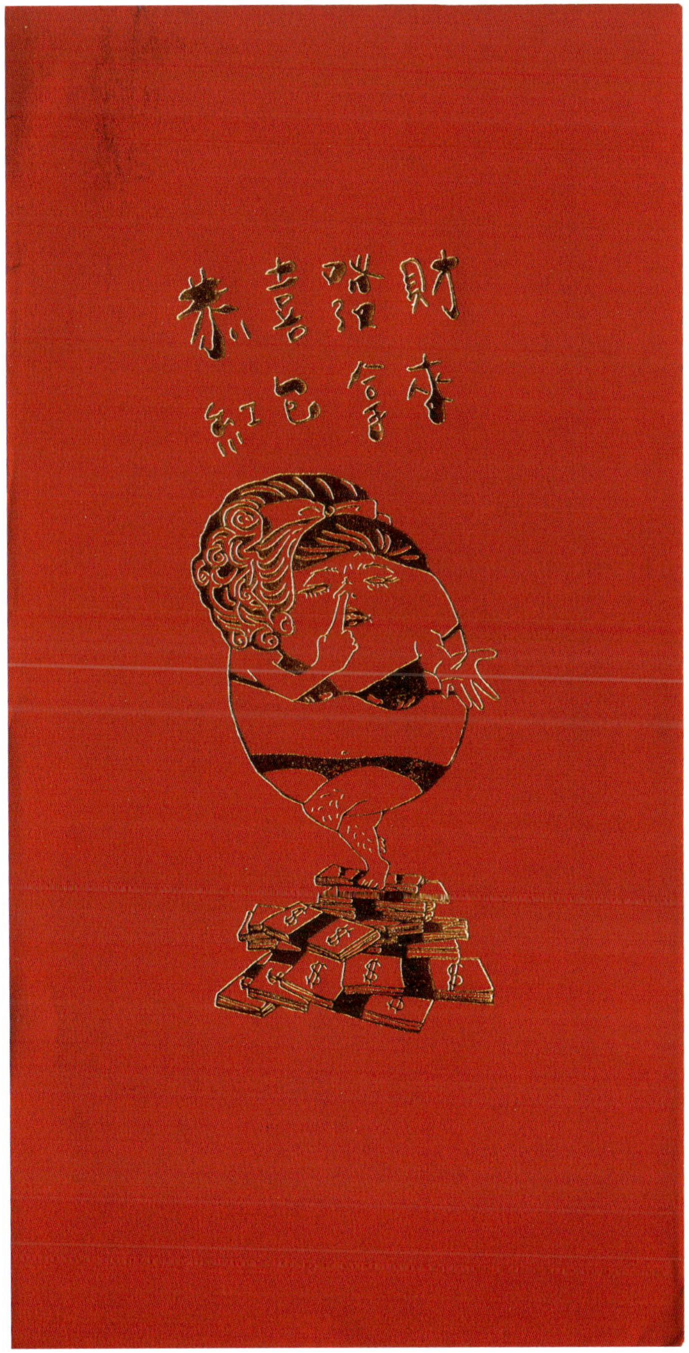
恭喜發財
紅包拿來

压岁包
福

压岁包

压岁包

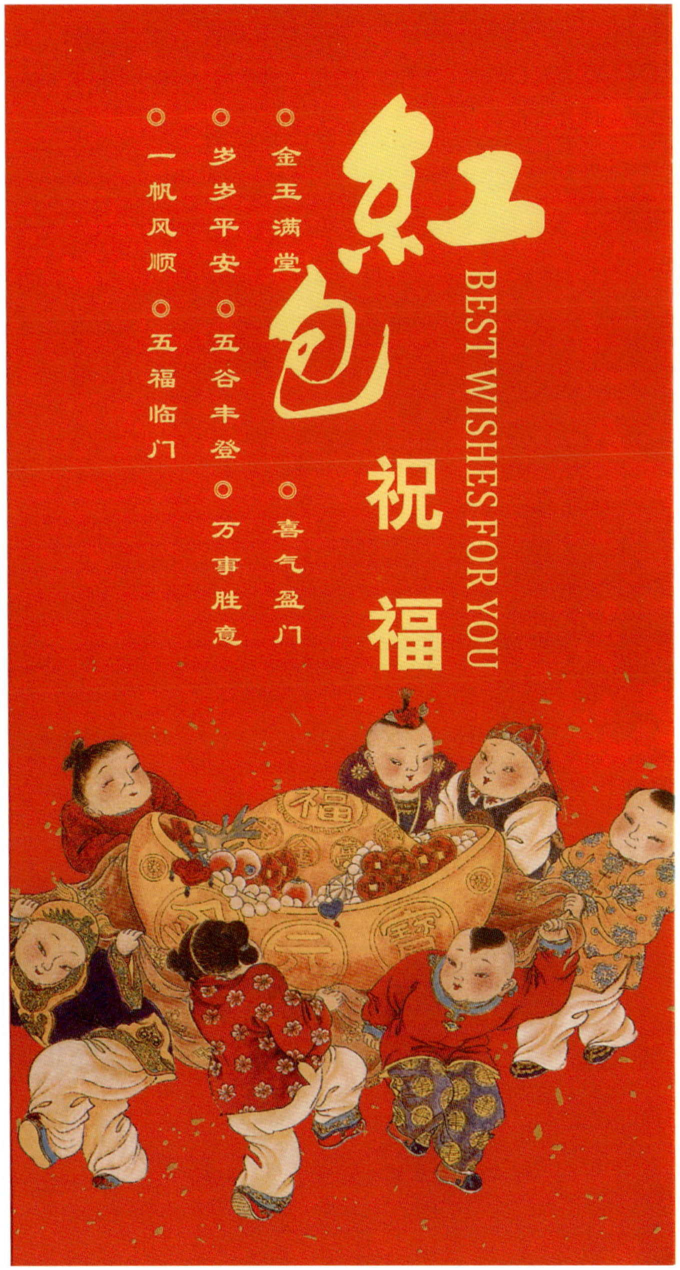
紅包
祝福
BEST WISHES FOR YOU
○金玉满堂
○喜气盈门
○岁岁平安
○五谷丰登
○万事胜意
○一帆风顺
○五福临门

压岁包
迎新春
福
福

压岁包
福

压岁包

压岁包

压岁包

颜值爆棚
顏值紅包
天生丽质 聪明伶俐
红包
红包
Happy New Year
Good health, good luck
and much happiness throughout the year.

赏给有勇有谋的人
勇敢紅包
勇敢小才子
红包
Happy New Year
Good health, good luck
and much happiness throughout the year.

貼心紅包
贴心乖宝
体贴照顾我最棒！
红包
Happy New Year
Good health, good luck
and much happiness throughout the year.

能手紅包
勤学
学习小能手
红包
Happy New Year

王者紅包
王者所有
红包
Happy New Year

機智紅包
争做智勇双全小才子!!
小伙伴
红包
Happy New Year

春
江门农村信用社
贺岁
中国南方电网
FANCL
恭贺新禧
Tencent
恭贺新禧
Tencent
新年快乐

春
中國工商銀行(亞洲)
ICBC(Asia)
迎春接福
迎
春
接
福
萬事如意
HAPPY NEW YEAR
迎春接福
慶新歲
花開富貴
百業盛
心想事成
春
四季平安
HAPPY NEW YEAR
萬事勝意
SEASONS GREETINGS
新年好
Happy new year
Season's Greetings and Happy new year

迎春
Amway 安利
Season's Greeting
迎春
贺新年
伊蕾服饰
迎春
福
迎春
中国电信 CHINA TELECOM
迎春
接福
HAPPY NEW YEAR
迎春
迎春
CIMB
迎春
迎春
迎春
迎新春
南海农村信用社
福
迎新春
中国工商银行 广州市花城支行
恭·喜·發·財
迎新春
新春
中国工商银行深圳南头支行
福
迎新春
迎春

迎春接福
广州银行
东方宾馆
广东发展银行
迎春接福
Thinking of you and wishing you happiness
迎春接福
拜年
年年好运
恭喜发财
广州市三元里农村信用合作社联合社
Best wishes
For You
佛山市禅城区农村信用社

（缩小版）

ニッコリ
© San-X
迎春接福
迎春接福
迎春接福
Best wishes for you
身体健康 万事胜意
ICBC 中国工商
迎春接福
迎春接福
迎春接福
迎春接福
大丰银行
BANCO TAI FUNG
迎春接福

迎春接福
迎春接福
Bank of America
迎春接福
迎春接福
迎春接福
DHL
迎春接福

（缩小版）

春納福
迎春納福
迎春納福
迎春納福
迎春納福
HAPPY NEW YEAR
迎春
纳福
©中祥房屋 www.zkhome.com
專業·貼心·負責
迎春納福賀新年
福
中国银行
广州市广东国际大厦支行
迎春納福
納福
MOS BURGER
迎春接福
娛樂中國 分享快樂
WWW.POCO.CN
迎春接福
POCO
UBS
迎春接福
迎春接福
福 壽
迎春接福
庆新岁
春福
"Good Things Happen"

BEST WISHES FOR YOU
广州市黄埔农村信用合作社
中国工商银行
Happy holidays

中国银行
BANK OF CHINA
广州东山支行
富贵荣華
广东发展银行 番禺支行
金濠
廣東發展銀行

（缩小版）

恭賀新禧
多乐士
Dulux
賀
賀
萬事如意
賀
賀
賀
新年納吉慶·嘉節號長春
賀

賀
賀
新供销
賀
馬到功成
賀
Shangri-La hotel
吉祥如意
賀
賀
Best Wishes For You
賀
中国银行广州市分行

迎春
好運來
珠海市商业银行
新年快樂

SEASON'S
GREETINGS
太平洋保险
CPIC
HAPPY NEW YEAR
花開富貴

賀
賀
龍馬精神 身體健康
大富大貴
財源廣進 馬到功成
金玉滿堂 吉星高照
如意吉祥 心想事成
萬事勝意 五福臨門 迎春接福
生意興隆 百業興旺 富貴榮華 年年有餘
賀
華天龍
賀
賀

賀年
萬事如意
謹·賀·新·年
BEST WISH FOR THE NEW YEAR
賀年
年年行大運
HAPPY NEW YEAR
賀新年／報平安
HAPPY NEW YEAR
吉祥如意
賀年
UMBRO
賀
賀年
賀年
東妮精品百貨批發

（缩小版）

SEASON'S GREETINGS
賀年
BEST WISHES FOR YOU
万事胜意
賀年
年賀
BEST WISHES
鴻運當頭
中国建设银行
China Construction Bank
HAPPY NEW YEAR
When I wake up in the morning, I feel you.
You are like glaring morning sunshine,
I am so happy with you.

賀歲
賀歲
賀歲
贺歲
賀歲
深圳发展银行
賀歲
賀歲
贺年
HAPPY NEW YEAR

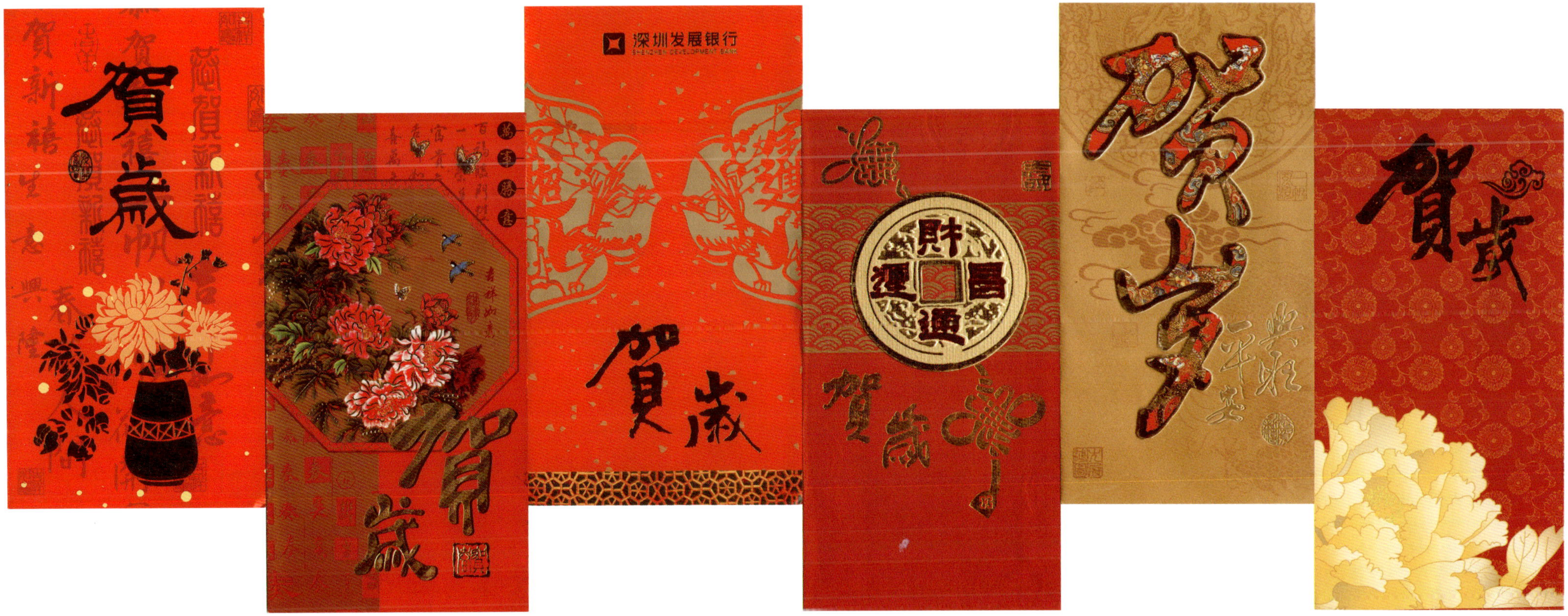
賀歲
賀歲
深圳发展银行
賀歲
財運亨通
賀歲
贺岁
賀歲

（缩小版）

贺新年
贺新年
Happy New Year
中国工商银行
贺新年
Happy New Year
中国工商银行
贺新年
贺新年
贺新年
吉祥如意祝平安
贺新年

贺新年
吉祥如意
贺新年
贺新年
賀新年
贺新年
贺新年

謹賀新年
謹賀新年
財神爺
珠寶鍍飾有限公司
中国农业银行
AGRICULTURAL BANK OF CHINA
中国建设银行
明东连锁超市
WM SUPER MARKET
HAPPY NEW YEAR

恭贺新春
千色店
恭
贺
新
春
FABOER
恭賀新春
恭賀新年
吉祥如意
恭賀
新
春
2009
BEST WISHES FOR YOU
HAPPY NEW YEAR
BEST WISHES FOR YOU
UNPLUGGED BOY
恭賀新春
賀新春
賀新春
福
省汽车客运站
INTER-CITY BUS STATION
贺春
恭贺新年
福
恭賀新年
恭賀新年
Happy New Year
恭
賀
新
春
2009
恭贺新春

恭賀新禧
恭贺新禧
HAPPY NEW YEAR
南洋商業銀行
中国农业银行
中國工商銀行
中國大酒店
CHINA HOTEL
STORM
MACAU
BEL'AIR
PARIS

（缩小版）

（缩小版）

恭贺新禧

恭賀新禧
SANRIO

恭賀新禧
福

あまぐりちゃん。
恭賀新禧

恭 賀 新禧
WishingYOU
笑口常開
中国农业银行 南海市大沥支行

恭賀新禧
招商银行 广州分行

恭賀新禧

賀禧
中国银行 佛山分行

恭賀新禧

恭贺新禧
HAPPY NEW YEAR
中国农业银行
AGRICULTURAL BANK OF CHINA

恭賀新禧

Happy New Year!
恭賀新禧
新年进步
中国农业银行 佛山顺德支行

TO YOU
恭賀新禧

中信建投证券
CHINA SECURITIES
恭賀新禧

恭贺新禧

恭賀新禧

Wish You A happy &
Prosperous New Year
賀新禧

恭賀新禧
Happy New Year
南海农村信用社

恭賀新禧

广汽 HONDA
贺新禧
戊子年
Happy New Year 2008
恭贺新禧
Happy new year
江门市区农村信用社
恭賀新禧
新年快乐
恭贺新禧
LOVE
May your tomorrow be full of rosy dream and green hopes!
Rilakkuma
恭贺新禧
恭贺新喜
恭賀新禧
HAPP NEW YEAR
賀新禧
恭贺新禧
HAPPY NEW YEAR
恭賀新禧
BNU
恭賀新禧
Loudania
露丹妮亞
恭贺新禧
中国工商银行
國際群獅
賀新禧
市天河支行
恭賀新禧
中国民生银行
服务大众 情系民生
恭賀新禧
Hello Kitty
賀新禧
HAPPY NEW YEAR
Lovely White
恭賀新禧
中国工商银行
2006
恭贺新禧
HAPPY NEW YEAR

（缩小版）

（缩小版）

恭贺新禧
中国农业银行
恭賀新禧
恭賀新禧
恭賀新禧
恭贺新禧
PARKSON
百盛
恭賀新禧
恭賀新禧

恭賀新禧
招商银行
恭贺新禧
宏城超市
新禧
恭賀
福

恭贺新禧
恭賀新禧
广东发展银行
恭賀新禧
CROCODILE
鳄鱼恤
新禧
恭賀
恭贺新禧
大吉大利
聚宝盆
HAPPY NEW YEAR
Happy New Year
2009己丑年
中国建设银行

恭賀新禧
BNU
恭贺新禧
广州农商银行
恭賀新禧
亞洲商業銀行
恭賀新禧
恭賀新禧
2006
恭贺新禧

恭賀新禧
恭賀新禧
恭賀新禧
HAPPY NEW YEAR
Lovely White
中国银行
恭賀新禧

恭賀新禧
SEASON'S GREETINGS
恭賀新禧
恭賀新禧
FROZEN
恭賀新禧
恭賀新禧
恭賀新禧
中国民生银行

(缩小版)

恭賀新禧
BCM bank
澳門商業銀行
恭賀新禧
CIMB GROUP
恭賀新禧
恭賀新禧
恭賀新禧
恭賀新禧
nissin
恭賀新禧
恭賀新禧
恭賀新禧
恭賀新禧
恭贺新禧
南海市农村信用社
恭賀新禧
恭賀新禧
恭賀新禧
BCM bank
澳門商業銀行
福
恭賀新禧
亞洲商業銀行
ASIA COMMERCIAL BANK
Cestbon
恭賀新禧
怡宝服务热线
400-8884933 800-8304933
恭賀新禧
恭賀新禧
恭賀新禧

鸿运连年
HAPPY NEW YEAR
恭贺新禧
好彩运海鲜火锅饭店
财神酒店
恭贺新禧
四季平安过新年
和气吉祥皆快乐
恭賀新禧
澳门工会联合总会
Federação das Associações dos Operários de Macau
恭贺新禧
Annil
萬事如意
年年有余万事如意
恭賀新禧
TOM'S WORLD
TWENTY-FIFTH ANNIVERSARY
Sogo
恭賀新禧
HAPPY NEW YEAR
Happy New Year
韶关市区农村信用合作联社
福
广州市白云农村信用合作社
賀新禧
HAPPY NEW YEAR
Lovely
White
广州市黄埔农村信用合作社
恭賀新禧
恭賀新禧
CHEVROLET
雪佛兰
恭賀新禧
HEDY七喜
恭贺新禧
大本营
happy new year
恭賀新禧
GOELIA
歌莉娅
恭賀新禧
恭賀新喜
中国建设银行
恭賀新禧
新大新日用化妆品商场赠

有福的是，红包封找到了福。五湖四海、五花八门、五光十色的“福”字，铺天盖地地飞舞在红包封上，将吉祥飘溢于红包封中。犹如福运，恰似福气，好比福分，无论何时，不管何处，都在浸润着红包这块“福地”，福文化也在此生根开花结果。红包封，传递着“福音”，成为了“福星”。

福字篇

中华民族“福”起来

一个“福”字，贯穿了整个华夏文明史。

中国福文化，生生不息，已经全面渗透于人们生产、生活、思想等方方面面，超越了民族、宗教、社会、地域、时空等范畴，可谓是包罗万象。可以说，福文化是对中华民族影响最远、影响最广的民族主流核心文化，是民族文化明珠、民族文化之根。

在中国人心中，“福”是一个吉祥字。福字的意思，“一口田，衣禄全”。因为，在我们的祖先看来，有衣服穿，有一口田，能够安居乐业，就是有福。所以，也就有了今天福字的写法。自古以来，“福”是人们祝吉的绝妙佳词，也是人们共同追求的人生目标，成为中华民族千古永恒的祈福迎祥的主题。可以说，中华民族的历史，就是人们孜孜追求福的历史。

福，乃“福、禄、寿、喜、财、吉”六大吉祥之首。求福、纳福、惜福、祝福，又是各种文化现象的概括和代表。福在中国文化的含义，主要是精神层面上的满足和对美好生活的追求。

所谓福，旧谓“福运、福气”，而现在人对福的理解是“幸福”。无论现在还是过去，中国的老百姓都有一个共同的愿望，那就是企盼福气的到来。一个“福”字，却寄托了人民对幸福生活的向往，也是对美好未来的祝愿。生命伊始，希望健康成长；学业日精，希望新科及第；岁月流转，希望生活幸福；努力奋斗，希望步步高升；养怡之年，希望儿孙满堂……这种种希望，都是人生最美好的祝福，我们都期盼着这样的福气、福运。

弘扬中国福文化，就是要使中国福文化在中国乃至世界文化中，成为中国文化最醒目的标识。

福，它已渗透于社会诸多领域。在日常生活中，到处都能感受到“福”文化，到处都可见到“福”字为核心的吉祥书法。有福的是，红包封找到了福。五湖四海、五花八门、五光十色的“福”字，铺天盖地地飞舞在红包封上，将吉祥飘溢于红包封中。犹如福运，恰似福气，好比福分，无论何时，不管何处，都在浸润着红包这块“福地”，福文化也在此生根开花结果。红包封，传递着“福音”，成为了“福星”。

甲骨文的“福”字有160多个。后来，人们将福字做了很多衍化，如百福图等。1673年，清朝康熙皇帝为了孝庄太后的病能好，书写一个“福”字。字体长瘦，仔细看，有多子、多才、多田、多寿、多福的意味。珍稀的是，这是世上惟一的“五福合一”“福寿合一”之福。它又被称为“长寿福”和“天下第一福”。

2019年4月25日，缅甸国务资政昂山素季，在一带一路国际合作高峰论坛致辞中表示，世界上没有任何一个国家在勤奋上超过中国。但愿，红包封上各种各样的福，能让曾经惨遭霸凌、饱受苦难的中华民族“福”起来，为世界人民多多地奉献“天下第一福”。

福

福
福
福
福
福
福
福
福
福
福
福
福
福

福
觀塘區議會

福
新鴻基金融集團
SUN HUNG KAI FINANCIAL

福

福

福

澳門國際銀行
LUSO INTERNATIONAL BANKING LTD.
福

福

福
FORTURE

福
咀香園
餅家
澳門
製造

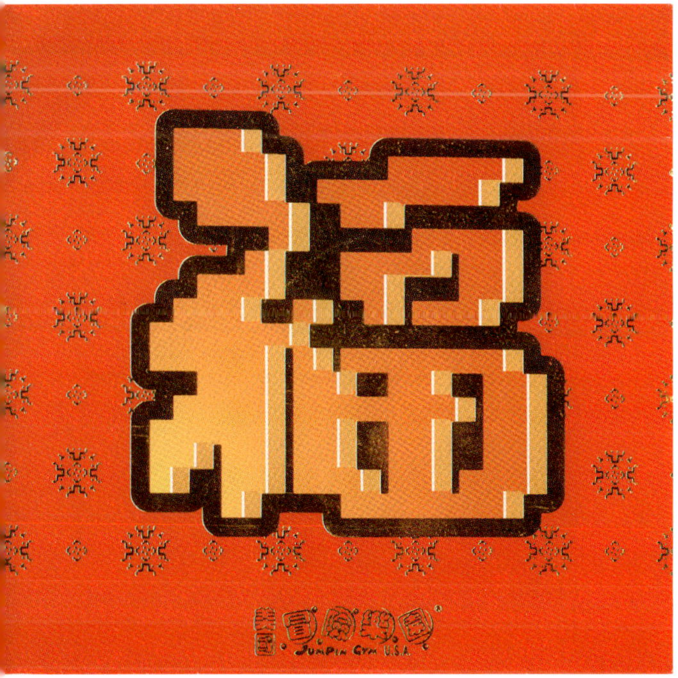
福

福

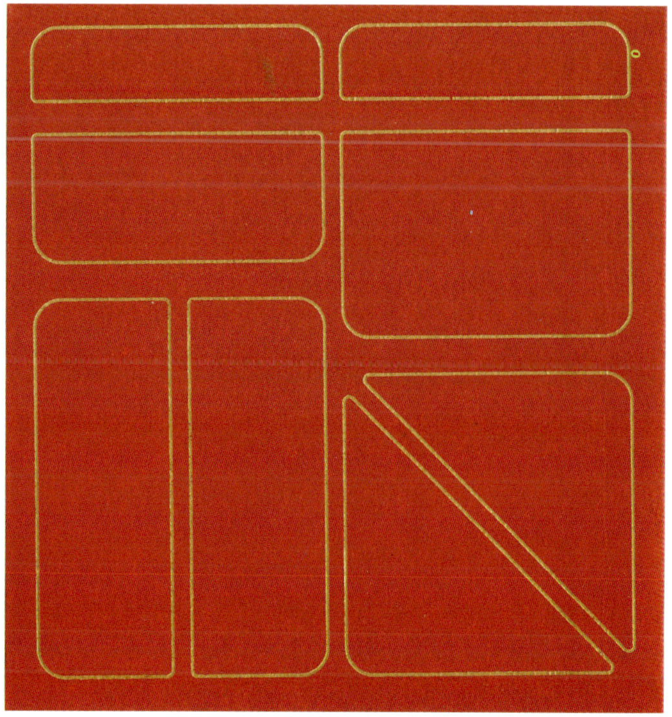

萬盛金行
九龍上海街二〇五號
電話：三八四三五六八
三八八三一弍六
南海农村信用社
金城皮鞋公司
地址：荃灣川龍街六十九號
電話：〇·四九二八九三八
中国建设银行
China Construction Bank
深圳市分行
北京信用社
廣州教育路24號 3344191
廣州朝天路12號 3372889
Hennessy
軒尼詩

福
福
福
華僑永亨銀行
OCBC WING HANG
福
順德皇朝歐美家私
SHUNDE EMPIRE EUROPE FURNITURE
福
Kodak
FILM
福
健康生活
從一日三餐開始！
福

集友銀行
浙江興業銀行
中國銀行
澳門分行
南洋商業銀行
中銀信用卡(國際)有限公司
福

福
中国农业银行 广州市天河支行
AGRICULTURAL BANK OF CHINA GUANGZHOU TIANHE SUBBRANCH
合富辉煌房地产 恭贺
中国工商银行 广州市下九路支行
INDUSTRIAL AND COMMERCIAL BANK OF CHINA
地址：广州市荔湾广场西南角四楼(德星路9号) 邮编:510140
电话：81396055 传真:81389157 电话银行:95588
中国银行 常平支行
滙業財經集團
Delta Asia Financial Group
滙業銀行
Banco Delta Asia S.A.R.L.

十二
福
福星
己丑年 2009
Happy New Year
兔年好運
SEASON' S GREETINGS
福
中国农业银行
AGRICULTURAL BANK OF CHINA
广州市天河支行
GUANGZHOU TIANHE SUB-BRANCH
交通银行
BANK OF COMMUNICATIONS
福
福
福

蛇年大吉
福
生意興隆・萬事勝
广州市
芳村农村信用合作社联合社
官上加官
大吉大利
鷄年好運
吉祥
鷄祥如意
開市大吉
金鷄報喜
鷄鳴富貴
室上大吉
深圳发展银行 广州分行
SHENZHEN DEVELOPMENT BANK CO.,LTD.
新春
天河农村信用合作社
福臨百業
富貴花開

新年万事吉
福随金鼠到
广州市钟表眼镜公司
大陆钟表首饰店
地址：第十甫路130－132号
莱富士时尚购物
Laifushi Fashion Shopping
naturin®
自然饮
地址：广州市寺右新马路10号
电话：7772721　7675996
雅戈尔衬衫•中国第
名牌
youngor
雅戈尔
雅戈尔集团广州办事处电话：(020)3843089
雅戈尔西服•意大利风度

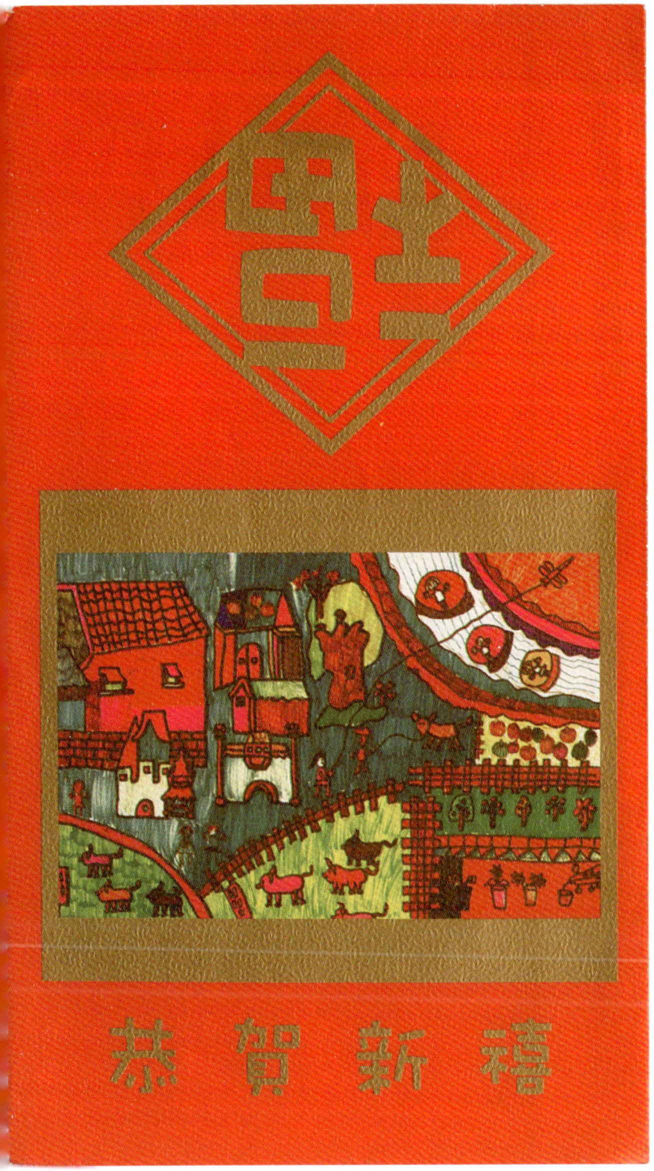
恭賀新禧

萬事如意

福
【福多一点】
恭賀新禧
福
新八佰伴
New Yaohan
中国电信
CHINA TELECOM
用户至上 用心服务
Customer First Service Foremost
福
广东省电信有限公司广州市分

福
广州铁路集团工程总公司
福
1986
南海渔村
SOUTH SEA FISHING VILLAGE
SKY No.
空中1号
福
中国光大银行
广州五羊支行

福
fú

Carlsberg
福

福
愉景新城
DISCOVERY PARK

福
住友銀行

福
周大福
CHOW TAI FOOK

福
Standard
Chartered
渣打銀行

福
曼可頓

福
PHARAOH'S PALACE
法老王宮殿
勵駿會
THE LEGEND CLUB
MACAU
巴比倫娛樂場
BABYLON CASINO

Cantonese fine dining
唐厨
福
食在广州 品味唐厨

福
LOUIS ROYER
COGNAC
法国路易老爷干邑

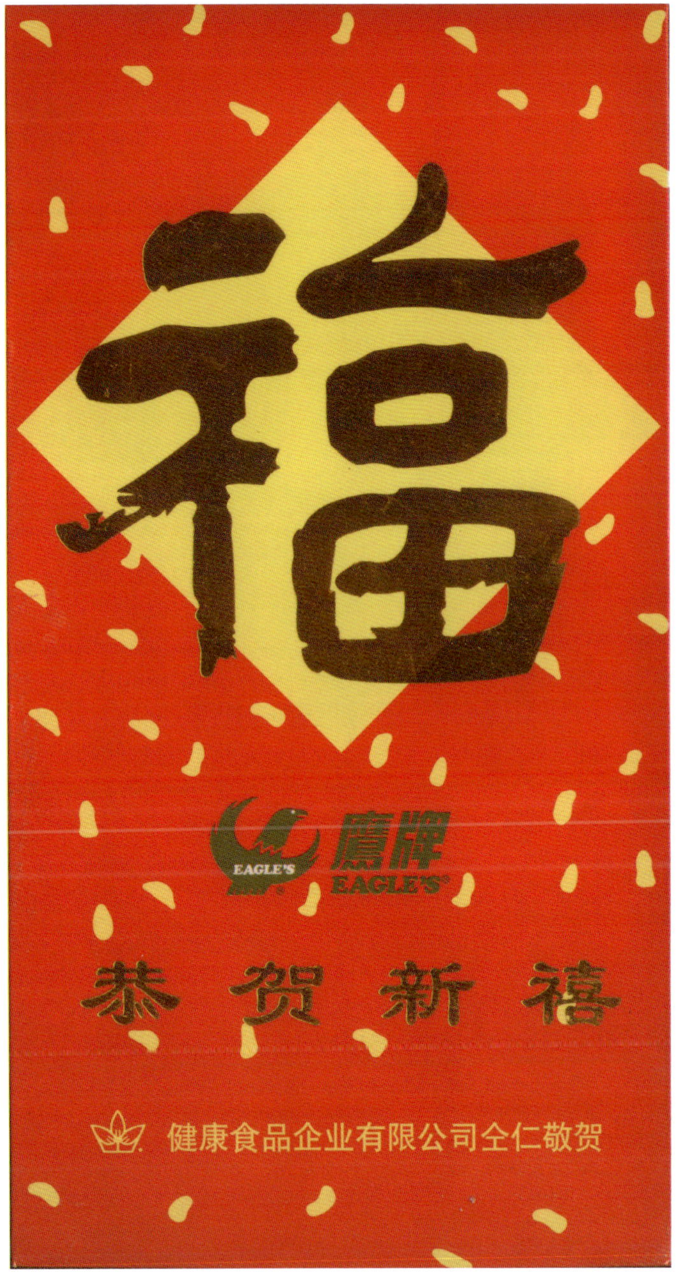
福
鹰牌
EAGLE'S
恭贺新禧
健康食品企业有限公司全仁敬贺

迎
春
澳門街
風味餐廳
Macau Street Restaurant
福

福

福
AXA

福
「施比受更為有福。」
（聖經）

澳門國際銀行
LUSO INTERNATIONAL BANKING LTD.
福

福

dun & bradstreet
福

統計
福

福
獅球嘜

福
中国銀行(香港)
BANK OF CHINA (HONG KONG)

四海歡歌春
百花齐

太古汇
TaiKoo Hui

MINGMENG 名梦
吉
祥
平
安

福
福
福

福

Bank of America (Asia)
美國銀行(亞洲)
Bank of America
美國銀行
Bank of America (Asia)
美國銀行(亞洲)
Bank of America

Bank of America (Asia)
美國銀行(亞洲)
Largest and longest established company formation specialist in Asia
OIL
請留意,背面是不同的.
Tel: (852) 2521 2515 Fax: (852) 2810 4525 www.offshore-inc.com
Bank of America
Premier Banking

『为怀念故友而编』

恭禧发财
福临门
中国银行 珠海市分行
BANK OF CHINA ZHUHAI BRANCH
福
临门
州市天河区农村信用联社
福
如意吉祥
福
广州市商业银行西关支行
地址:广州市龙津西路353号
电话:81941916、81708315
地址:广州市流花路中展里68号
电话:86671864、86525878

春到福来

恭喜發財
福
广州王府井
兴业银行
理财热线：0757-863
福
福
惠州市平洋城市信用社

洋果牌
texwood
·恭賀新禧·

完美
PERFECT
如意吉祥
BBG
好好運 日日步步高
中国移动通信
CHINA MOBILE
移动信息专家
Pizza Hut

福
中國銀行珠海市分行

澳門街坊會聯合總會
福

施比受更有
福
福
澳門捐血中心
Macao Blood Transfusion Centre
Http://www.ssm.gov.mo/cts Tel: 28752522

福
中銀理財
Wealth Management

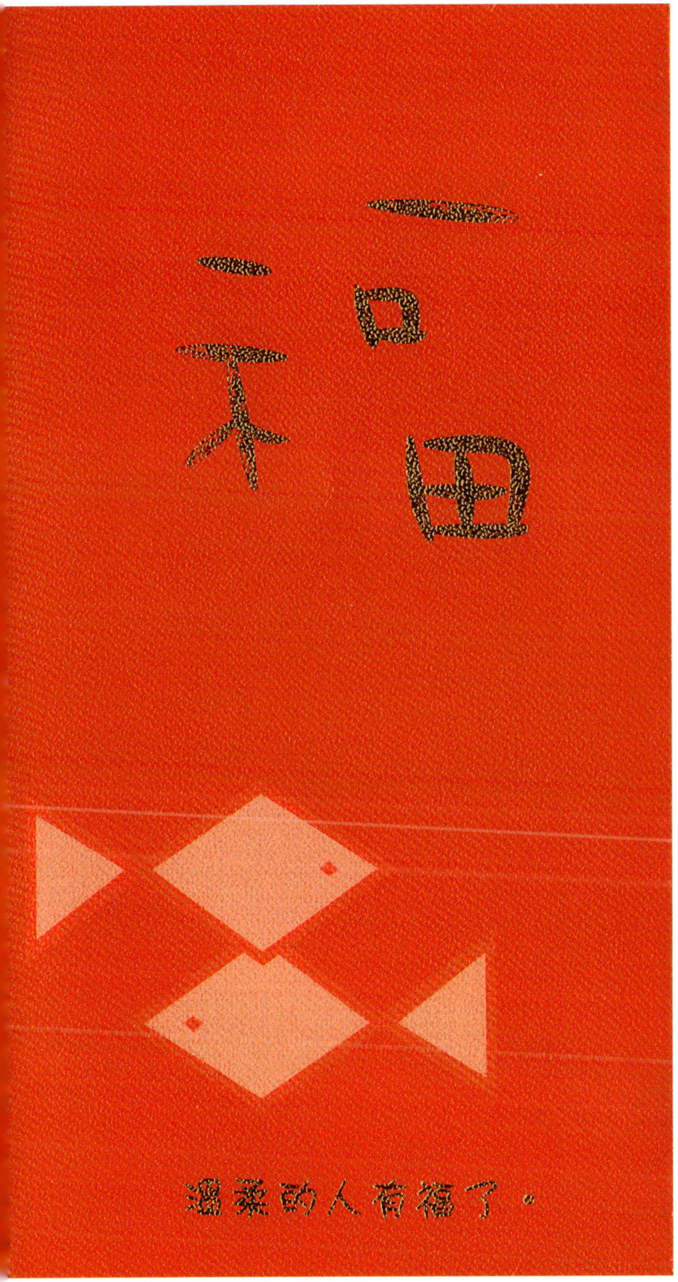
福
温柔的人有福了。

Happy New Year
福
广州银行
BANK OF GUANGZHOU

怡寶
怡寶
2019 己亥「猪年」

寿桃
SAU TAO

福
福
福
福
福
福
福
福
福
福
福
U'ME
Cineplex 国际影城

六福珠寶
LUKFOOK JEWELLERY

益華百貨
YIHUA DEPARTMENT STORE

Have A Wonderful New Year
恭禧新年好
〖新春快樂大吉大利，心想事成合家歡樂〗

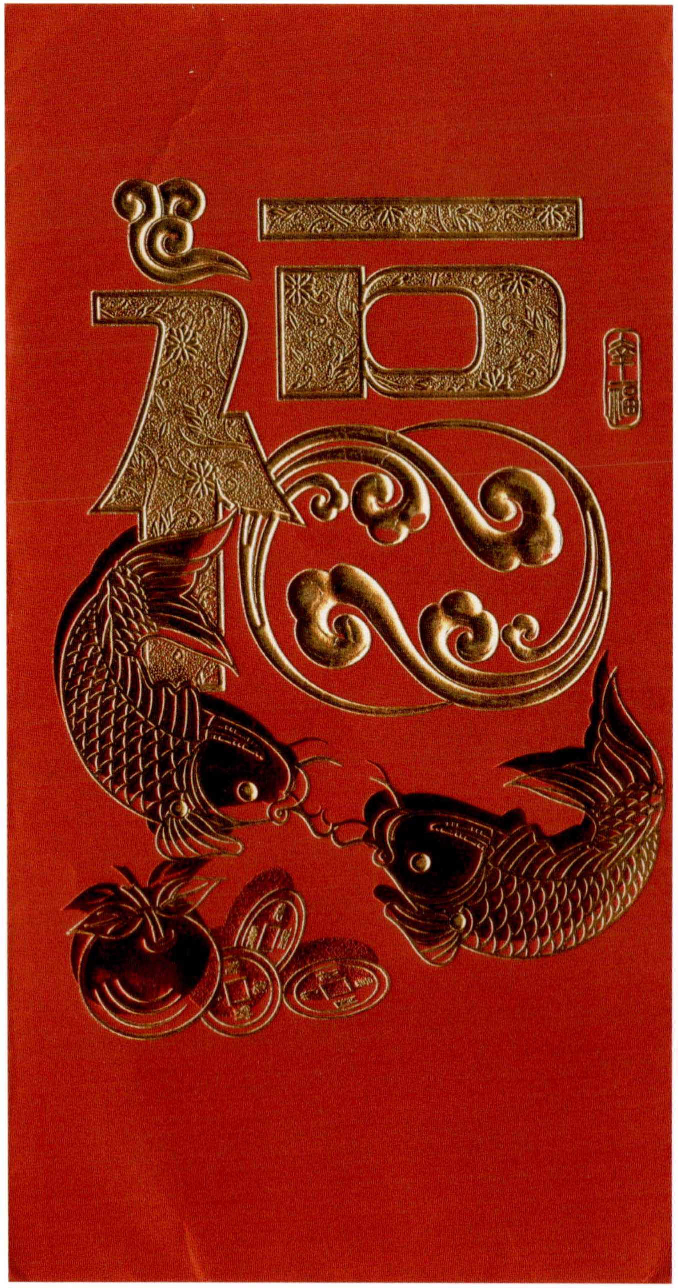

华润万家
vanguard
华润万家全为您
照顾生活每点滴！

平安多福

吉祥

福
恭喜發財
中国电信
CHINA TELECOM

福
金至尊
3D-GOLD

ART · CREATIVITY · BUSINESS

福
CTM
澳門電訊

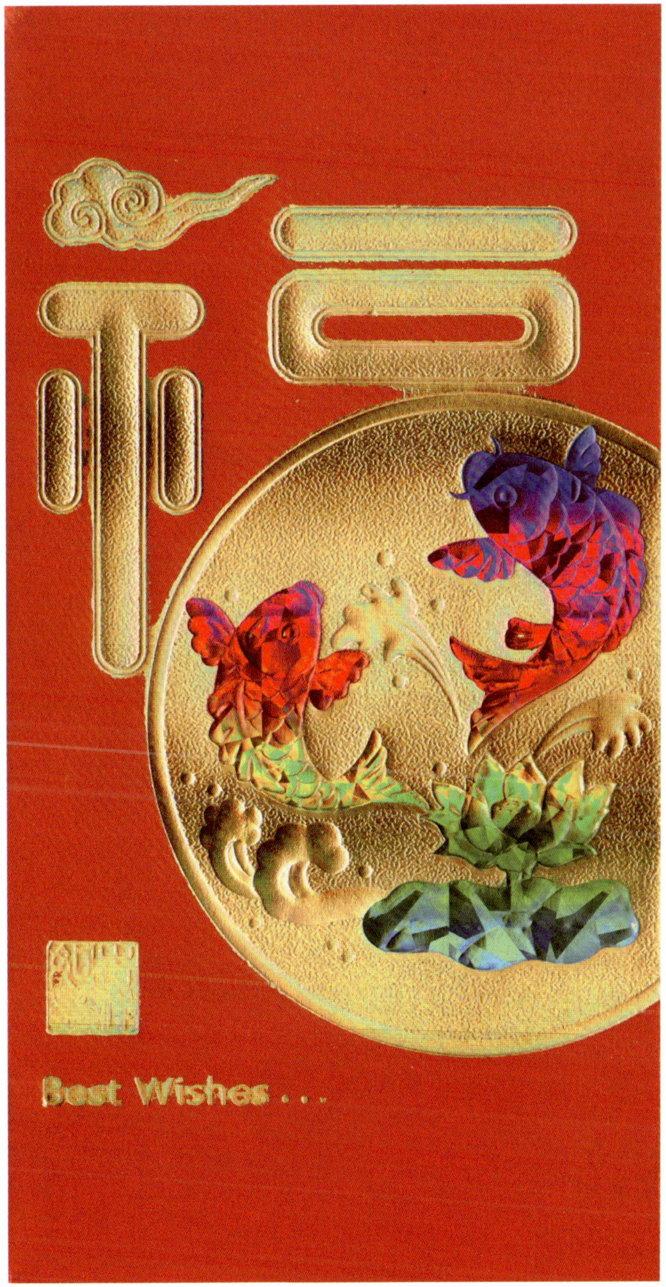
福
Best Wishes . . .

福
恭喜發財
中国邮政储蓄银行 | 广州市分行
POSTAL SAVINGS BANK OF CHINA | GUANGZHOU BRANCH

ALLIANCE BANK
年年有餘

花開富貴

福滿人間
萬象新
花開富貴
迎春福

福

吉祥如意
恭喜發財
年年有餘
福

RISUN
理想电视

福
满
BOON TONG KEE

USANA
HEALTH SCIENCES

Happy New Year
福
滿

UBS
福

福

福
中国银行
广州市广东国际大厦支行
福
福
新
春
禧
贺
福
中国银行(香港)
BANK OF CHINA
福
福
中国银行(香港)
BANK OF CHINA

福
Bests Wishes
for You
福
BestWishes
forYou
岁吉年祥
千家福
福
百福
业旺财广万事通

福
FIRST PACIFIC BANK
第一太平銀行
福
中信建投证券
CHINA SECURITIES
恭賀新禧
福
福
福
福

福
福
福
福
福
福
福

（缩小版）

（缩小版）

福
GONG XI FA CAI 大吉大利
GONG XI FA CAI 如意吉祥
花開富貴
BEST WISHES FOR YOU
萬事勝意
BEST WISHES FOR YOU
福 如 東 海

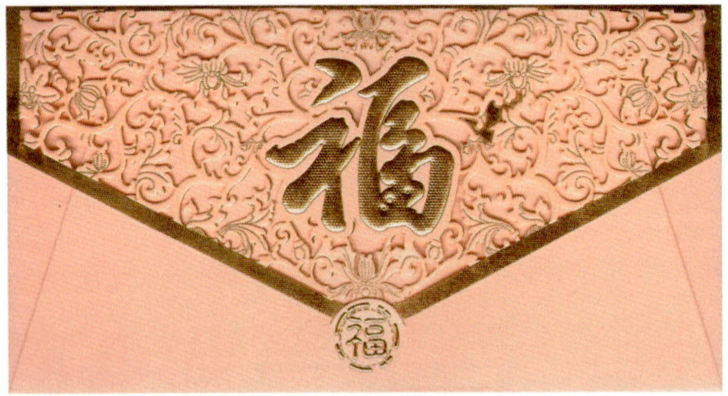
福

福

（缩小版）

福

（缩小版）

毫不夸张地讲，红包封上的花卉图案，展现给人们的简直就是花花世界。花的魅力，在于人们用花来表达人的语言。花卉，成为红包封上另一种全息式语言。赏花要懂花语。花语虽无声，但无声胜有声，其中的含义和情感表达甚于言语。心，静下来吧，慢下来吧，在红包封中，听听花的心情，从而去感受花的心声，享受花的情调。

花卉篇

花花红包封

千百年来，花卉深深地渗透进了中国文化之中，形成了源远流长、博大精深的花卉文化。美丽的花儿，代表了人类许多的情感，如爱情、亲情、友情、敬仰之情；还象征了人类的许多精神，如坚忍、自由、高贵、雅洁等；更是人类美好愿望的寄托，如长寿、幸福、吉祥、财富……。一句话，花卉应该是人类智慧与灵感交汇的集结载体，更是生活素养提高的精神消费物。

花，作为自然界中不可缺少的一部分，用自己的绚丽装扮着世界，也装扮着人们的生活。花，对于需求者主体的功能需要，主要体现在审美功能、摆饰功能、交际功能，尤其是寄寓功能。很多花儿本身并不具备表达人的高级情感素养的功能，但由于其内在质性与人的某种深层需要不谋而合，也就顺理成章地成为人们心中崇拜的圣花了。因此，人们对花的喜爱，也深深地融入文学、艺术中，并被赋予人格化的力量。

花卉根植于中国文化中。尤其与人文精神缩结在一起的是，人格与花格的相互渗透。人格寄托于花格，花格依附于人格。“水陆草木之花，可爱者甚蕃。晋陶渊明独爱菊；自李唐来，世人甚爱牡丹；予独爱莲之出淤泥而不染，濯清涟而不妖，中通外直，不蔓不枝，香远益清，亭亭净植，可远观而不可亵玩焉。予谓菊，花之隐逸者也；牡丹，花之富贵者也；莲，花之君子者也。噫！菊之爱，陶后鲜有闻；莲之爱，同予者何人？牡丹之爱，宜乎众矣！”宋代理学派开山鼻祖周敦颐，这一篇只有 119 个字的《爱莲说》，深深表达了人格与花格的关系，也浓浓传递了作者的心灵寄托。

形形色色的花卉，为红包封的创作设计，提供了取之不尽、用之不竭的丰富题材。花卉，在红包封上摇曳，传情达意，展现别样的风采。这些诗意般的各种画面，已经具有了“人化”“情化”与“心化”。这里的关键是，创作者通过丰富的情感和想象，运用各种表现手法，来形象地渲染花美的熏陶感，使人们对花卉的审美态度和欣赏趣味，随着这种影响和引导，而变得日益多姿多彩。小小的红包封，带给人们大大的美感。

毫不夸张地讲，红包封上的花卉图案，展现给人们的简直就是花花世界。花的魅力，在于人们用花来表达人的语言。花卉，成为红包封上另一种全息式语言。赏花要懂花语。花语虽无声，但无声胜有声，其中的含义和情感表达甚于言语。心，静下来吧，慢下来吧，在红包封中，听听花的心情，从而去感受花的心声，享受花的情调。

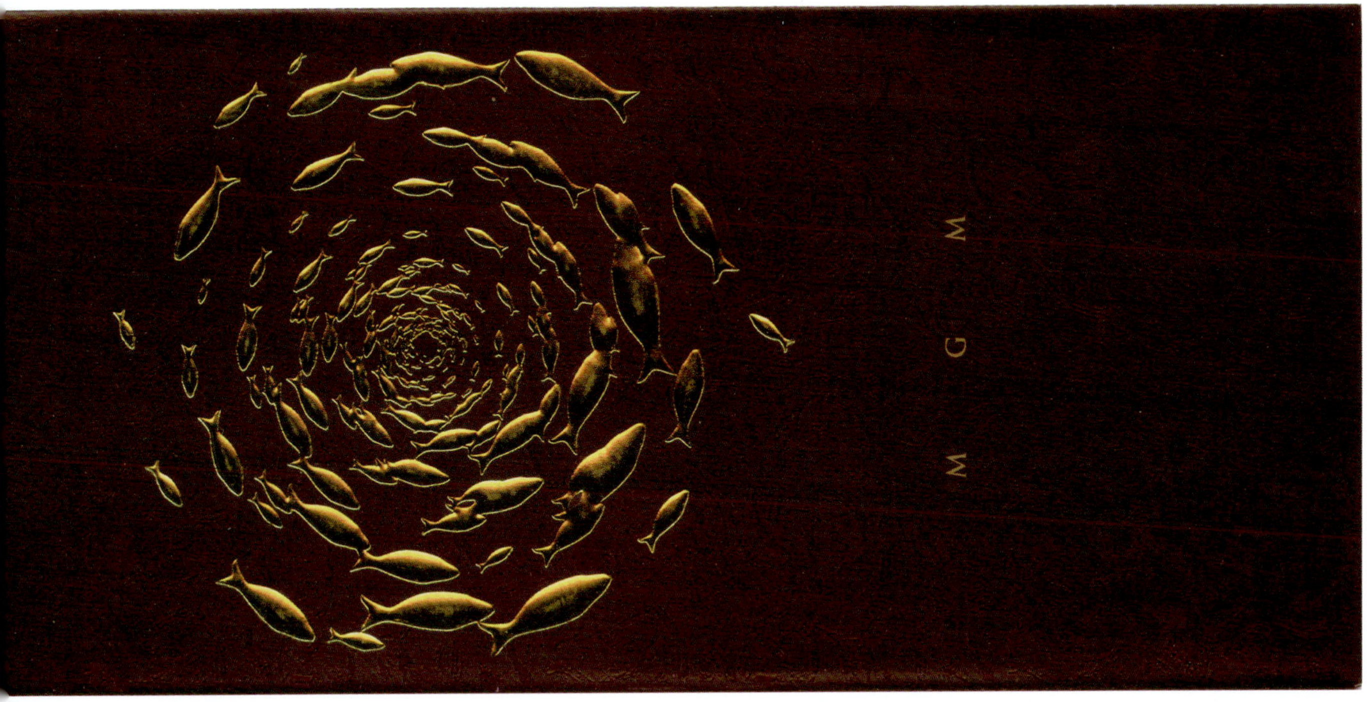
MGM

MGM

招財進寶
中国建设银行
China Construction Bank
澳門分行
中国农业银行
AGRICULTURAL BANK OF CHINA
福

Lot
中国广州市沿
订座电话
298 YanJiang Road C., G

大吉大利
富貴有餘
福

美林国際銀行 The Merrill Lynch Internatio

大吉大利
年年有餘
中国银行
佛山分行
年年有餘
永亨銀行

年年有余
福
恭賀新禧
中国银行 汾江支行
BANK OF CHINA
吉大利
大富大貴
年有餘
財源廣進
財源廣進
大利

连年有余
大吉大利
如意吉祥
港基國際銀行
International Bank of Asia
大吉
Best wish for you!
年年大利
BCM
MACAU
BANCO COMERCIAL DE MACAU
澳門商業銀行

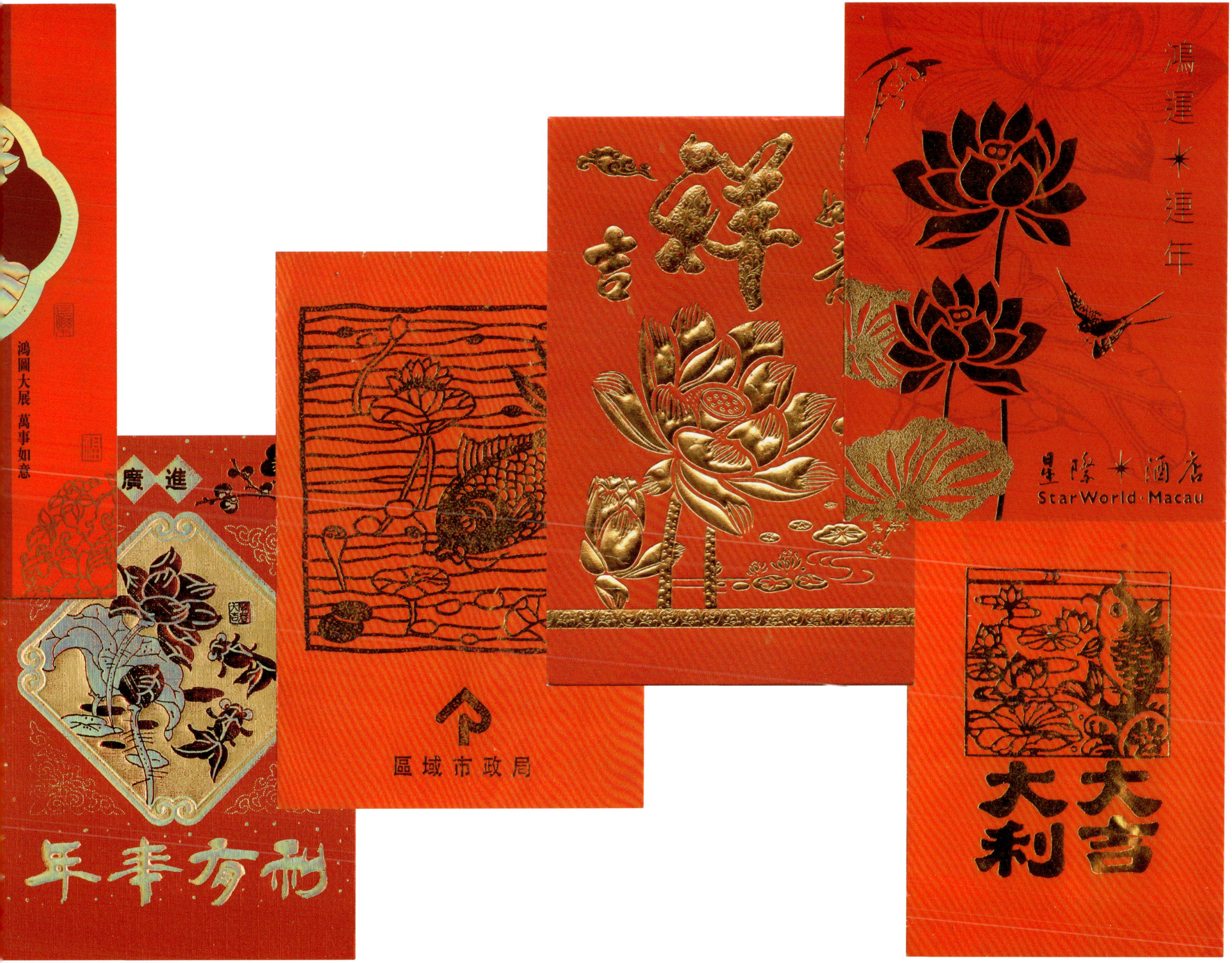
鴻圖大展 萬事如意
廣 進
年年有利
區域市政局
吉祥
鴻運連年
星際酒店
StarWorld·Macau
大吉
大利

大吉
大利
恭喜發財
BNU
Banco Nacional Ultramarino
大西洋銀行
謹賀新年
恭喜發財
澳門婦女聯合會

大吉大利
吉大利
吉祥
想事成
中国农业银行
AGRICULTURAL BANK OF CHINA
番禺市支行
前程似锦
中国建设银行
China Construction Bank
广东省分行

花開富貴
富豪海鮮酒家
Beverly Seafood Restaurant
花园酒店
生意興隆
身體健康
身體健康

平安
身体健康
四季平安
吉祥如意
碧桂园
學業進步
富貴吉祥
BEST WISHES FOR YOU
新禧
Seng Heng Bank Limited
誠興銀行
A subsidiary of ICBC
福滿臨珠寶金行
有限公司
福

149

大吉大利
富贵迎门
吉祥如意

年年有餘
澳門國際銀行

如魚得水

年年有餘
意吉祥
大吉大利

如鱼得水
TIMES SQUARE
時代廣場
浪漫时代 品味生活

花開富貴
大吉大利
年年有餘
花開富貴
迎春

吉祥
花開富貴
中国建设银行
China Construction Bank
澳門分行
花開
富貴

平安
四季平安
如意吉祥
福
好運過年
四季平安

CITY
世界 从此无界
香奠
鴻運✶連年
星際✶酒店
StarWorld·Macau

年年有餘
如意吉祥
旺
大吉大利

年年有利
大吉
中国移动通信
CHINA MOBILE
移动信息专家
恭贺新禧
聚寶盆

DMTS
德玛检测
福
富贵纳福

大魚大利
福

© 1976, 1999, 2014 SANRIO CO., LTD.
Manufactured under licence by ELLON

HAPPY NEW YEAR
HAPPY NEW YEAR
HAPPY NEW YEAR
HAPPY NEW YEAR

福

大豐銀行
BANCO TAI FUNG

新好酒樓
NEW BEST RESTAURANT

集成中心
C C Wu Building

三喜(實龍崗)農產品超級市場
SAHE (Serangoon) Farm Product Supermarket Pte Ltd.
61, Serangoon Garden Way, Singapore 1955.
Tel: 2844800 Fax: (65) 2844864
SAHE

安
康
ICBC 工银澳门

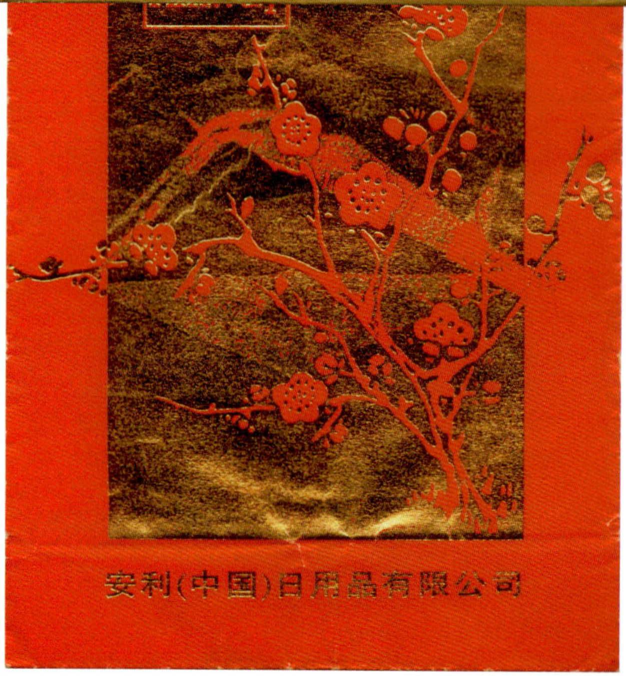
安利(中国)日用品有限公司

山紫商场
师奶装、童装、鞋类总汇
地址：卫国西路4号

周大福
CHOW TAI FOOK

星展银行 DBS

Elite
尊貴理財
永亨銀行

ESTĒE LAUDER
雅詩蘭黛

wynn

SYMA 詩蔓
商标
日本詩蔓護膚品

满

满溢咖啡香
花开迎吉祥
Celebrating with coffee
STARBUCKS COFFEE

By
GREENGATE
MOMENTS WORTH SHARING

Crabtree & Evelyn
LONDON

中信銀行國際
CITIC BANK
INTERNATIONAL

Seapower Trading Co., Ltd.
凱權貿易有限公司

EON BANK GROUP

Gong Xi Fa Cai

招商信诺
CIGNA & CMC
CIGNA

康萊德大酒店

UBS

Wynn.

happy chinese new year!

K11

agnès b.

ARTE
MADRID

生活愉快

花開富貴
聚財百萬
MPF 強
花開富貴
花開富貴
HongkongBank
HSBC
HSBC
富貴花開
HongkongBank
富貴花開
HongkongBank
花開富貴
HSBC 滙豐
OIL OFFSH
請留意
每个花样
是不同的
Tel: (852) 2521 2515

福
HAPPY NEW YEAR
寶
招·財·進·寶
春
迎春

財
和氣生財
貴
花開富貴
福
年年有餘

花開富貴
Fortune comes with
Blooming Flowers
经典红包套装系列
Wishing you a year of plenty,
one filled with abundance
of Good Luck Good Fortune
and Happiness.
花

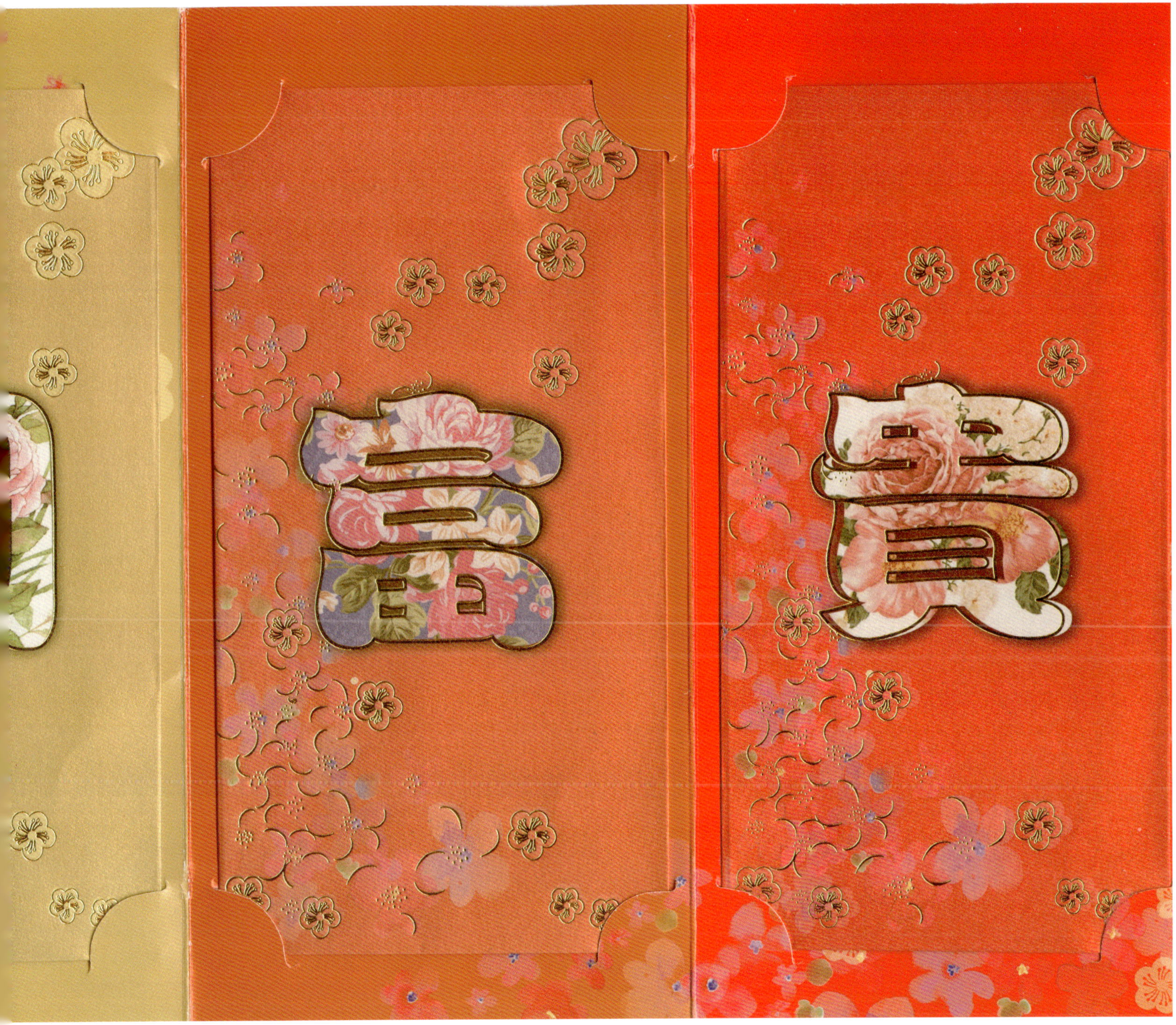
富
貴

迎春接福

花開富貴

吉

大吉大利

恭喜發財

喜福
美满

吉瑞
永旺

前程
锦绣

福寿
满堂

（缩小版）

澳門國際銀行
LUSO INTERNATIONAL BANKING LTD.
花開富貴
富貴花開
中国农业银行 广州市东山支行
花開富貴
永亨銀行
花開富貴
大豐銀行
BANCO TAI FUNG
花開富貴
福運珠寶金行
花開富貴
BEST WISHES FOR YOU
花開富貴
中国银行
BANK OF CHINA
花开富贵

花開富貴
花開富貴
Happy New Year of the Sheep
恭賀新禧
中国工商银行
INDUSTRIAL AND COMMERCIAL BANK OF CHINA
花开富贵
您身边的银行
花富開貴
花開富貴
花開富貴
花開富貴
花开富贵
花開富貴
福
花开富贵
花開富貴
起点体育
Start PE
花開富贵
花開富貴
花開富貴
李錦鶏金牌燒味
電話：2633 0438
花開富貴
东莞银行
BANK OF DONGGUAN
花開富貴
花開富貴

（缩小版）

花開富貴
美國銀行

永亨銀行
花開富貴

花開富貴
永亨銀行

花开富貴
中國工商銀行

花開富貴

花開富貴
UFJ Bank

福運珠寶金行
花開富貴

花開富貴

周生生

花開富貴
順德中旅

花開富貴

花開富貴
東方表行

花開富貴
中国农业银行 广州市白云支行

花开富貴
FRCB 佛山农商银行

花開富貴
美國友邦保險
American International Assurance

吉祥如意
花開富貴

花開富貴
Happy EveryDay!
HAPPY NEW YEAR
花開富貴
東方銀行
UNITED ORIENT BANK
富貴花開
花開富貴
ICBC 工银澳门
富貴花開
花開富貴
美國友邦保險
American International Assurance
花開富貴
彩福飲食集團
花開富貴
福
花開富貴
富貴花開
花开富贵
【五福临门】
富貴花開
广州市天河
农村信用合作社联合社
富貴花開
富贵
BEST WISHES
花開富貴
富貴花開

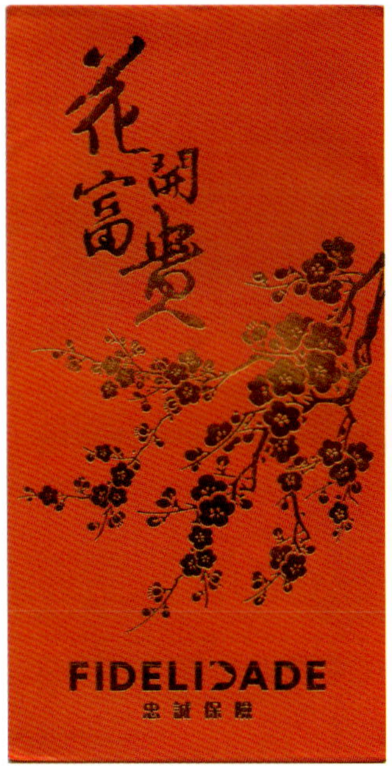
花開富貴
FIDELIDADE
忠誠保險

UBS

花開富貴

花開富貴

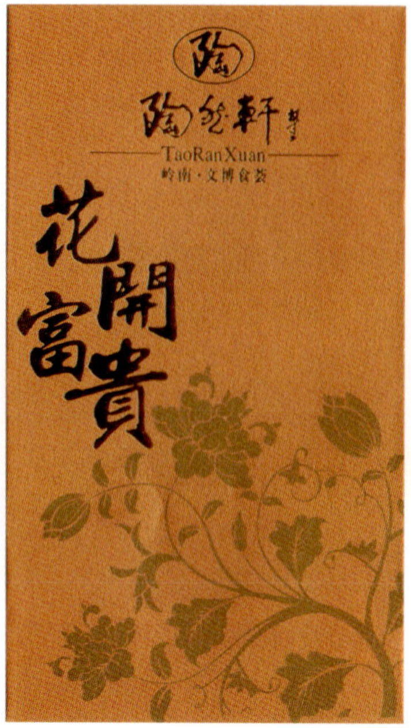
TaoRanXuan
花開富貴

花開富貴
中国电信股份有限公司广州研究院
广东省电信有限公司研究院

花開富貴
中国工商银行

富貴花開

花開富貴
Prosperity Blossoms
TSL 謝瑞麟

富貴
花開富貴
財源廣進

花開富貴
富豪國際酒店集團

YISHION

花開富貴

citibank

花开富贵
HAPPY NEW YEAR

HUA 花
KAI 开 富 FU
贵 GUI
中国农业银行
AGRICULTURAL BANK OF CHINA

花·開·富·貴

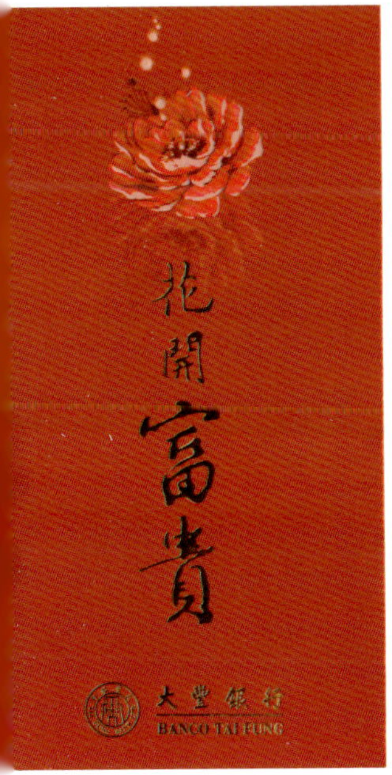
花開富貴
大豐銀行
BANCO TAI FUNG

花開
富貴

花開富貴

花開富貴

花開富貴

花开富贵

花開
富貴
花開
富貴
花開富貴
中国建设银行
China Construction Bank
凱旋門
花開
富貴
花開 ✶ 富貴

花開富貴
华鼎担保有限公司
Huading Guarantee Co.,Ltd

citi
花開富貴

花開富貴

花開富貴

花開富貴

花开富贵

花開富貴
ICBC

花開富貴
ICBC

花開富貴

富貴花開

花开富贵
Amway

澳門 凱旋門
L'Arc MACAU
花開富貴

花開富貴

花開富貴

花開富貴

開
富
貴

花開富貴

花開富貴

花開富貴

花開富貴

花開富貴
BCM

富贵花開
GREETING

富 花
澳門博物館
MUSEU DE MACAU
貴 開

花開富貴
威斯广场

花开
富贵
福
花開
富貴
福
大吉大利

富貴
花開
花開
富貴
花開富貴
花開富貴

福
澳門國際銀行
財神酒店
萬事如意福臨門
一帆風順吉星到
春
中国光大银行
中國銀行
广州银行
迎春接福
開新運
澳門國際
LUSO INTERNATIONA
臨門
万事如意
上海浦東發展銀行
SHANGHAI PUDONG DEVELOPMENT BANK

春
国工商银行
佛山市分行
HAPPY NEW YEAR
福
萬事如意
福
福
广州银行
BANK OF GUANGZHOU
福
彩虹水晶店
http://www.rainbowcrystalshop.com
福
周大福
CHOW TAI FOOK
福
迎春花開
富貴吉祥
澳門華人銀行
五福臨門
澳門國際銀行
LUSO INTERNATIONAL BANKING LTD.
福
福
AXA
福
喜臨門
福
Deutsche Bank
德意志銀行
FLORSHEIM
ESTABLISHED 1892
福
梅開五福

（缩小版）

全国共有 23 个姓氏户籍人口数量超过一千万。王姓、李姓均超过 1 亿。王、李、张、刘、陈 5 个姓氏占据头五把“交椅”。五大姓人口总和为 4.33 亿，接近中国人口总数的三分之一。“王”姓数量仅比“李”姓多 61 万人，王李二姓，第一大姓之争仍将延续。排名第 101 位的“赖”姓与排名 100 位的“汤”姓，仅差 4.3 万人，未来跻身“百家姓”大有希望。

羅

姓氏篇

您贵姓

不知是姓氏类的红包封比较单调，还是由于我的无知而引起的兴趣不大，故收集此类的红包封有点少且不丰富。其实，姓氏产生发展是一门很有趣的学科，而且涉及众多的社会学科。再者，外国人的姓名都上了红包封。为什么不想谈谈姓氏文化呢？我错了。

中国人的姓和名一样，都是代表每个人及其家族的一种符号。从它的形成、发展、演变的漫长历史过程来看，它却是构成中华民族文化的一个重要内容。

不仅古姓多与“女”字相关，就连“姓”这个字本身也从女旁，这大概是母系氏族制度的一个特征性产物。姓氏的产生，标志着从群婚制到以血缘关系的婚姻制的转变，是人类文明进步的一个重要里程碑。

中国人的姓氏，据说是5000多年前的神帝伏羲所确定。中国姓氏文化，也从那一刻开始连绵至今。

姓是一种族号，氏是姓的分支。秦汉以来，姓氏合为一体。中华姓氏，分为两大类：单姓和复姓（含多字姓）。

过去，一个人在出生之后，先有姓氏，即祖辈上传下来的姓氏，然后就要取一个“名”。订婚的时候，还要取一个“字”。之外，古人还起“号”。“号”是自己起的，而“名”“字”却是父母长辈取的。

提到中国的姓氏，就不能离开《百家姓》，它是一部儿童识字的启蒙教材。《百家姓》成书于北宋时期。目前的通行本共568个字，其中包括了444个单姓和60个复姓，以及末句“百家姓终”这四个字。《百家姓》的内容并没有别的含义，仅仅是以姓氏排列的四字韵文。排列方式，除赵钱孙李有其特殊意义外，接下来的周吴郑王……等姓氏，大致都是依照国内大族或一般常见的姓氏而排列。

公安部采用大数据技术，对2018年公安机关登记的全国姓氏和新生儿姓名用字情况进行了统计分析。

据统计，目前全国在用姓氏共计6150个，传统意义上的“新百家姓”，占全国户籍人口总量近85%。

全国共有23个姓氏户籍人口数量超过一千万。王姓、李姓均超过1亿。王、李、张、刘、陈5个姓氏占据头五把“交椅”。五大姓人口总和为4.33亿，接近中国人口总数的三分之一。“王”姓数量仅比“李”姓多61万人，王李二姓，第一大姓之争仍将延续。排名第101位的“赖”姓与排名100位的“汤”姓，仅仅差4.3万人，未来跻身“百家姓”大有希望。

超过110万人同时使用父姓和母姓。姓氏组合主要集中为常见的“张、王、李、杨、刘、陈、周”姓等。

2018年，新生儿姓名用字数量中，3个字的姓名占据主流，比重达到92.9%；其次为2个字的姓名，占比为4.6%；4个字的姓名，占比为1.7%。

2018年“新百家姓”

据公安部发布的《2018年全国姓名报告》的权威数据，2018年“新百家姓”出炉：

王	李	张	刘	陈
杨	黄	赵	吴	周
徐	孙	马	朱	胡
郭	何	林	高	罗
郑	梁	谢	宋	唐
许	邓	韩	冯	曹
彭	曾	肖	田	董
潘	袁	蔡	蒋	余
于	杜	叶	程	魏
苏	吕	丁	任	卢
姚	沈	钟	姜	崔
谭	陆	汪	范	廖
石	金	韦	贾	夏
付	方	邹	熊	白
孟	秦	邱	侯	江
尹	薛	闫	雷	龙
黎	史	陶	贺	毛
段	郝	顾	龚	邵
覃	武	钱	戴	严
莫	孔	向	常	汤

王
吉祥

李

張
福
如意
心想事成
如意吉祥
劉
陳
如意
福
吉祥
萬事勝意
周
如意吉祥
萬事勝意
徐
萬事勝意
孫
如意吉祥
萬事勝意
馬
如意吉祥

萬事勝意
黄
萬事勝意
趙
如意吉祥
萬事勝意
吴
如意吉祥
朱
萬事勝意
胡
如意吉祥
萬事勝意
郭
如意吉祥
何

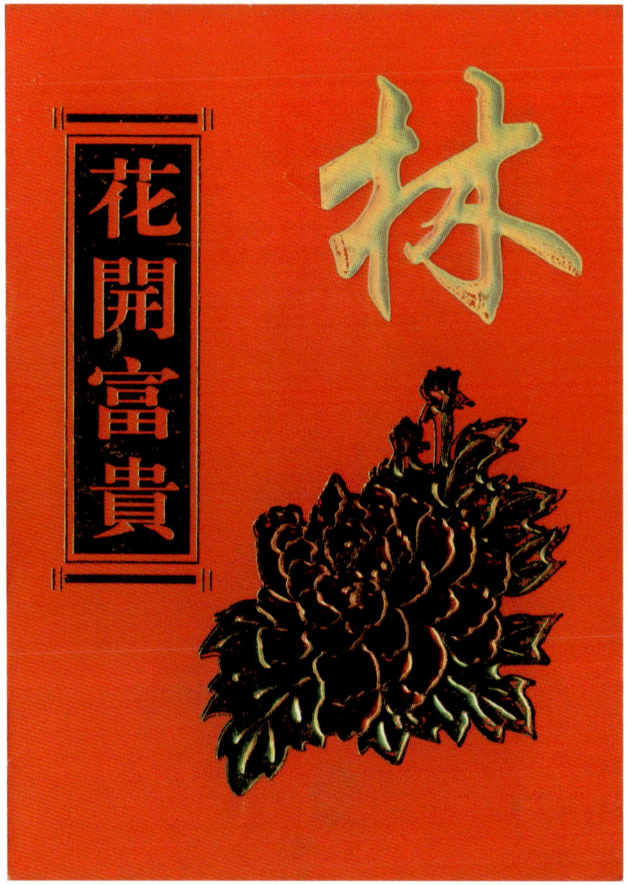
林
花開富貴

高

如意吉祥
羅

唐

福星高照
許

萬事勝意
鄧
如意吉祥

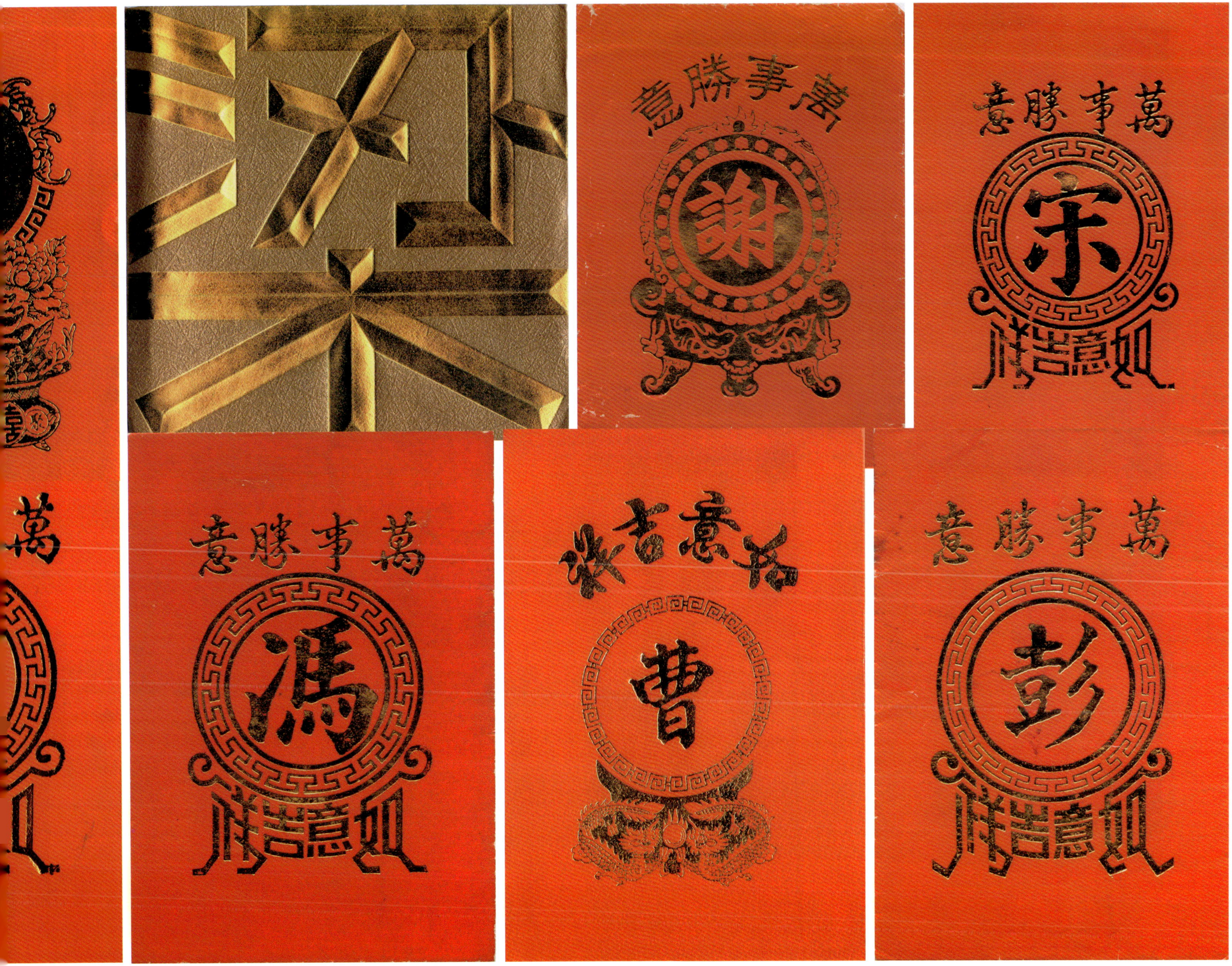
萬事勝意
謝
萬事勝意
宋
如意吉祥
萬事勝意
馮
如意吉祥
如意吉祥
曹
萬事勝意
彭
如意吉祥

萬事勝意
曾
如意吉祥

田

萬事勝意
潘
如意吉祥

萬事勝意
袁
如意吉祥

萬事勝意
杜
如意吉祥

萬事勝意
葉
如意吉祥

萬事勝意
蘇
如意吉祥

萬事勝意
呂
如意吉祥

蔡

余

如意吉祥
于

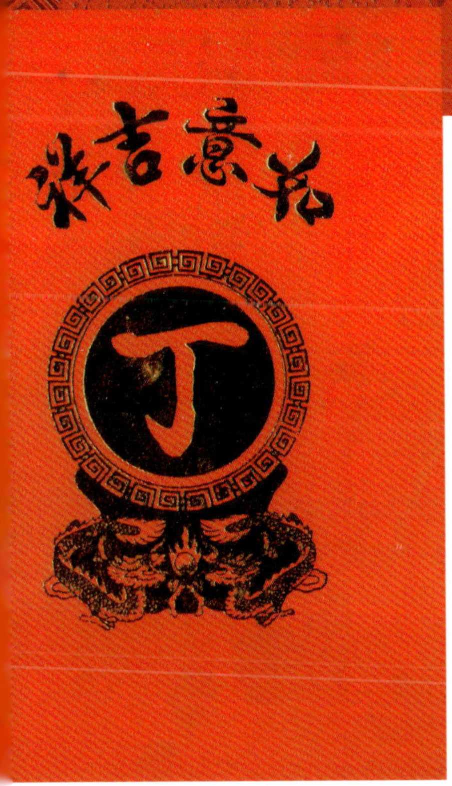
如意吉祥
丁

萬事勝意
盧
如意吉祥

萬事勝意
姚
如意吉祥

萬事勝意
沈
如意吉祥

萬事勝意
姜
如意吉祥

萬事勝意
崔
如意吉祥

萬事勝意
譚
如意吉祥

汪

萬事勝意
夏
如意吉祥

方

熊

萬事勝意
秦
如意吉祥

範

萬事勝意
廖
如意吉祥

如意吉祥
金

賈

萬事勝意
邱
如意吉祥

萬事勝意
江
如意吉祥

萬事勝意
尹
如意吉祥

萬事勝意
雷
如意吉祥

龍

順
利
財
黎
吉

史

陶

萬事勝意
錢
如意吉祥

戴

嚴

萬事勝意
莫
如意吉祥

萬事勝意
顧
如意吉祥

龔

邵

萬事勝意
覃
如意吉祥

常

萬事勝意
湯
如意吉祥

賴

萬事勝意
俞
如意吉祥

伍
顺
利
財
吉
祥

萬事勝意
麥
如意吉祥

萬事勝意
司徒

萬事勝意
冼
如意吉祥

如意吉祥
路

鍾
如意
福
吉祥

萬事勝意
容
如意吉祥

萬事勝意
左
如意吉祥

關

萬事勝意
蕭
如意吉祥

萬事勝意
魏
如意吉祥

萬事勝意
畢
如意吉祥

萬事勝意
翁
如意吉祥

萬事勝意
施
如意吉祥

萬事勝意
詹
如意吉祥

萬事勝意
葛
如意吉祥

萬事勝意
甘
如意吉祥

萬事勝意
倪
如意吉祥

萬事勝意
甄
如意吉祥

萬事勝意
區
如意吉祥

萬事勝意
魯
如意吉祥

萬事勝意
洪

萬事勝意
藍

萬事勝意
靳
如意吉祥

吉
順
利
財
吉
運
祥
萬事勝意
滿
如意吉祥
萬事勝意
顏
如意吉祥
駱
順
利
財
吉
運
祥
連
鄭

萬事勝意
鄔
如意吉祥

日日幸運樓
歐陽
年年行好運
中外合作
幸運樓海鮮酒家
LUCKY FELLOW SEAFOOD RESTAURANT
廣州市龍津東路643號
電話：8888888 8888777

如意吉祥
留

如意吉祥

如意吉祥

West

廖
宋
袁
歐
彭
盧
顏

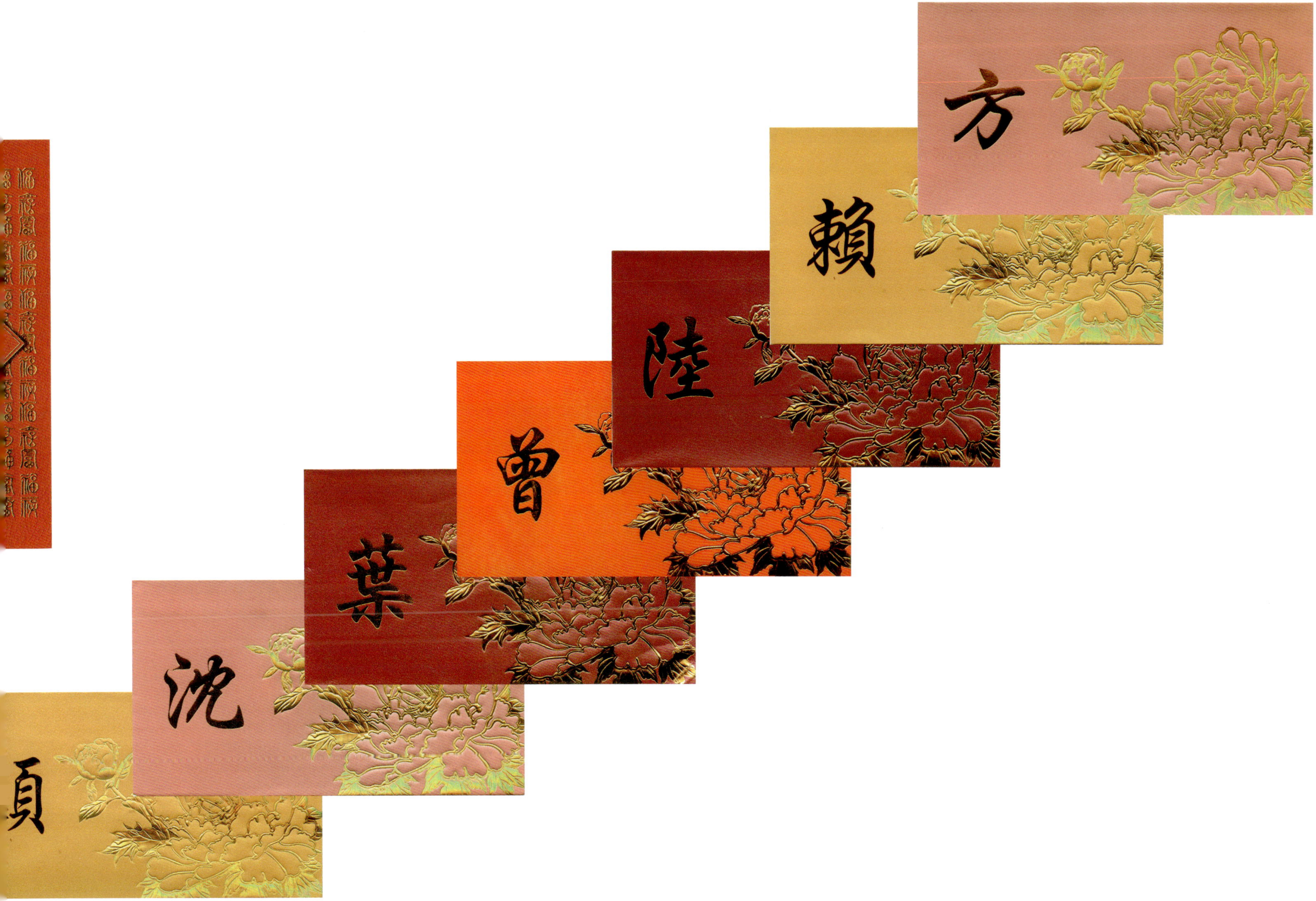

（缩小版）

（缩小版）

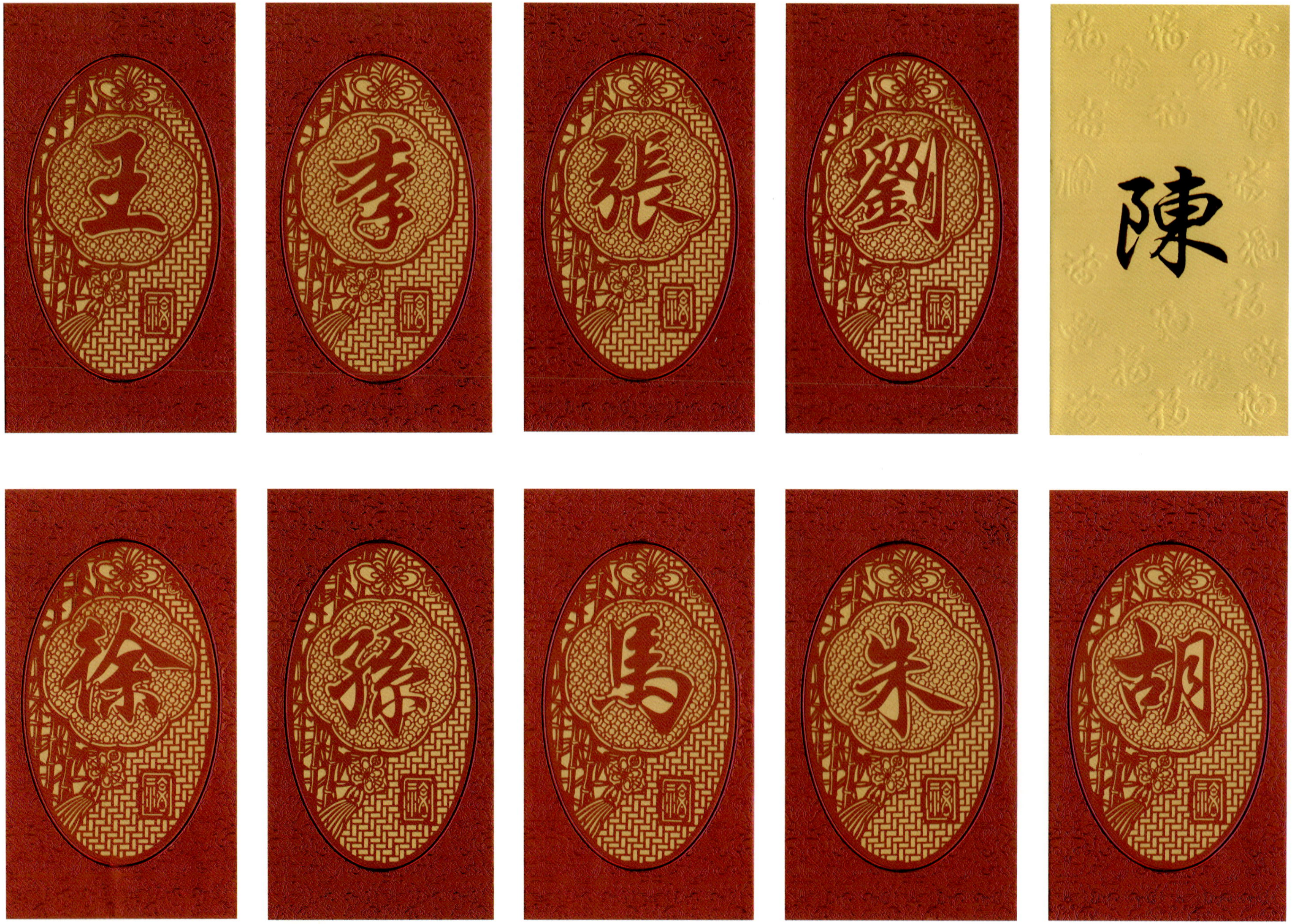

楊

黃

趙

吳

周

郭

何

林

高

羅

（缩小版）

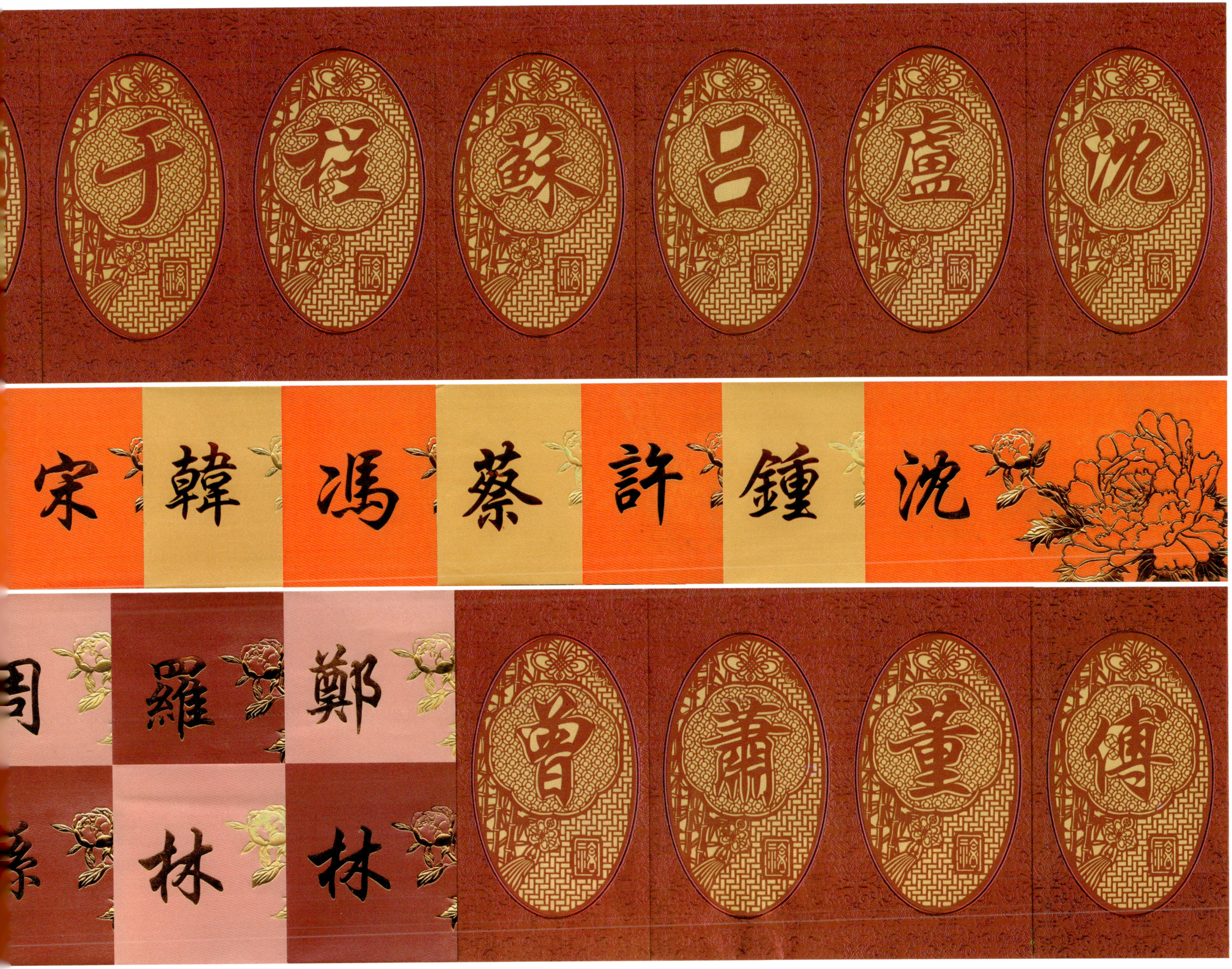

（缩小版）

王
張
劉
林
林
韓

梁
梁
黄
黄
黄
黄

許

關

梁

吴

如意吉祥
林

吴

鍾
如意
福
吉祥

徐

陳
福
如意

林
福

（缩小版）

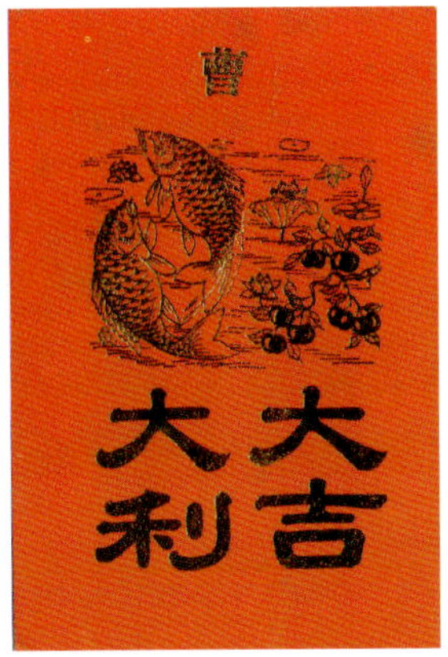

不知何年某月，十二种神奇动物跑到了红包封上。由于生态环境特别好，它们一来不走啦。不仅筑牢了自己的窝巢，而且建固了自己的舞台。虽然大小不一，高矮不同，却和睦相处。皇权也改变不了它们相互间的位置。依照上天安排的顺序，不争不抢地在台上轮番登场，表演着它们各自的真功夫，尽心尽情地满足每一个中国人的愿望。

生肖篇

哪个红包封是你的属相

作为中国传统文化中的重要组成部分，十二生肖文化早已被民众所认定、接纳并取得共识，且广泛运用于物质与精神的重要层面，在无形中已经成为中华儿女的一部分民俗属性。它像影子一样，与每个人相伴相随，难以分离。

生肖文化源于中国，拥有2000多年的悠久历史，是中华民族传统文化中的一颗璀璨瑰丽的明珠。在凝聚和绵延中华民族的历史长河中，具有无限的生命力。早在春秋战国之前，甚至周代已存在十二兽，即十二生肖。子鼠、丑牛、寅虎、卯兔、辰龙、巳蛇、午马、未羊、申猴、酉鸡、戌狗、亥猪的概念，在东汉已广为流传。

十二生肖，有威镇妖魔的神兽，有仁义礼信的祥兽，有吉祥如意的瑞兽，有赐予财富的福兽，有保佑平安的灵兽，每种动物都有其深厚的文化内涵。十二生肖，蕴涵了中国人民的智慧与憧憬，饱含了对幸福生活的向往与吉祥福禄的寄托之情。正是我们身边司空见惯的十二种动物精灵，形成了规模博大的感情传递氛围，并且能使生肖文化和人的精神、命运与情感，紧紧牵连在一起，构成了中国人永远剪不断的文化情结。

生肖即属相，无人不知，无人不有。每个中国人都有一个自己的生肖属相。你知道吗？作为中国传统吉祥文化的十二生肖，一岁一动物，是每个人的吉祥物。天赐之物，这是我们来到这个世界的第一份礼物。“生肖文化，华夏一家”，它属于每一个中华儿女无法选择和更替的终身标记和烙印，是维系我们民族情感和文化的纽带。拥有十二生肖，也就代表无论你在地球的哪个角落，我们都同属于一个华夏民族。

生肖作为悠久的民俗文化符号，是各地年画、剪纸、皮影、雕塑、玩具、饰品，以及诗歌、绘画、书法等等民间艺术表现的重要内容。在辞旧岁、迎新年、庆丰稔、谢神灵、除灾祸、保平安等民俗活动中，十二生肖艺术形象，具有独特的文化意义。除中国外，世界多国在春节期间发行生肖邮票，以此来表现对中国新年的祝福。

不知何年某月，十二种神奇动物跑到了红包封上。由于生态环境特别好，它们一来不走啦。不仅筑牢了自己的窝巢，而且建固了自己的舞台。虽然大小不一，高矮不同，却和睦相处。皇权也改变不了它们相互间的位置。依照上天安排的顺序，不争不抢地在台上轮番登场，表演着它们各自的真功夫，尽心尽情地满足每一个中国人的愿望。不仅如此，这些吉兽，还利用自己天真的体型与称号的谐音，竭心竭力地表达每一位中华儿女的祝福。年年岁岁，它们奔了台上又跑台下，不停演绎着自己不同时期的不同形象和故事 。可爱的神灵们，你们辛苦了，人类感恩你们带来的吉祥与欢乐。

此时此刻，我想起了一件事。那年我拜见广州红包大王陈海萍老师时，他谈到红包收藏数量与质量的关系，给我打了一个生动的比喻：一枚8分的猴票，抵得多少张普普通通的邮票？他的话不仅启发了我，而且引发我那几天不断地做梦。梦到他将煞费苦心收来的、后来又在各种报刊上登载过的清末民初的利是封，送了几个给我，填补了我没收藏“顶级”红包封的空白。梦醒后，我呆呆地直发笑。第一轮生肖的灵猴多值钱啊！自己傻想，如果我有一只猴，会不会求他交换呢？当时，感谢他的接见与赐教，我特地买了他的一个“民国封”。其实，我手头已有，老师也是半卖半送。“清末封”，我只能敬而远之。其原因，你懂的。

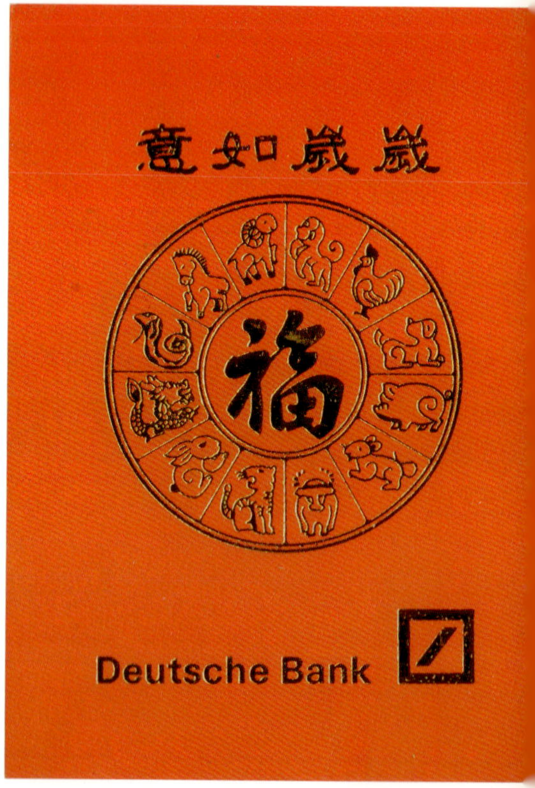

如
意
吉
祥
广州市商业银行
GUANGZHOU COMMERCIAL BANK

恭喜發財
广州城市合作银行
GUANGZHOU CITY UNITED BANK
地址:广州市恒福路246号

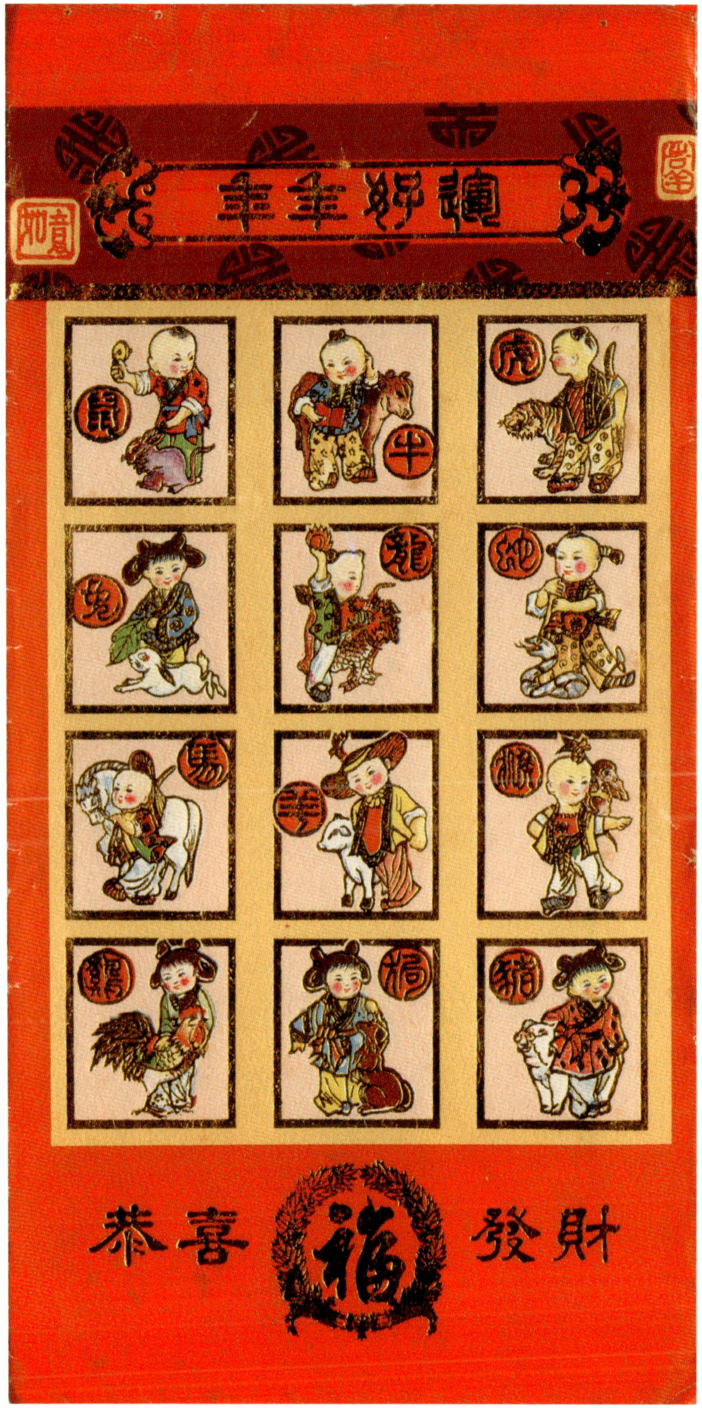
年年好運
恭喜
福
發財

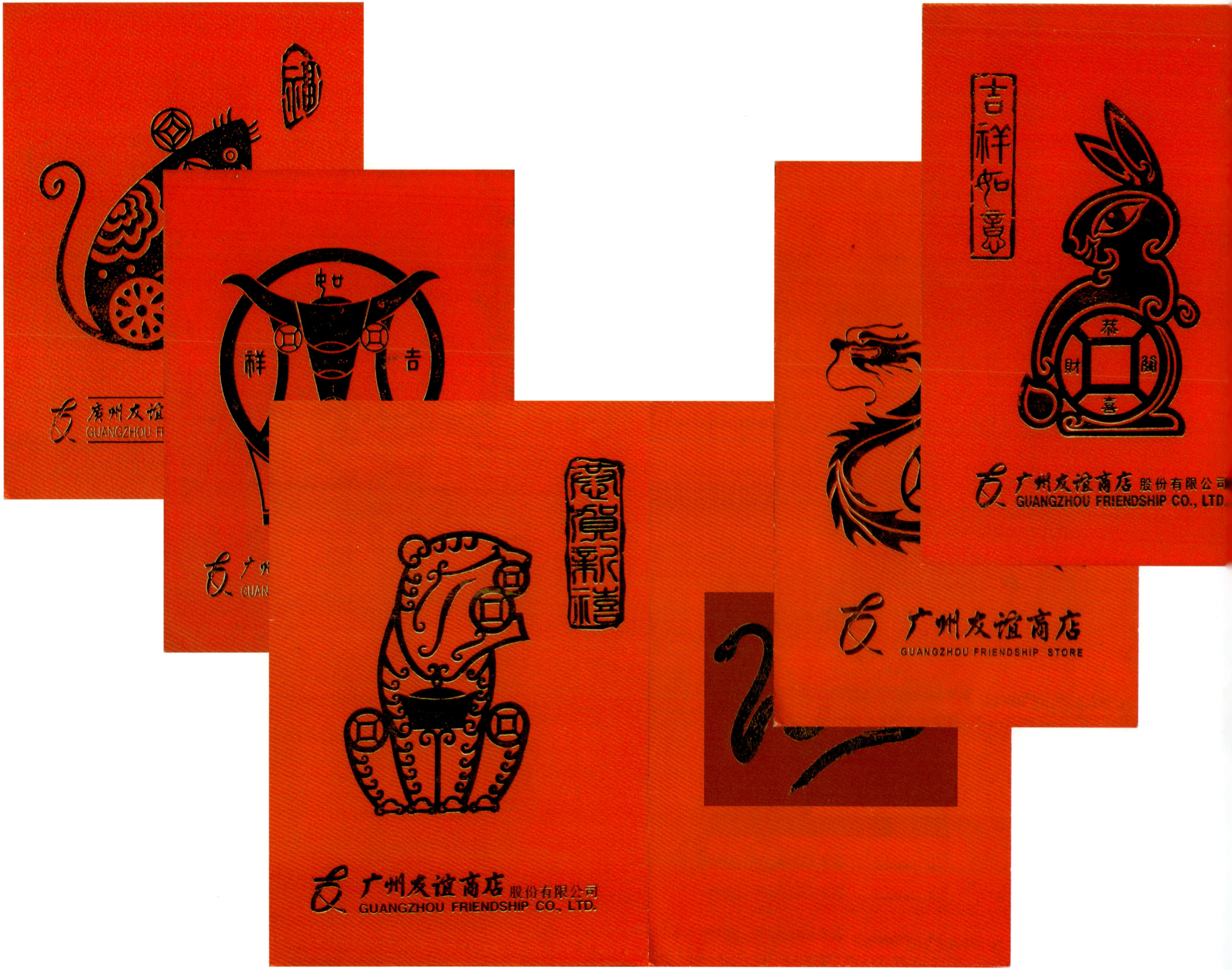
吉祥如意
广州友谊商店股份有限公司
GUANGZHOU FRIENDSHIP CO., LTD.
广州友谊商店
GUANGZHOU FRIENDSHIP STORE
广州友谊商店股份有限公司
GUANGZHOU FRIENDSHIP CO., LTD.

广州友谊商店股份有限公司
GUANGZHOU FRIENDSHIP CO., LTD.
广州友谊商店股份有限公司
GUANGZHOU FRIENDSHIP CO. LTD.
广州友谊商店
GUANGZHOU FRIENDSHIP STORE
广州友谊商店
股份有限公司

牛

GRAND LAPA
MACAU

2012
Best wishes for a Happy New Year

MACAU
澳門
癸巳年
2013

SONY
到功成

羊
年吉祥
2015©
中國香港
Hong Kong, China
歲次乙未
羊年
Year of the Ram
Kung Hei Fat Choy

猴
Premier

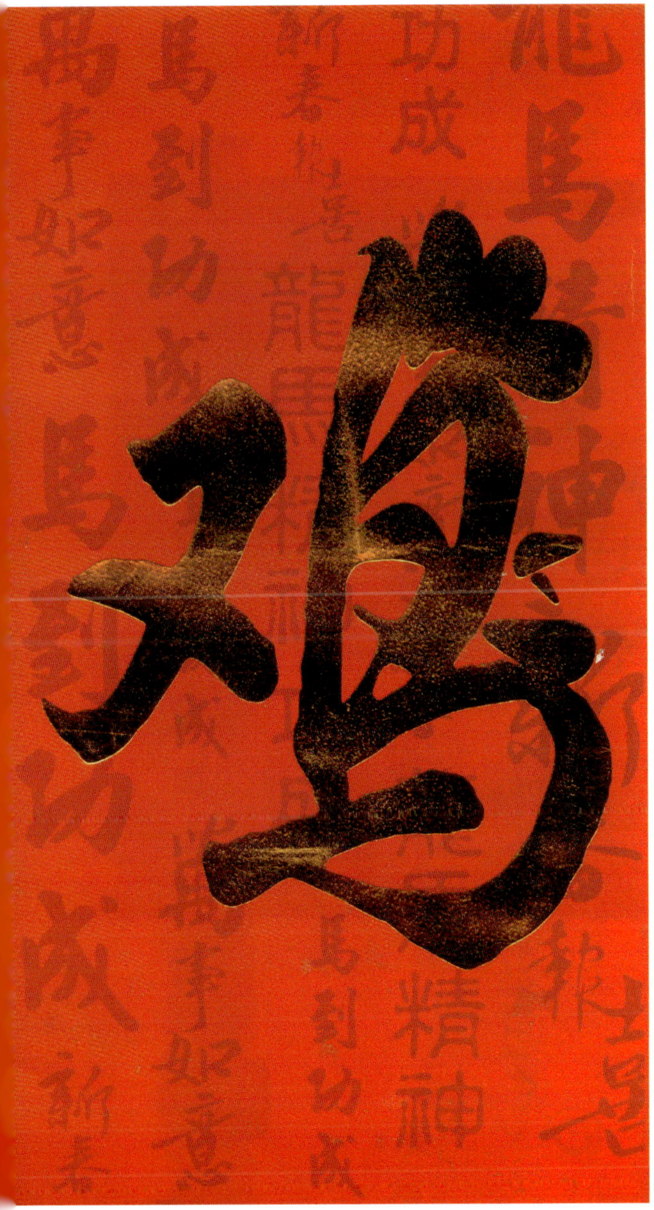
鸡

新春如意
心想事成

豬

太古城中心
鼠
年
大吉
太古

牛
2009己丑年
Happy New Year

寅
迎春

2015
HAPPY
NEW YEAR
OF THE GOAT

兔

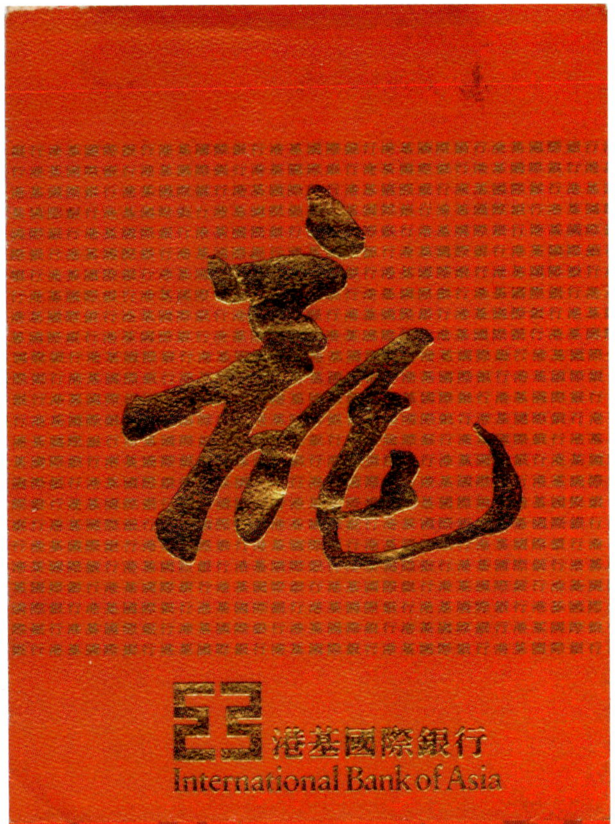
港基國際銀行
International Bank of Asia

金蛇獻瑞

星光珠寶金行

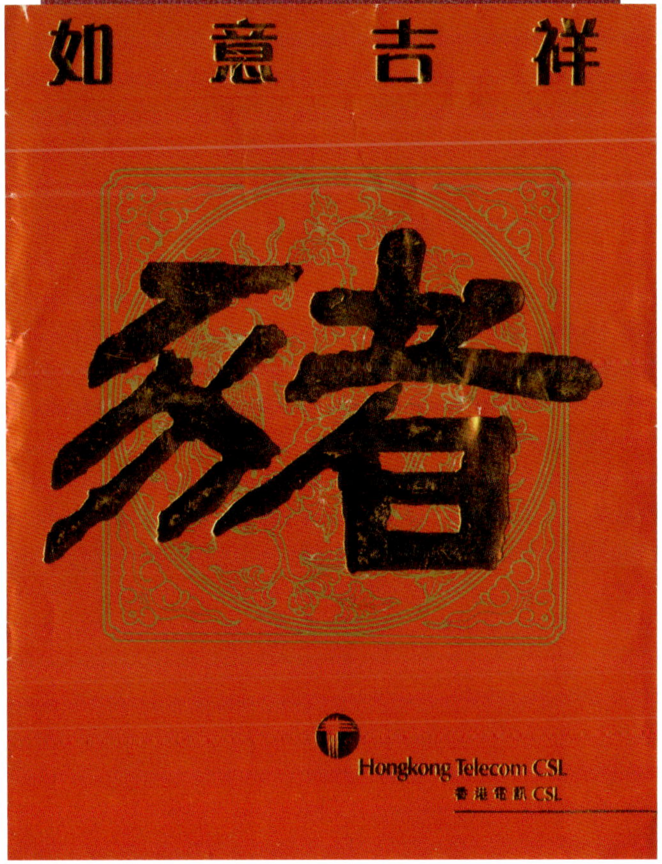
如意吉祥
豬
Hongkong Telecom CSL

2019
國泰世華銀行
Cathay United Bank
金珠閃耀慶新年

2018
旺事如意
國泰世華銀行
Cathay United Bank

珠江合创
ZHUJIANG HE CHUANG
精品世家 筑就未来
2017 农历丁酉年
Happy New Year
金鸡報春

2016
Happy New Year
玉猴騰祥
築夢飛翔
米蘭時尚髮型
MILAN M2 NAAH'S

恭贺新年 喜气洋洋
羊
2015
HAPPY NEW YEAR
Happiness 幸福味

甲午年2014
2014
四季平安
中意人生
一生中意

新春喜福
TASTY

龍年大吉
Happy New YEAR
2012
LA PERLE

2011 农历辛卯·兔年

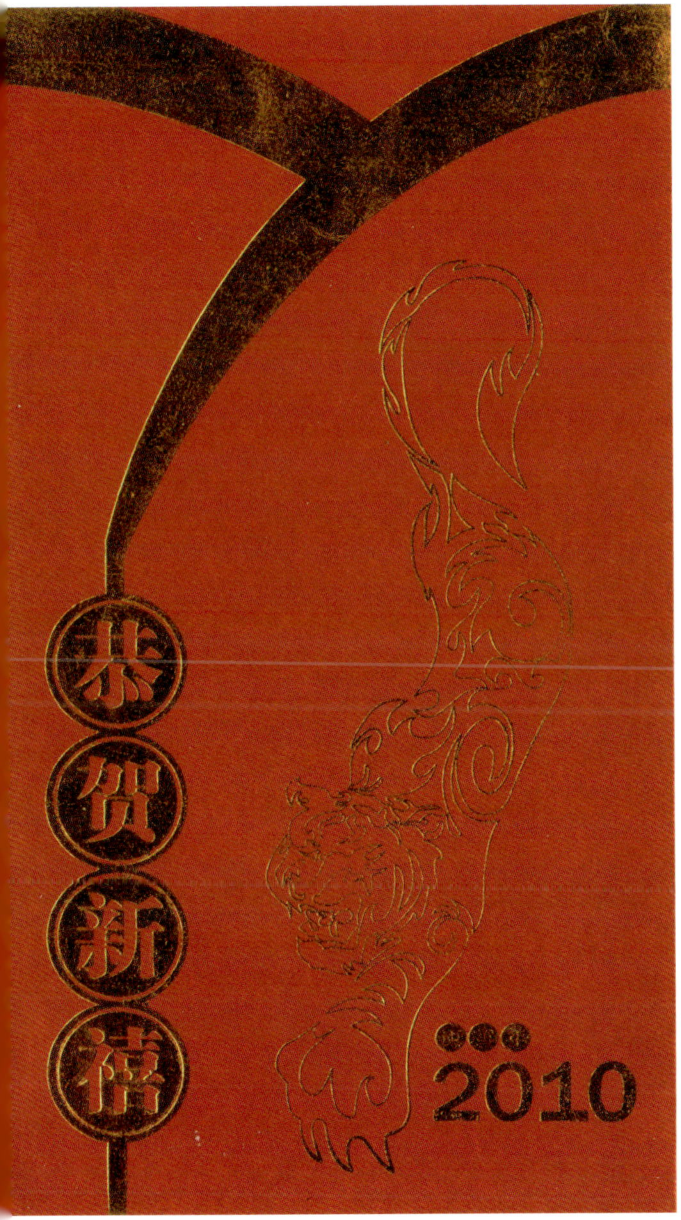
恭贺新禧
2010

2009
己丑
福
澳電
cem

恭賀新禧
戊子年2008
Happy New Year
顺德信用社
THE CREDIT COOPERATIVES OF SHUNDE
www.sdebank.com

2007

2006
丙戌吉祥
万事如意·心想事成·富贵吉祥
吉
如
意
祥
中国邮政
CHINA POST
广州市邮政局

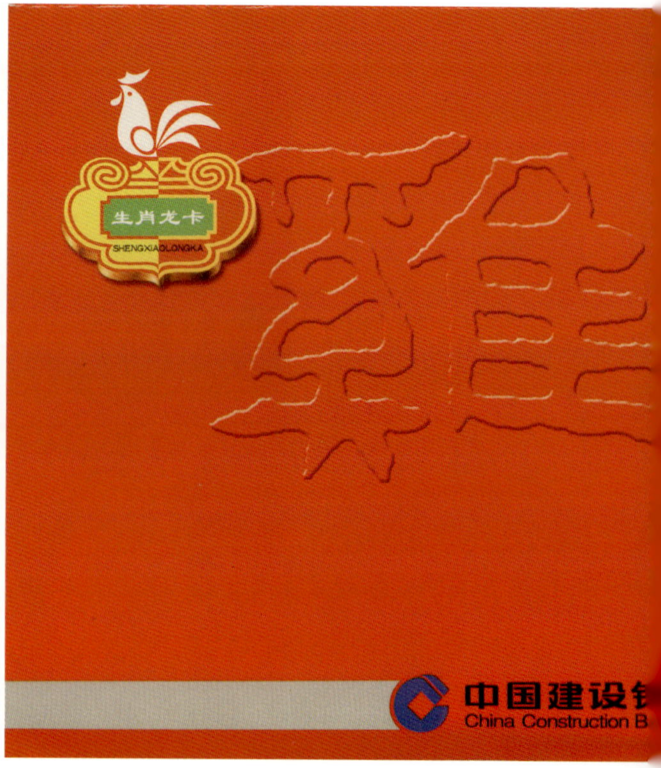
生肖龙卡
China Construction B

2005 乙酉年
鸡祥如意

2004
贺 新
恭 禧
DARLORO
特乐路

癸未
年

辛巳年
吉祥
bossini

马年吉祥
2002
广东发展银行 深圳分行
GUANGDONG DEVELOPMENT BANK SHENZHEN BRANCH

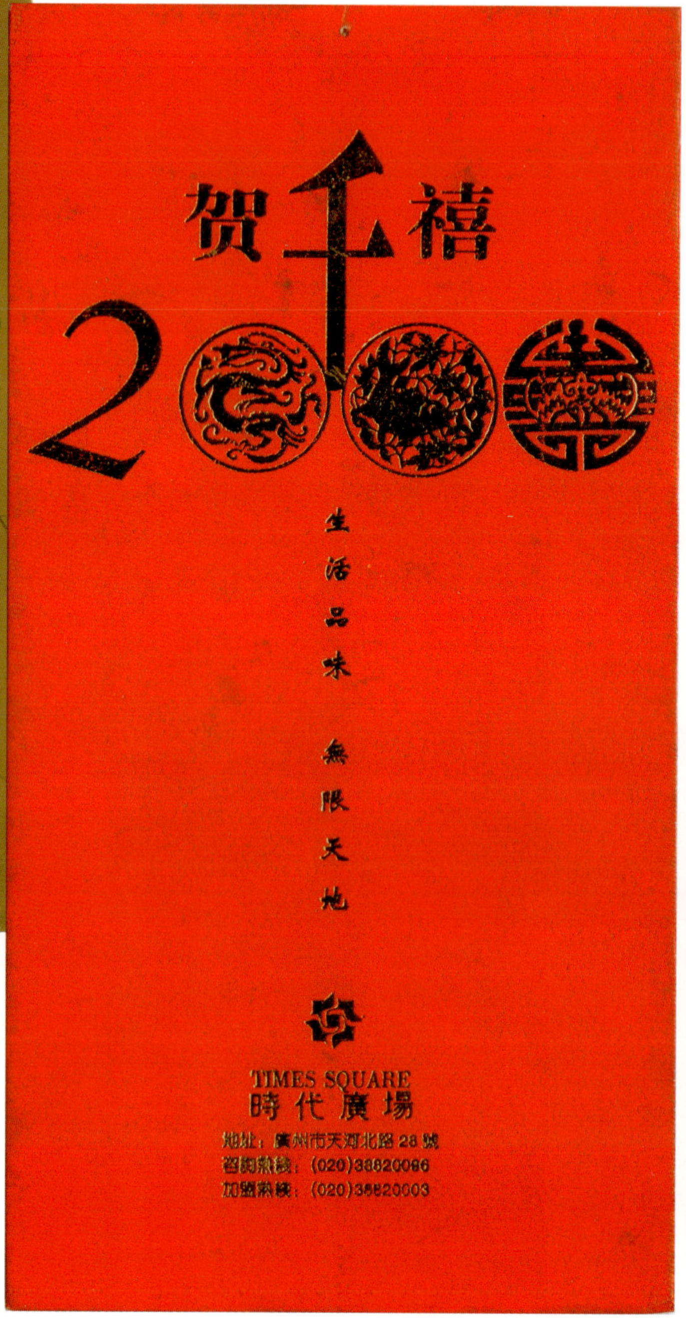
贺千禧
2000
生活品味
無限天地
TIMES SQUARE
時代廣場
地址：廣州市天河北路 28 號
咨詢熱綫：(020)38820086
加盟熱綫：(020)38820003

用"芯"传

佳賓85
商事有限公司
拿破崙干邑
COURVOISIER COGNAC
1993
HIRAM WALKER WINES & SPIRITS LIMITED
恭喜發財
一九九五
農曆乙亥年
猪肖年
廣東省郵電工程貿易開發公司
恭喜發財
Hong Kong Tourist Association

稻香集團
順風順鼠
2008 戊子鼠年
牛轉坤
行大運
新光金控
新光銀行
2009新光金控牛轉錢坤LED環保燈籠
兔气扬眉
百花艳
紫气东来
神采飞扬
喜上眉梢
GIORDANO
畫蛇添福

咩咩，
我是SAMUEL
HAPPY NEW YEAR

光揚信用社
廣州市揚巷路6號
電話：862283

要常常喜樂，
不住的禱告，凡事謝恩。
《聖經．帖前五：16-18》
喜
樂
羊
羊

喜
氣

神彩飛羊
交通銀行
越秀支行

建設銀行
廣州市分行

羊羊如意
HAPPY NEW YEAR
RENAKER
Constructing Solutions
VISION 景博行
Kung Hei Fat Choi
羊羊得意
五羊圖
國畫《五羊圖》
羊羊得意
步步高升
中国农业银行
广州市北秀支行
羊洋得意

三羊开泰
2015

三羊开泰
福
喜
吉

三羊开泰
福
喜
吉

中国民生银行
CHINA MINSHENG BANKING CORP., LTD.
民生银行 恭贺新年
猴
马上封猴

The Jumping Generation
猴起之秀

丙申猴年
HAPPY NEW YEAR 2016
臺中市長
林佳龍
敬賀

HAPPY
YEAR OF
THE MONKEY
猴王当道

万事大
Good luck!
MONEY IS EVERYTHING
印钞鸡
大吉大利
Good Luck

吉年好運到
春

鸡会

丁酉
大吉大利

新光金控
新光銀行
大吉大利

如意
祥

中国移动
China Mobile
福
中国移动
China Mobile
福你

事
顺
利
猪事大吉
道途
茶里
事
大
吉
台中銀行

CTF HOKO
近猪者甜
HAPPY NEW YEAR

哼
哼
哼
猪运亨通

CTF HOKO
猪光宝气
HAPPY NEW YEAR

猪
光宝
气

豬籠入水

猪入水
籠

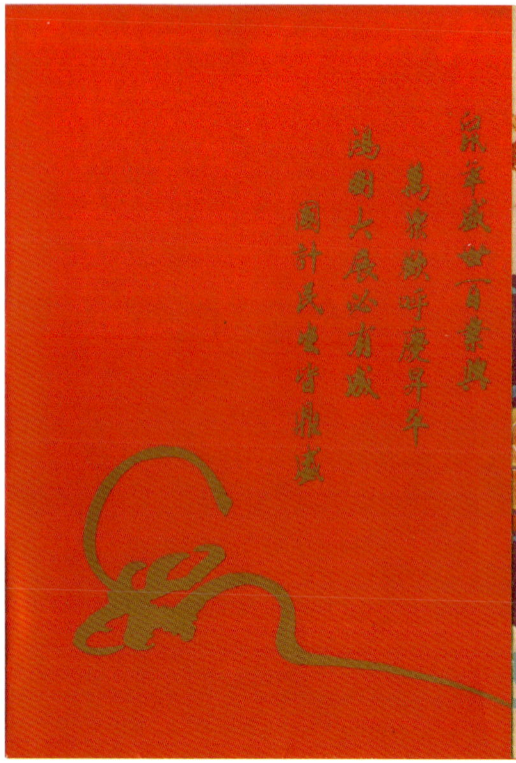

IKEA®

迎春纳福

Kung Hei Fat Choi
恭喜發財
戊子年

美鼠賀春
2008
富邦集團

华润万家
vanguard
2009
大家牛起來
花开富贵
生意興隆
顺德金鼎兆丰税务师事务所
顺德金鼎财会咨询有限公司
金牛滿屋

金牛接福
歲次丁丑
Kodak
財源廣進
牛气冲天
i'm lovin' it
我 就 喜 欢。
己丑年

横财就手
SAMUEL & KEVIN

IKEA
www.IKEA.cn

百事可乐
快活年年
广州百事可乐饮料有限公司
大快活快餐有限公司

皇虎 TIGER SLOTS
老虎機娛樂中心
虎虎生威
皇金萬両
http://www.tigerslots.com.mo
皇虎會熱線：9888770

虎虎生威在葡京
虎躍龍騰賀新歲

中国平安 PING AN
保险 银行 投资
吉祥虎平安年
达能
春
Microsoft
福虎生豐
虎躍飛騰生祥氣 · 風調雨順兆豐年
XBOX 360
Entertainment & Devices Division
Microsoft Taiwan
台灣微軟娛樂暨裝置事業處
金虎進寶福滿堂

聚
福
碧桂园
GARDEN
给您一个五星级的家

兔

恭
喜
發
神州租车
CHINA AUTO RENTAL
201

貴
齊
來
兔

zuche.com
400 616 6666
New Year!
辛 卯 年
吉祥

年好兔・迎春納福
品田牧場

萬事如意

DURACELL
金霸王

bossini

恭賀新禧
Feliz Ano
Novo Lunar
立十年規劃 育世紀人才
Definir o planeamento decenal
e formar quadros qualificados

行運一條龍

恭喜發財・行運一條龍

龙腾瑞气

恭喜發財

花開富貴

蛇燦連發
甲山林機構
www.JSL.com.tw

蛇年
行大運
摩卡

春

2 0 1 3

乐购
TESCO
新年
吉祥

迎
春
接
福
辛巳年
Seng Heng Bank Limited
誠興銀行

1986
南海渔村
SOUTH SEA FISHING VILLAGE
南海渔村
SOUTH SEA FISHING VILLAGE
www.00838.com
癸巳蛇年2013
HAPPY NEW YEAR

佐丹奴 祝您：
马年好运
GIORDANO
佐丹奴

2014©
歲次
甲午
馬年
Year of the Horse
中國香港
Hong Kong, China
恭喜發財
KUNG HEI FAT CHOY

馬到功成

馬年行大運
新年快樂
大西豪®

CHOI HEONG YUEN BAKERY
MACAU
咀香園餅家
SINCE 1935
禮到福來
福
馬踏飛燕
新光金控
新光銀行

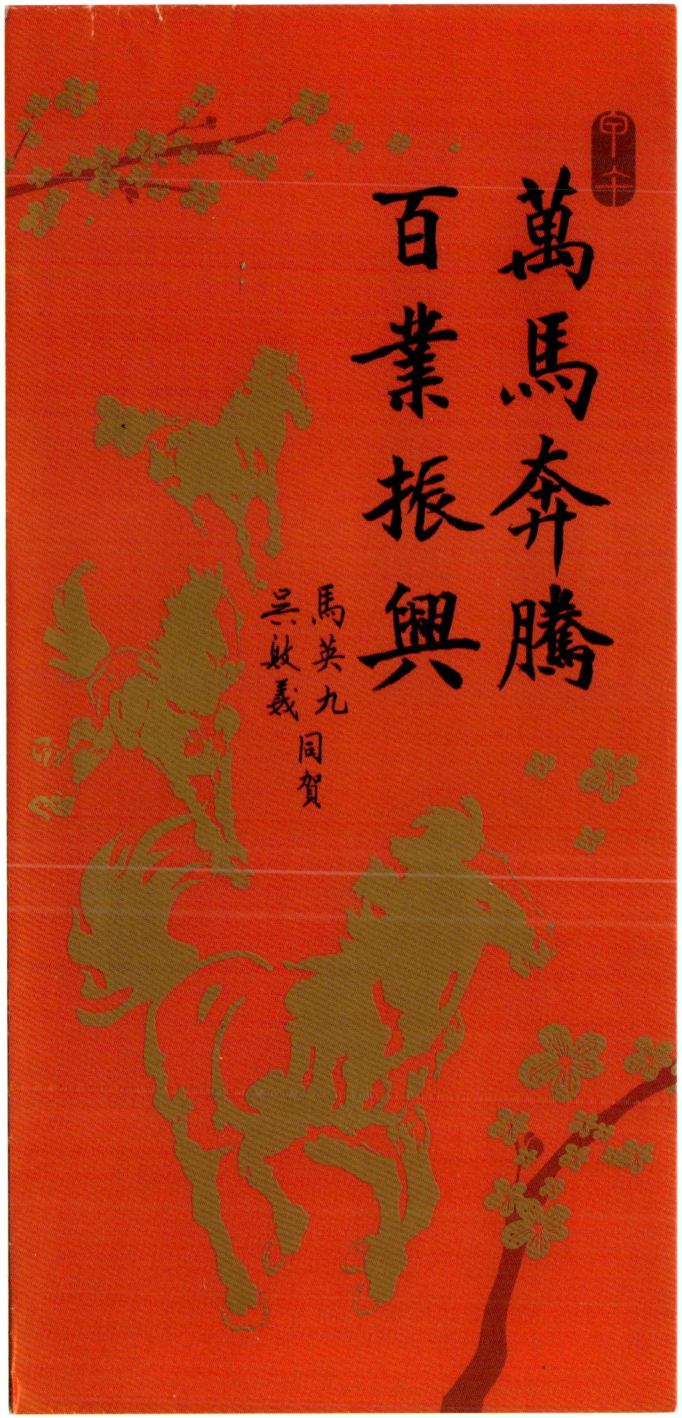
萬馬奔騰
百業振興
馬英九
吳敦義
同賀

建設銀行
廣州市分行

中國工商銀行
深圳市分行

東海漁村
廣州東風東路840號三樓
電話:773024

喜洋洋
广东发展银行广州分行番禺支行
电话：84818518 84835197
地址：广州市番禺区市桥大北路83号

福

咀香園餅家
SINCE 1935
80周年
財
招財進寶

万佳百货
萬事亨通
吉羊獻瑞

恭贺新春
Happy New Year

吉羊如意
太古城中心

要常常喜樂，
不住的禱告，凡事謝恩。
《聖經 帖前 五：16-18》
喜樂羊羊

一元復始
萬象更新
洄瀾客棧 全體員工 恭賀

壬申年
建設銀行
廣州市分行

福
和4G
正当红

富貴迎春
金猴接福

MGM
金猴獻桃
LONGEVITY

祿

猴年吉祥
澳門郵政
CORREIOS DE MACAU

金雞賀歲
LIFE CENTRE
Food Drinks Entertainment
雞年大吉
福
酉年
金鷄報喜
吉祥
福
吉
Happy New Year

金雞賀歲
Madam Kwan's
CAFE • CUISINE • NASI LEMAK
Truly Malaysian Cuisine

麗寶集團
LIH PAO GROUP
微笑台北
雞年大
吉

TSL
謝瑞麟

碧桂园
碧有信
BIYOUXIN.COM
狗年吉祥
2018

公众号

HAPPY NEW YEAR
祥狗
富贵
福

lenovo联想

新光金控
新光銀行
Shin Kong Bank
Go! Wonderful!
狗旺得

吉野家
牛肉飯專門店
恭賀新禧
犬の年-日本柴犬

广客隆
广州市天河南方大厦广客隆贸易有限公司
地址：广州市黄埔大道西68号
电话：7576628转 传真：7502077
邮编：510620

豬年旺相
澳門郵政
CORREIOS DE MACAU

福氣
CLP 中電

金猪拱门福气来
粮

闔家平安
賀新春
恭贺新禧

DORAEMON

歡樂
福
心想事成
萬事如意
福

發
WHY AND 1/2
福
WHY AND 1/2
財
WHY AND 1/2
旺
WHY AND 1/2

福
幸福
好運氣
鴻運亨通
鴻運當頭
福

春
WHY AND 1/2
富
WHY AND 1/2
吉
WHY AND 1/2
滿
WHY AND 1/2

2008
GOOD LUCK WITH YOU
AND MAY THE BEST IN LIFE BE YOURS

HAPPY NEW YEAR
2008
恭賀新禧 平安如意
大吉大利 萬事如意

2 賀 年 8
Season's Greetings
&
Happy New Year

2008
Season's Greetings and
Best Wishes for the New year

HAPPY NEW YEAR
2008
恭賀新禧 平安如意
大吉大利 萬事如意

2008
新年快樂

2008
Season's Greetings and
Best Wishes for the New year

大吉大利
2008
HAPPY NEW YEAR

2008
Tennis

2008

恭賀新禧 平安如意
大吉大利 萬事如意
2 賀 年 8
Season's Greetings & Happy New Year

2008
HAPPY NEW YEAR

2008
賀

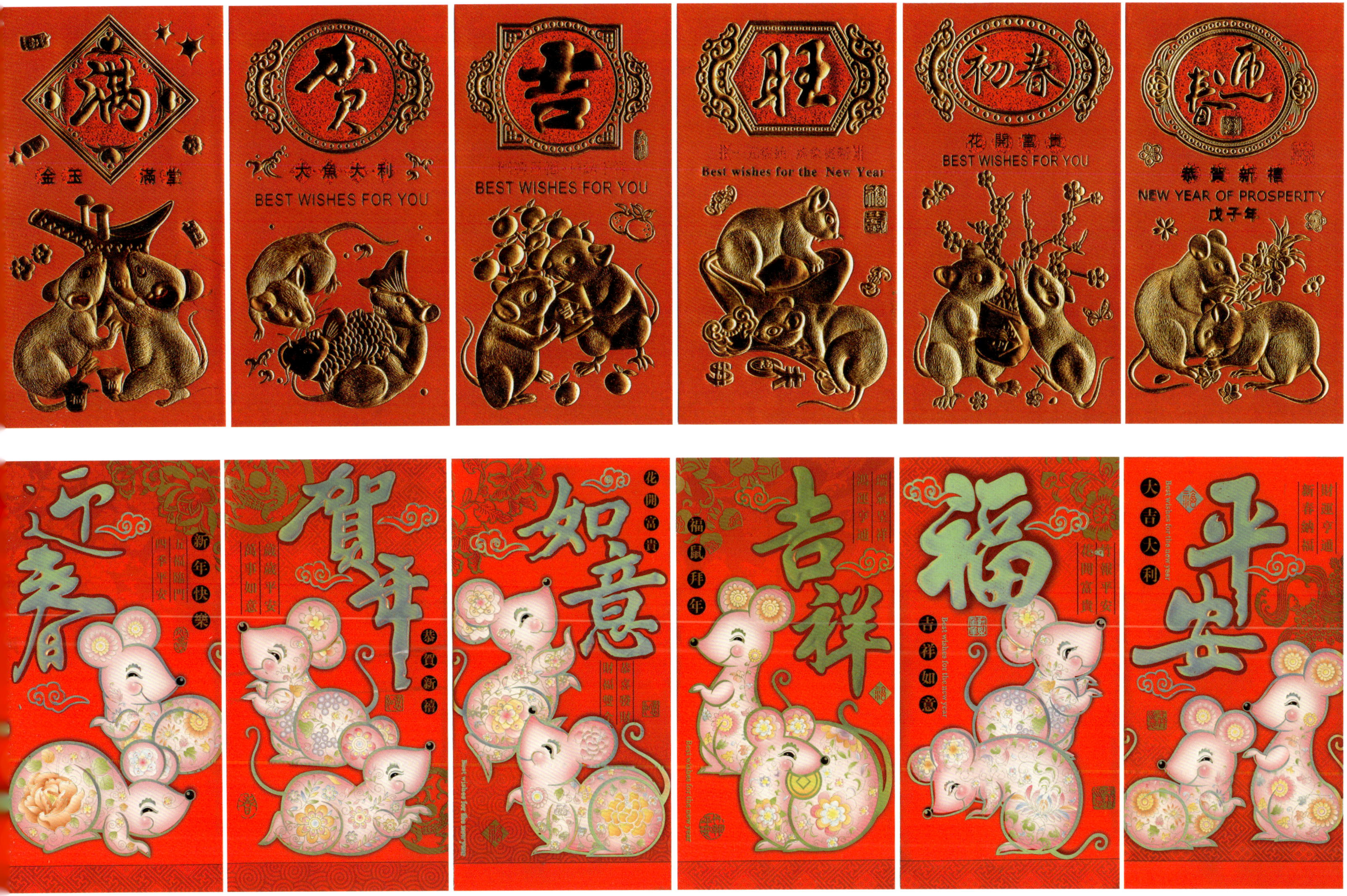
满
金玉满堂
贺
大鱼大利
BEST WISHES FOR YOU
吉
BEST WISHES FOR YOU
Best wishes for the New Year
初春
花開富貴
BEST WISHES FOR YOU
恭賀新禧
NEW YEAR OF PROSPERITY
戊子年
迎春
新年快樂
賀年
恭賀新禧
如意
花開富貴
吉祥
福鼠拜年
福
吉祥如意
平安
大吉大利

福鼠迎春
HAPPY NEW YEAR
大吉大利

鼠年好運

喜鼠盈門

福鼠臨門
新年快樂

發 2008

鼠年獻瑞

牛年更牛
財源旺盛多
HappyEveryDay!
you're extra speciall come and play with me!

大吉大利
喜事臨門來
Best wishes For You

牛年好運來
新年快樂
Best wishes For You

Happy EveryDay!
萬事勝意
鴻運滾滾來

牛年鴻運

金玉滿堂
HappyEveryDay!
you're extra speciall come and play with me!

（缩小版）

福

恭
新
賀
禧

年年有餘

年
年
有
餘

大吉大利
福

學
業
進
步

迎春接福
拜年
賀歲
Best wishes FOR YOU

平安
Best wishes FOR YOU

萬事如意
賀
新年
Best wishes
For you

好春
福
新春纳福
Best wishes FOR YOU

迎春接福
吉祥
富貴平安
Best wishes FOR YOU

如意
大吉大利
Best wishes FOR YOU

金玉满堂
福

财源滚滚

歲歲平安日・年年如意春
福

歲歲平安日・年年如意春
福

歲歲平安日・年年如意春
福

（缩小版）

福

大吉大利
心想事成

大吉大利
恭賀新禧

福

花開富貴

年
餘
有

福
吉祥如意

虎
虎年行大运
Best wishes for you

春满乾坤福满门
万事如意

恭喜發財

恭喜發財

吉祥如意
五福臨門

身體健康

迎春
迎春接福

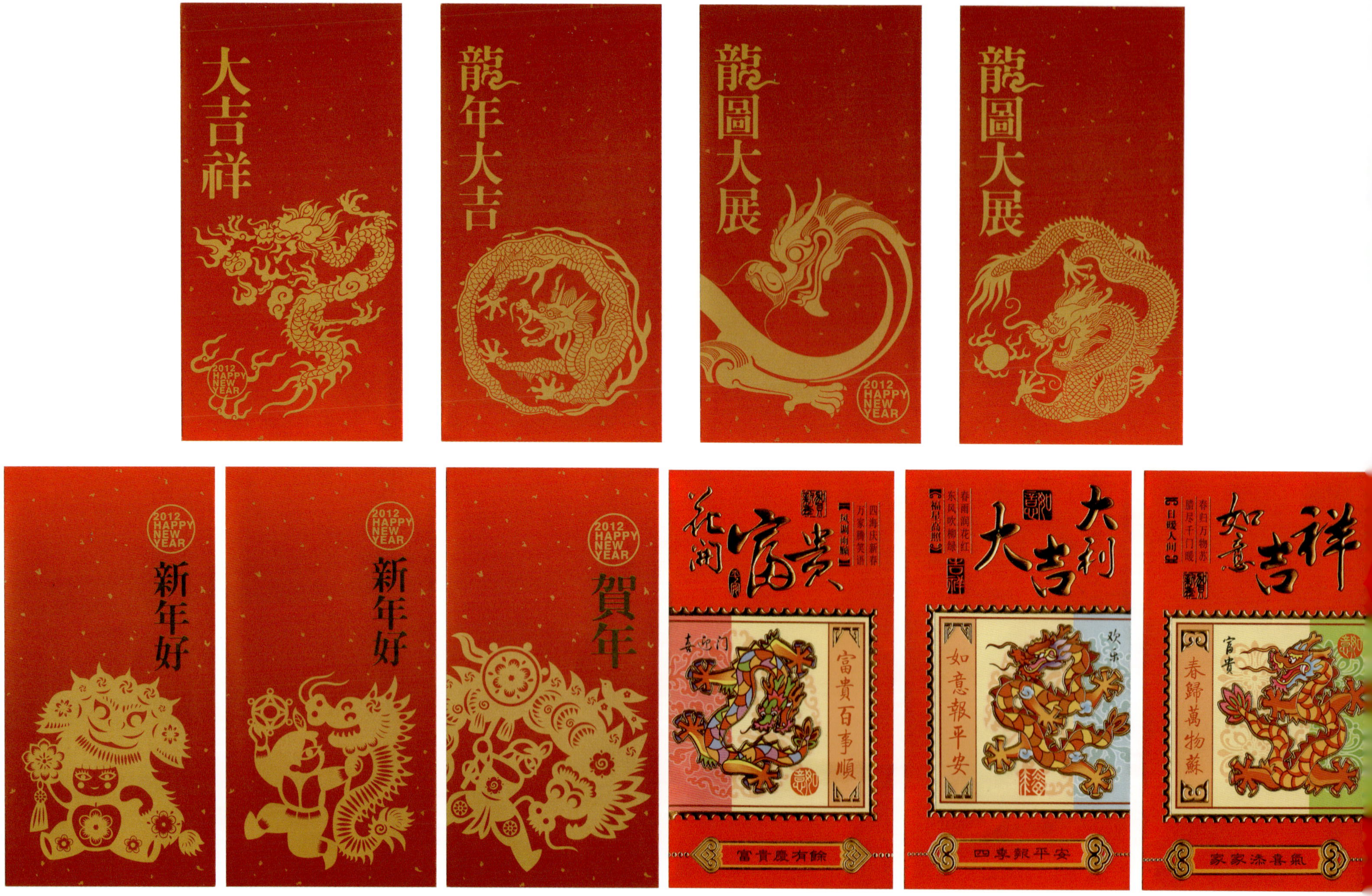
大吉祥
2012 HAPPY NEW YEAR
龍年大吉
龍圖大展
2012 HAPPY NEW YEAR
龍圖大展
2012 HAPPY NEW YEAR
新年好
2012 HAPPY NEW YEAR
新年好
2012 HAPPY NEW YEAR
賀年
花開富貴
四海庆新春 万家腾笑语
风调雨顺
富貴百事順
富貴慶有餘
大吉大利
春雨润花红 东风吹柳绿
福星高照
如意報平安
四季報平安
吉祥如意
春归万物苏 腊尽千门暖
日暖人间
春歸萬物蘇
家家添喜氣

HAPPY NEW YEAR
福
HAPPY NEW YEAR
吉
HAPPY NEW YEAR
福
HAPPY NEW YEAR
吉
福
福
福
福

福
恭喜發財

身体健康
福
聰明伶俐

身体健康
福
萬事勝意

Happy Lunar New Year
Feliz Ano Novo Lunar

萬
事
如
意
太陽城集團
SUNCITY GROUP

蛇年進步

吉祥如意

吉祥如意

吉祥如意

吉祥如意

吉祥如意

吉祥如意

（缩小版）

中华红包集锦——生肖篇

（縮小版）

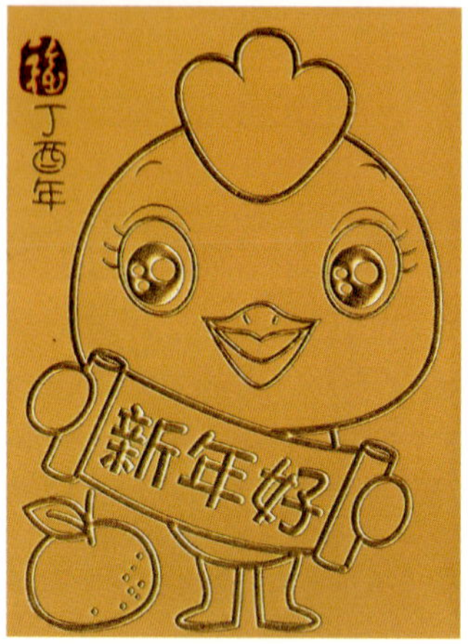

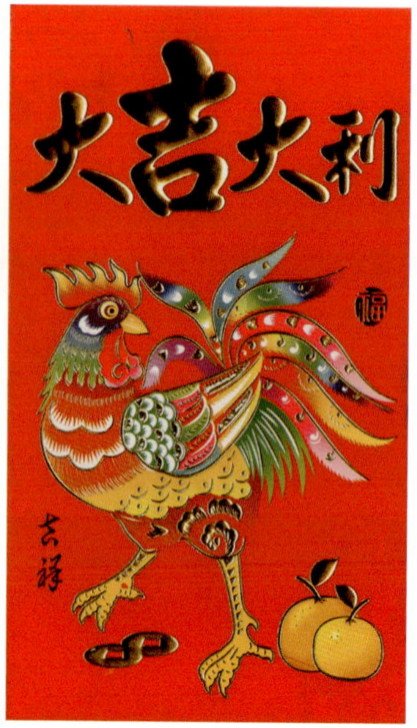

飛黃
騰達

大展
宏圖

大吉
大利

福星
高照
福

鴻運
當頭

黃金
滿滿

恭賀新年
HAPPY NEW YEAR
BEST WISHES FOR YOU

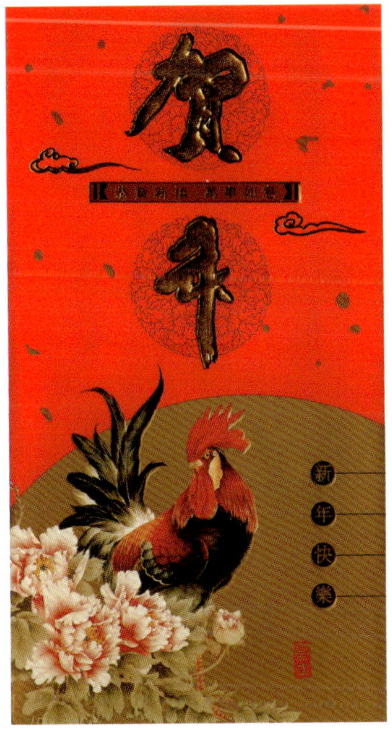
賀年
新年快樂

賀年
BEST WISHES FOR YOU

金雞賀年
新年快樂

HAPPY NEW YEAR

（缩小版）

春
JOHNNIE WALKER
福
JOHNNIE WALKER
JOHNNIE WALKER
JOHNNIE WALKER
健康
身體
快乐
新年
福
大利
大吉
吉祥
如意
萬事

BEST WISHES FOR YOU

BEST WISHES FOR YOU

HAPPY NEW YEAR

HAPPY NEW YEAR

HAPPY NEW YEAR
新年

賀
新
年
Best Wishes for a Happy New Year

Cartier

Cartier

（缩小版）

BEST WISHES FOR YOU
吉祥如意
BEST WISHES FOR YOU
萬事如意
HAPPY NEW YEAR

2006
HAPPY NEW YEAR
HAPPY NEW YEAR
BEST WISHES FOR YOU
HAPPY NEW YEAR
好運來
金狗賀年
吉祥如意
Best Wishes For You
萬事如意

新年快樂
HAPPY NEW YEAR
新年快樂
HAPPY NEW YEAR
新年快樂
HAPPY NEW YEAR
新年快樂
HAPPY NEW YEAR
新年快樂
HAPPY NEW YEAR
新年快樂
HAPPY NEW YEAR

（缩小版）

财源广进
HAPPY NEW YEAR
中国农业银行

大吉大利
HAPPY NEW YEAR
中国农业银行

吉祥
中国建设银行

吉祥
中国民生银行

满
堂富貴
2007

花開
富貴
福

謹賀
大吉大利

賀新年
平安多福
大吉大利

謹賀新年

謹賀
大吉大利

賀新年
平安多福
大吉大利

謹賀新年

祝福

福

中国平安 PINGAN
VIP 专用

中国平安 PINGAN
VIP 专用

中国平安 PINGAN
VIP 专用

中国平安 PINGAN
VIP 专用

中国平安 PINGAN
VIP 专用

中国平安 PINGAN
VIP 专用

中国平安 PINGAN
VIP 专用

中国平安 PINGAN
VIP 专用

金猪賀歲
中国平安 PINGAN
VIP 专用

中国平安 PINGAN
VIP 专用

CTM 3G

花開富貴

中国移动通信
CHINA MOBILE
移动信息专家

金兔送財
福運齊來

恭賀新禧
中國銀行
花都支行

蛇年如意
恭禧發財
Hi～我是
pukii
恭禧發財

Standard Jardine Fleming Bank
如意吉祥

喜氣洋洋
明香園餅家
澳門十月初五街一九七號
電話：二八五七四〇八九

KeyWear
奇威名品
申
2016
猴氣啦

心想事成
好運旺旺
旺

豬肥屋潤
澳門國際銀行
LUSO INTERNATIONAL BANKING LTD

结婚就是一件喜事，一件喜庆的大事。结婚习俗中的红包，说到底，纸红包也好，电子红包也好，是一种礼仪；装有东西的红包，就成了礼物，传递着人际交往中的美好祝愿。婚俗红包，伴随着婚俗及礼仪的变迁而变迁，发展而发展。

喜庆篇

婚礼在红包上举行

中华民族，自古以来就是礼仪之邦。在五千年的文化传承中，产生和形成了许多优秀的人情礼俗，其中不乏人们耳熟能详的人间四大喜事：“久旱逢甘霖，他乡遇故知，洞房花烛夜，金榜题名时”。这些礼俗有着丰富的文化底蕴。

在人生礼俗中，最引人关注、内容最为丰富的就是婚丧礼俗。因为婚姻是人生大事，丧葬则是人的最后归宿，它们与其他礼俗一样，是传承的、变化的、发展的。任何时代的礼俗，都吸收了它所生活的那个时代的精神风貌，受到那个时代政治、经济和文化的影响。

各族人民按照自己的习俗，举行各种各样的庆祝活动，具有各自浓厚的民族独特风采。其中婚嫁风俗最能代表各民族的文化特色。婚俗文化在现代与传统之间出现了文化碰撞，但也呈现了文化融合，传承和发展了传统婚俗文化。

婚礼是一生中最为重要的事件之一，它在人生过渡中的地位十分重要。所以，自古至今，中国人都非常重视这一人生礼仪。伴随着这一重大的人生礼仪，便出现了丰富多彩、各具特色的婚俗文化。其中，红包充当了天使般的角色。

结婚就是一件喜事，一件喜庆的大事。结婚习俗中的红包，说到底，纸红包也好，电子红包也好，是一种礼仪；装有东西的红包，就成了礼物，传递着人际交往中的美好祝愿。婚俗红包，伴随着婚俗及礼仪的变迁而变迁，发展而发展。从这个角度看，真不知，是婚俗文化影响了红包文化，还是红包文化促进了婚俗文化。

众多的婚俗红包封，铺陈开来，仿佛就是一场盛大的集体婚礼。你看：在大大的双喜下面，一对对新人，有的穿上传统的礼服，有的佩着现代的婚纱，或连牵绸带，或紧扣纤手，含情脉脉，爱意浓浓，甜甜蜜蜜，欢欢喜喜，好像在向世界宣告：我们结婚啦！好一幅人间花好月圆图。置身这样喜庆的场景，我已不知今夕何夕。但是，本人可告诉你们，这一双双才子佳人的故事： 他们是天缘巧合，天作之合，一见钟情，佳偶天成，鸾凤和鸣，珠联璧合，心心相印，永浴爱河，相亲相爱，百年偕老。婚礼就是如此浪漫，童话就是如许生动。

这样的婚俗红包封，您喜欢吗？

WEDDING
Money
Envelope

如愿以偿
你
好
福
不催婚
许个愿吧®
MAKE A WISH
× OLINLIO

BSET-WISHES

喜结良缘
百年好合
Wedding Invitation
永結同心
相亲相爱
百年好
永結同心
與子偕老

龍鳳呈祥
K OF CHINA
花好月圆
Weddings
永结同心
珠聯璧合
永結同心

結

囍

囍

百年好合

書
囍
囍

囍
百年好合
永·結·同·心
合巹酒

結婚喜訊
成雙成對
囍囍

Wedding
Season's Greetings
and best wishes
to the new year
I ♥ YOU
ALLIANCE
Gong Xi Fa Cai

To:
Pom Pom Purin
From:
永結同心
囍
Wishing You Happiness Always
Hello Kitty & Dear Dan
To:
From:

To:
Hello Kitty & Dear Daniel
From:

To:
no Tābō
From:

永結同心

CONGRATULATIONS
ON YOUR
WEDDING

百年好合
BEST WISH FOR YOU

我们结婚啦
Always be in love
喜
结
良
缘
囍
花好
月亦圆
瑟合
瑟亦静
WEDDING

衷心的……祝福
Bless

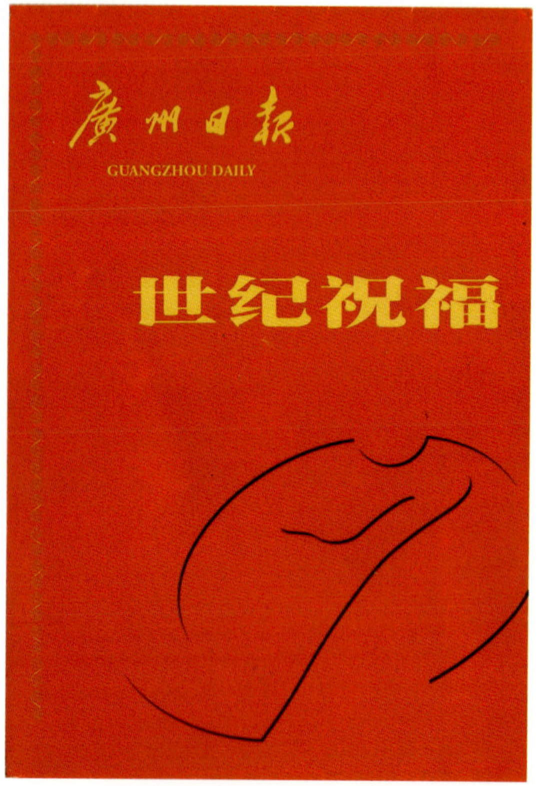
广州日报
GUANGZHOU DAILY
世纪祝福

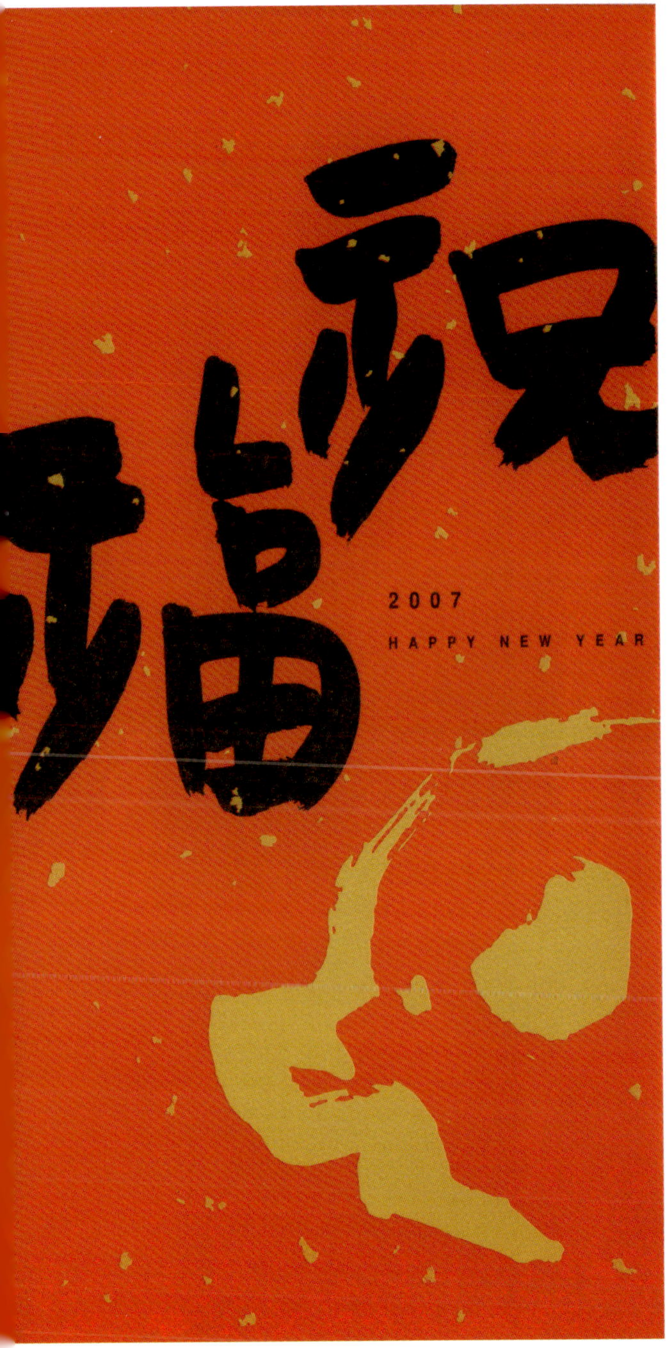
祝福
2007
HAPPY NEW YEAR

福
祝福

祝賀
賀
賀

賀
賀
賀

天作之合
I wish you happy every day
Love is the best blessing
百年好合
I wish you happy every day
Love is the best blessing
永结同心
I wish you happy every day
Love is the best blessing
相亲相爱
I wish you happy every day
Love is the best blessing

心心相印
I wish you happy every day
Love is the best blessing
天生一对
I wish you happy every day
Love is the best blessing
永浴爱河
I wish you happy every day
Love is the best blessing
白头到老
I wish you happy every day
Love is the best blessing

引娘禮
開容禮
點燭禮

酒筵禮
盥洗禮
盥洗禮

意如事萬
萬事如意
意如事萬
天作之合
永結同心
GRAND BAY VIEW HOTEL
ZHUHAI
珠海海灣大酒店
花好月圓
竹報平安
SHUANG XI LIN MEN
雙喜臨門
結良緣
結良緣

白云賓館
BAI YUN HOTEL

百年好合

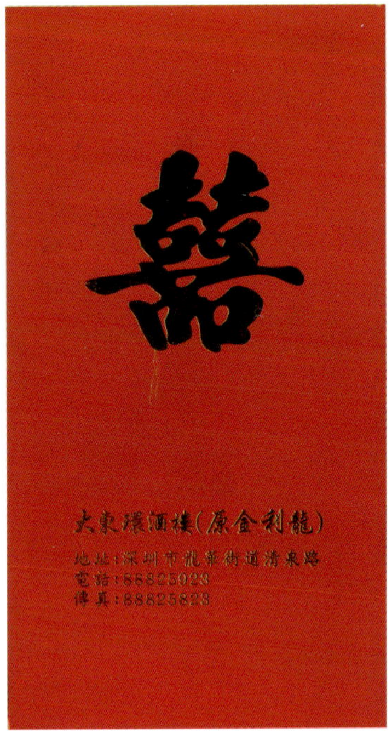
大東璟酒樓(原金利龍)
地址:深圳市龍華街道清泉路
電話:88825923
傳真:88825823

May the joy and happiness around you today and always.
喜结良缘 · 永结同心 · 百年好合

今夕何夕，见此良人。

（缩小版）

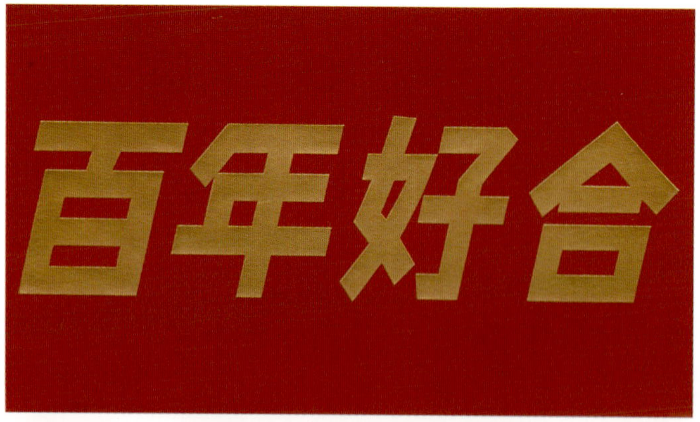

（缩小版）

（缩小版）

（缩小版）

（缩小版）

蟠桃献寿
中国银行
寿多福多
福壽康寧
福壽康寧
寧康壽福
壽福
壽比南山
壽福
三星拱照
中国移动通信
CHINA MOBILE
天地人一體同春
福祿壽三星拱照
大豐銀行
BANCO TAI FUNG
澳門泊車管理公司
福壽康寧
福
三星拱照
交通銀行
壽比南山 福如東海
BEST WISHES FOR YOU
壽
福如東海
EAST PACIFIC GROUP

祝君健康
妍新珠宝

Happy Birthday
生日快乐
在这个属于你的日子里
衷心祝愿你
生日快乐
身体健康
Best Wishing To You

生日快樂
HAPPY
BIRTHDAY

生日快乐

健康
花開富貴 親人友愛 孩子快樂
行好運身體健康 添富貴心想事成

丁財兩旺
BEST WISHES FOR YOU
乔迁誌禧

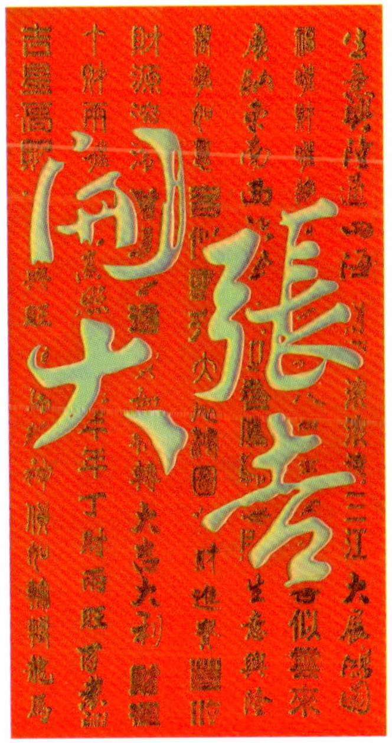
開張大吉

Happy new year!!!
身體健康

健康快乐

身體棒棒

红包流行语的语言情态和使用情景各不相同，涵盖了祝福、赞赏、戏谑、调侃、反讽等口吻。有些是被社会事件引发，有些是被明星或草根的言行带红，有些则以出其不意的方式走红，来描述常见的交际行为和心态。

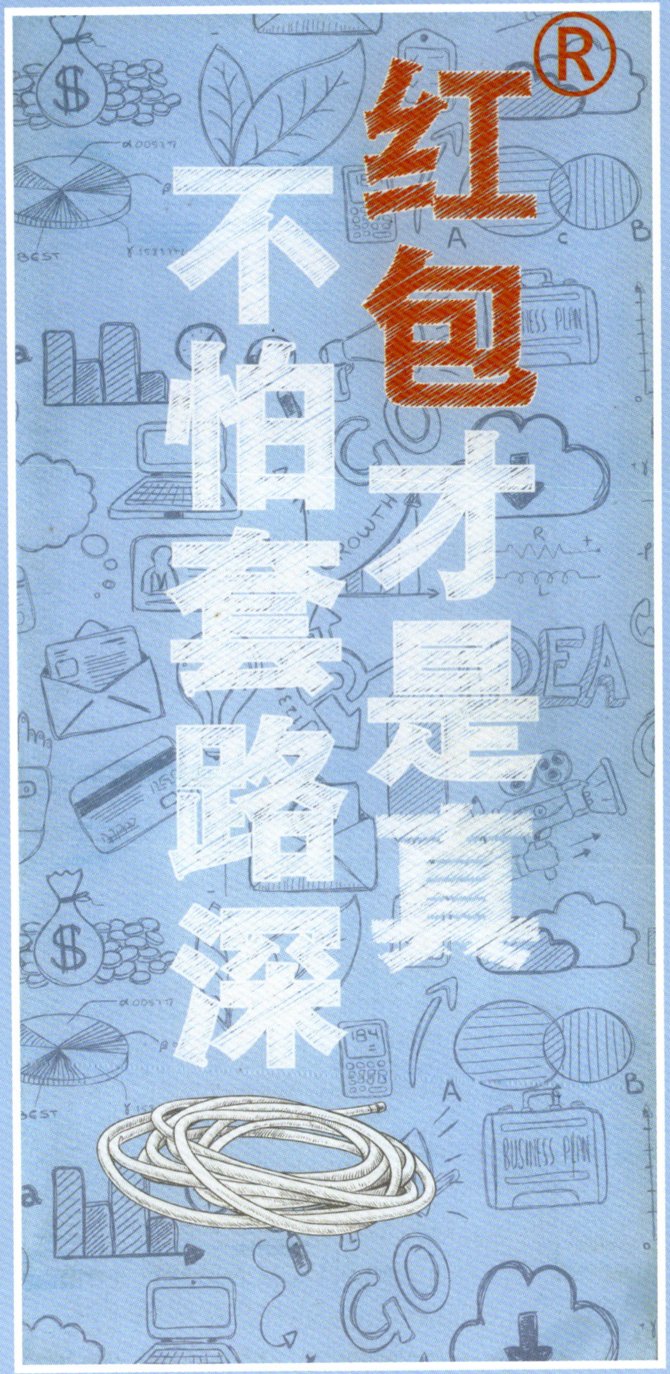

给力篇

雷人的红包流行语

语言，是人类沟通的手段，是表达思想感情的载体，更是现实生活的一面镜子。

随着现代生活日益丰富多彩，中国人的语言智慧不断显现，刷新着汉语的表现力，甚至拓展着汉语的可能性。互联网的迅速发展，网络流行语作为一种新型语言表达，成为网络时代的一种文化现象。它，是语言系统对现实社会迅速、直接的反映，不仅代表着当下人们的生活状态与精神面貌，而且一定程度上呈现着社会文化环境的变化。

网络流行语，不仅走进了红包封，而且红包封围绕红包文化，产生了流行语。跃入视野的红包流行语，也渐渐成了生活热点、亮点的标识性符号，一定程度上反映了社会生活的精神面貌和发展变化。

不同的时代，造就语言不同的表达习惯、审美品位和生活趣味。不同时代的红包封上的词语，具有鲜明时代特征的同时，也鲜明地反映出当代的文化生态和某种深层的社会文化心理，体现出其自身独特的文化特点和深厚的时代文化背景。红包流行语，作为一种特殊的语言形式，包含着丰富的文化内涵。现在，许多红包流行语，是阳光心态的轻松表达。不仅挺顺口，而且引思考；也许是金句，或许是笑料；有点雷人，也有些给力。

语言是心灵的映照和思维方式的投射。红包流行语，也不妨视作大众文化心态的一种缩影，既折射出人们在生活中所面对的共同境遇，也蕴含着在当今社会具有高度认同感的情感态度。

红包流行语的语言情态和使用情景各不相同，涵盖了祝福、赞赏、戏谑、调侃、反讥等口吻。有些是被社会事件引发，有些是被明星或草根的言行带红，有些则以出其不意的方式走红，来描述常见的交际行为和心态。

很多是年轻人的口语。年轻人总是喜欢用新鲜的说法表达自我。种种皮一下的表达方式，其实是由来已久的精神和美德，在当今社会尤其是年轻一代身上的再一次奋起和出发。

红包流行语，褒义词占多数，大多充满幽默感，彰显着人们更加积极的心态与更加轻松、向上的活力。

当然，也不难找到带有俚俗气息的词语，或者贬义词、悲观语，难免体现出社会文化中许多负面因素，影响到现实生活，起到一定的负面作用。我们不能忽视，也不要因此妖魔化或摒弃，而是应该取其精华，除其糟粕，引导正向发展。

给力吧，红包。

1000
1000

只要红包在1分也是爱

富
er
袋
支票不限
财运亨通

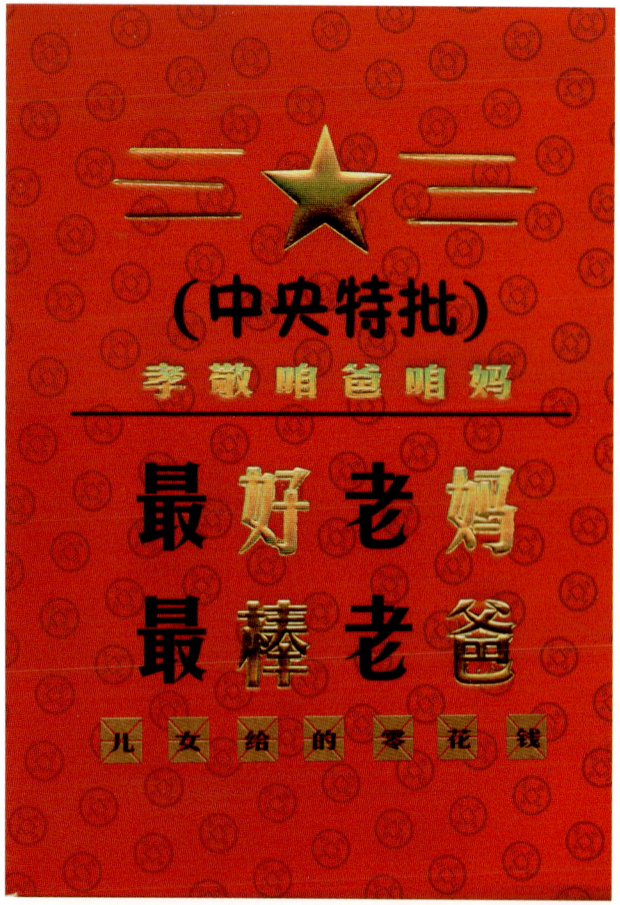
(中央特批)
孝敬咱爸咱妈
最好老妈
最棒老爸
儿女给的零花钱

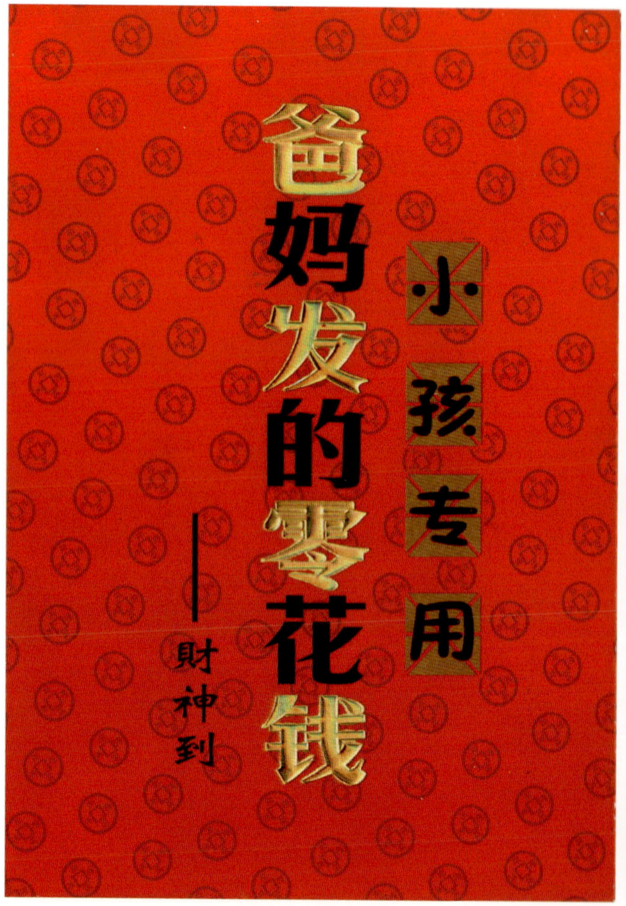
爸妈发的零花钱
小孩专用
财神到

小公主

小王子

厉害了
我的宝贝
BABY

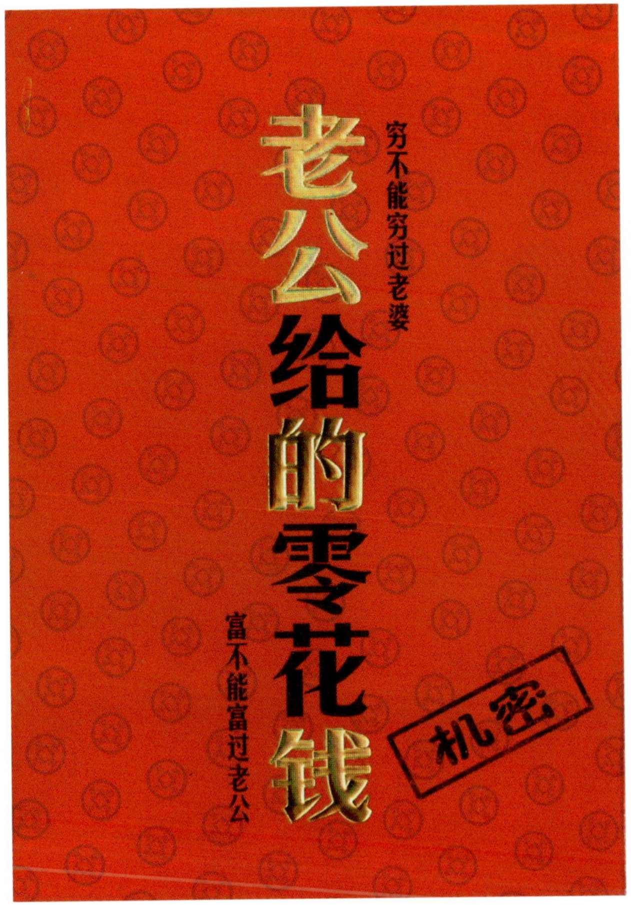
老公给的零花钱
穷不能穷过老婆
富不能富过老公
机密

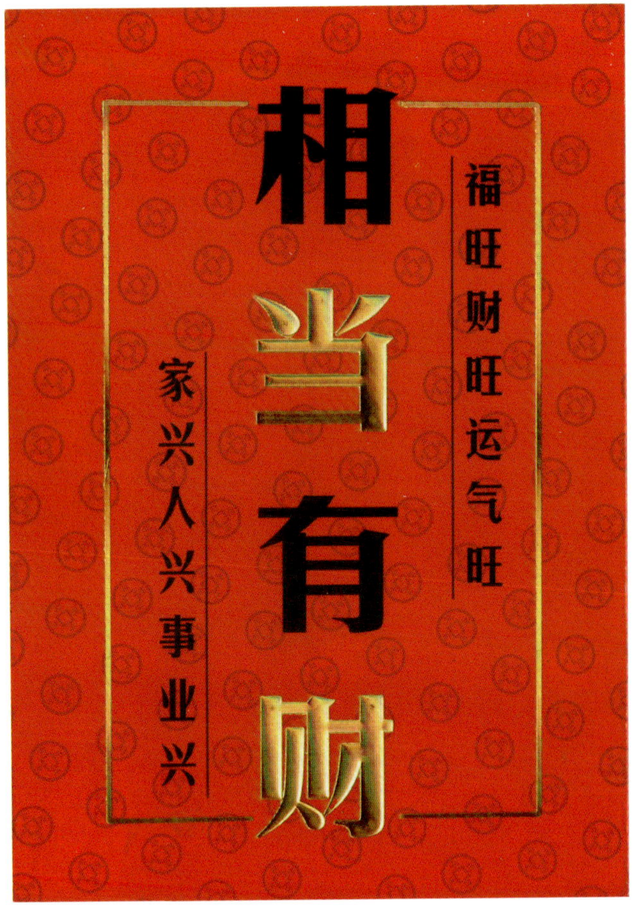
相当有财
福旺财旺运气旺
家兴人兴事业兴

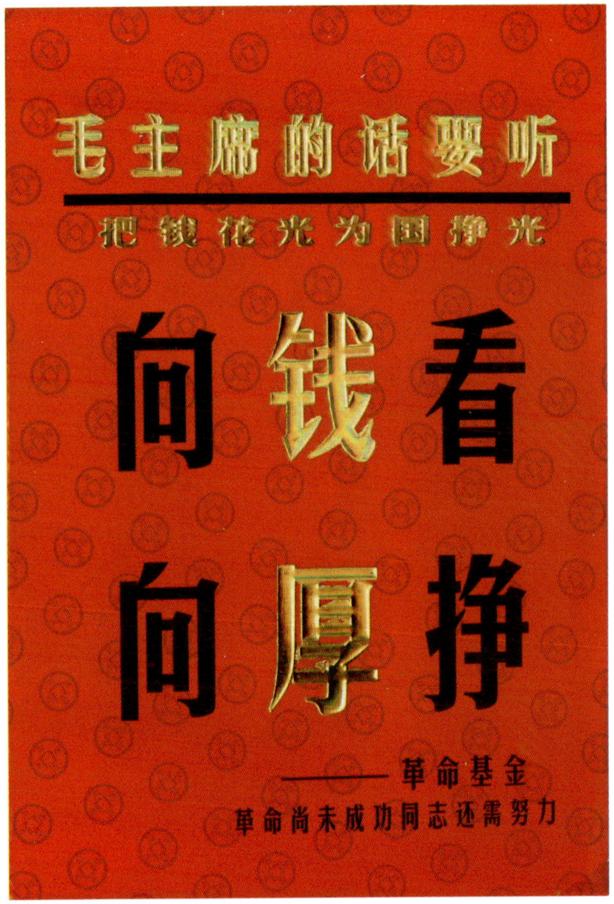
毛主席的话要听
把钱花光为国争光
向钱看
向厚挣
——革命基金
革命尚未成功同志还需努力

好好睡觉
少玩游戏

好好吃饭
好好上学

我们一起加油！

快乐成长

心想事成

学业进步

Day day UP
天天向上

吉祥如意

拒
放
注明：
随着 CPI 增长
100 元 =1 毛
。
雷
大
零
币
请放重量级
的银子

HAPPY POKER
有福同享
GOOD LUCK
Vanguard®
华润万家

奖
拿去花

笑容带来身康健
知足常令心祥和

體強足健
福運齊來
福

厉害了
OMG, 国的我 good me!
这位同志!
我想赞你一个!

有骨氣
天官賜福

2016·春
不看战力值
主要看气质
主要看气质!!

包你发财
Laifu 莱芙
2018
旺旺

QUAKER
桂格
麥麥賺

股壇長勝

朕
的賞賜
May everything go as you hope.

KFC
爺
爺賞你的

賞
金万两
I'll give you a reward

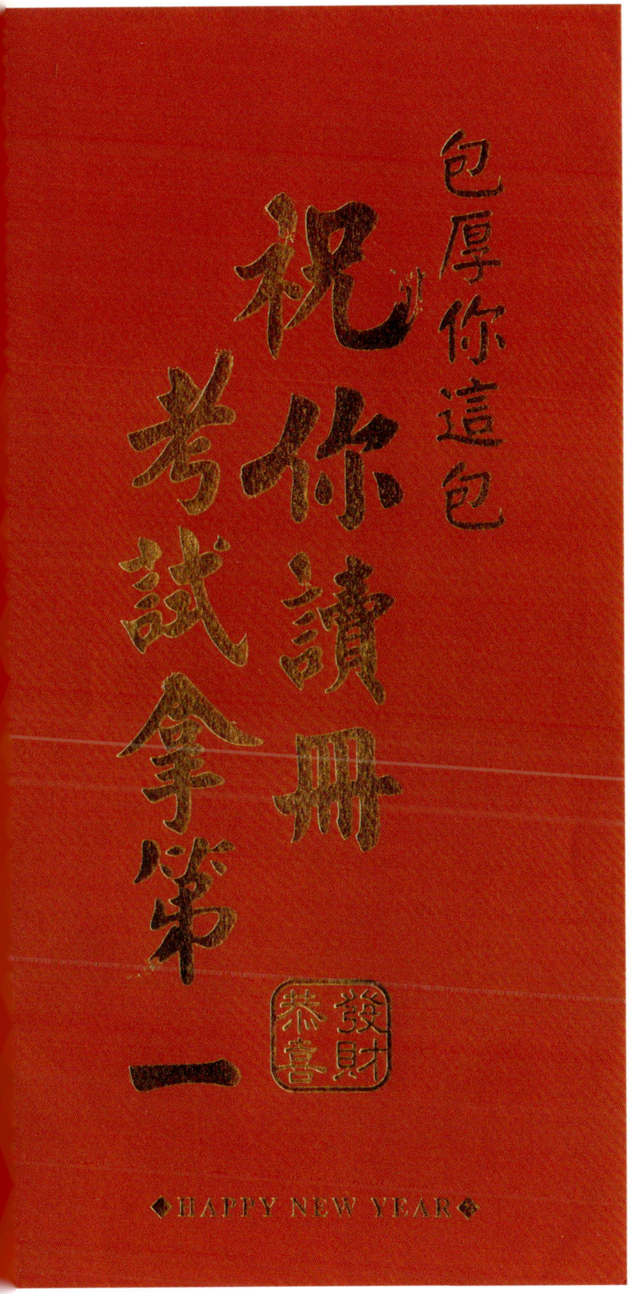
包厚你這包
祝你讀冊
考試拿第一
發財
恭喜
HAPPY NEW YEAR

逢考必过

金榜题名

Awesome!
給力
Gelivable
旺來
Get Rich

有錢
Make Money
More and More
吃好
Eat Well
喝好
Drink Well

呵
GOOD
LUCK
呵

任
Have Fun
Day by Day
性

一
Set a small goal !
個
億

随便花
You are the boss!

我养你。
You are my sunshine!

恭喜发财

獻給慈祥的媽媽
獻給偉大的爸爸
献給我的小公主
my princess
兒子加油
TO BE BEST SON

恭喜发财 大吉大利
领取红包
信红包
这个特殊的日子
只想说一个字：汪
扫一扫 等领红包

恭喜发财 大吉大利
领取红包
微信红包
哥就是传说中的学霸！！
扫一扫 等领红包

恭喜发财 大吉大利
领取红包
微信红包
我们先来定个一个小目标
比方说我先挣它一个亿
扫一扫 等领红包

DBS
Live More Bank Less
DBS
Live More Bank Less
DBS
Live More Bank Less
DBS
Live More Bank Less

福澤綿綿

龍馬精神

笑口常開

WO SHI GE SHOU
我是歌手
红包
DIAN FENG HONG BAO

QI TIAN
齐天
猴年大吉
洪福
身体健康
HONG FU
红包
福
HOU NIAN DA JI

胡巴
HUBA! HUBA!
大红包
红包
HUBA!
Money Envelope

奔跑吧！兄弟
大红包！
红包
Money Envelope

ZHEN ZHENG
真正
拿红包就是爽！
男子汉
NAN ZI HAN
红包
DIAN FENG HONG BAO

DUANG！
红包来袭
请注意，前方红包高能预警！
红包
Money Envelope

wo yi jing shi chu
我已经使出
lai
hong huang zhi li
洪荒之力来
fa hong bao le
发红包
花不完别来见我
花不完别来见
红包在此
忍不住发个红包
红包来了
拆
就是要显摆出来
显摆
一分钱也是爱 花不完
一分钱也是爱
发红包的人很帅
拿钱砸你
红包我的真爱啊
看在你那么优秀的份上，
俺给你发个红包吧

高富帅
红包
买辣条
有桃花运
新年好运
有运烤柿
有贵人运
新年好运
有柴运
请收下佩服金
我面膜都不敷了
就服你
我老奶奶都不扶
就服你
我就服你
我水土都不服
就服你
8888
认识你就有好运
shi zhen de a
我喜欢你
dou ni wan de
成真
我爱你
fa cuo ren le
我在花椒上见过你
huajiaotianli

红包
奉上
福

千言万语
尽在红包中
抢红包啦

派红包啦
有钱就是这么任性

奔跑吧
红包

发红包!

这是你的,
专属红包

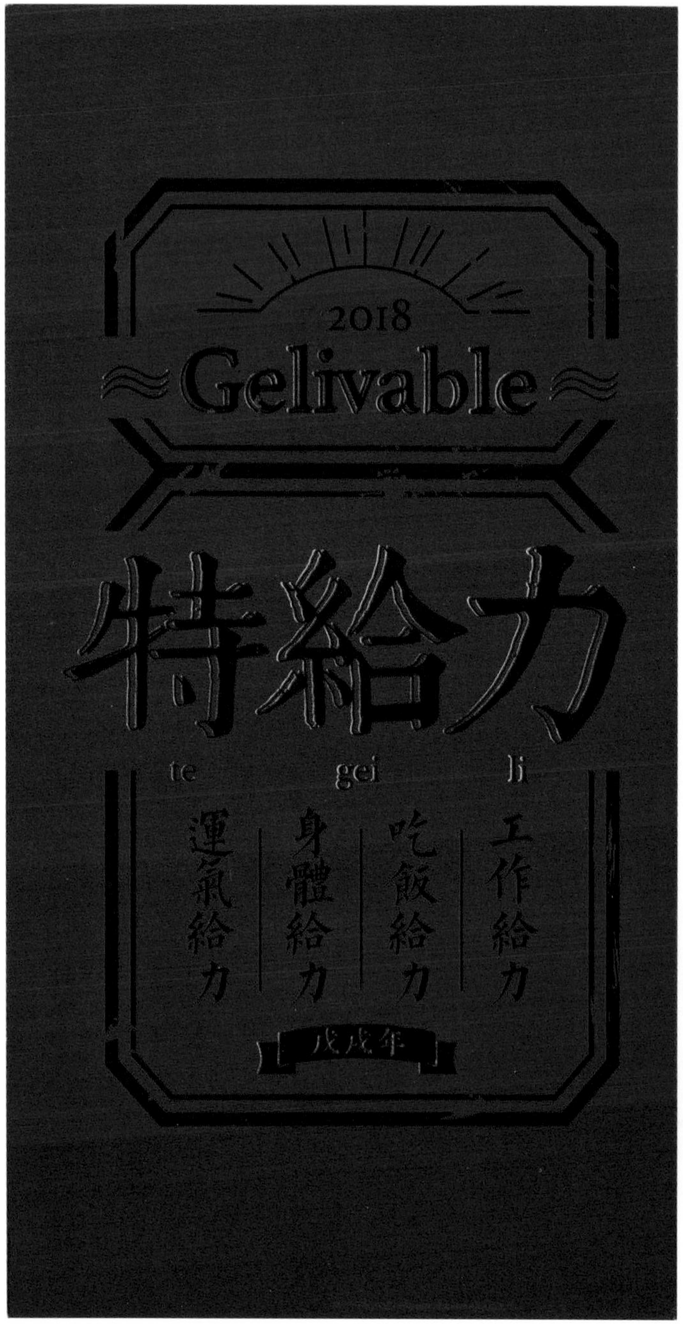
2018
Gelivable
特給力
te gei li
工作給力
吃飯給力
身體給力
運氣給力
戊戌年

2018
Rich
特有財
te you cai
你發我發大家發
金山銀山一起挖
戊戌年

2018
Best
特牛
te niu
工作特牛
下廚特牛
帶娃特牛
讀書特牛

2018
Lucky
特旺
te wang
家興人興事業興
財旺福旺運氣旺
戊戌年

2018
Lovely
特萌
te meng
你是媽媽的乖寶寶
你是爸爸的小棉袄
戊戌年

2018
Beautiful
yan zhi
顏值
te gao
特高
人見人愛
車見車載
戊戌年

¥
领红包
查看领取祥情
红包
钱财万贯在哪里
拆开看看就知道

¥
压岁钱
健康是福
健健康康是福上加福

¥
贺年红包
恭贺新禧 大吉大利

有钱任性
钱不是万能的
没钱是万万不能的

零花钱
人人都爱零花钱
开心一刻值千金

过年经费
有钱天天都是过节
只要你开心就好

红包
小小意思
不成敬意

奖
不管什么奖
发钱就是爽

赞
有钱就是这么任性

好好学习
天天向上

前途无量
人生列车，驶向光明未来。

看你骨络惊奇
身体健康！
是块
抢红包的
好料子

拜年费
贺一年 摆一年 缘分啊

过节经费
有钱就是任性

创业基金
为了你的宝马我的宝马我们一起加油

革命经费
革命就是请客吃饭

敬老基金
家有一老 如获一宝

消遣经费
打打牌泡泡澡快乐一秒是一秒

老子
混元之祖太清之尊
五千玄言包括乾坤
老子
来给你们发红包了
Lao tzu gave you red envelopes

有钱大晒啊
開
有钱真系大晒

開
确认过眼神
你遇上对的人

这辈子我都会疼爱你
I love you forever

YOU HAPPY JIU OK
你开心就好
YOU HAPPY JIU OK

不知不觉
又装完了一年的B
大家干杯！
新年再接再厉！
好！
好！
干杯！

德 智 体 美 劳
DE ZHI TI MEI LAO
勤奋好学 活泼勇敢
积极向上 表现优秀
好宝贝
Good girl

德 智 体 美 劳
勤奋好学 活泼勇敢
积极向上 表现优秀
好宝贝
Good boy

德 智 体 美 劳
勤奋好学 活泼勇敢
积极向上 表现优秀
勤劳
小宝贝
Good girl

德 智 体 美 劳
勤奋好学 活泼勇敢
积极向上 表现优秀
优秀
好宝贝
Good boy
ABC
Back to school!

德 智 体 美 劳
勤奋好学 活泼勇敢
积极向上 表现优秀
运动
小健将
Good boy
A

德 智 体 美 劳
勤奋好学 活泼勇敢
积极向上 表现优秀
小小
才艺家
Good girl

德
VIRTUE
品学兼优

智
WISDOM
好好学习
SCHOOL

体
SPORTS
健康成长

俭
THRIFTY
躬行节俭
壹角

劳
LABOR
多劳多得

美
ART
十全十美

紅 包
奖给： 小朋友
在过去一年中，该小朋友表现优异、勤奋好学，
被评为：
学习小标兵
特发此状，以资鼓励

奖给：
被评为：
优

紅 包
奖给： 小朋友
在过去一年中，该小朋友敢于动手、帮助父母，
被评为：
爸妈好帮手
特发此状，以资鼓励

奖给：
被评为：
模

积极活跃、团结同学，
贝
发此状，以资鼓励

紅 包
奖给：小朋友
在过去一年中，该小朋友乖巧贴心、体恤父母，
被评为：贴心小棉袄
特发此状，以资鼓励

懂事听话、孝顺长辈，
童
发此状，以资鼓励

紅 包
奖给：小朋友
在过去一年中，该小朋友勤于动手、积极肯干，
被评为：家庭小能手
特发此状，以资鼓励

中国平安
PING AN
保险·银行·投资
身體旺
中国平安
PING AN
保险·银行·投资
闔家旺
中国平安
PING AN
保险·银行·投资
福氣旺
中国平安
PING AN
保险·银行·投资
運氣旺

中国平安
PING AN
事業旺
財運旺
人氣旺
桃花旺

一麦
相承

五谷
丰登

谷粒
鼓励

花生
好事

金玉
满堂

知薯
达礼

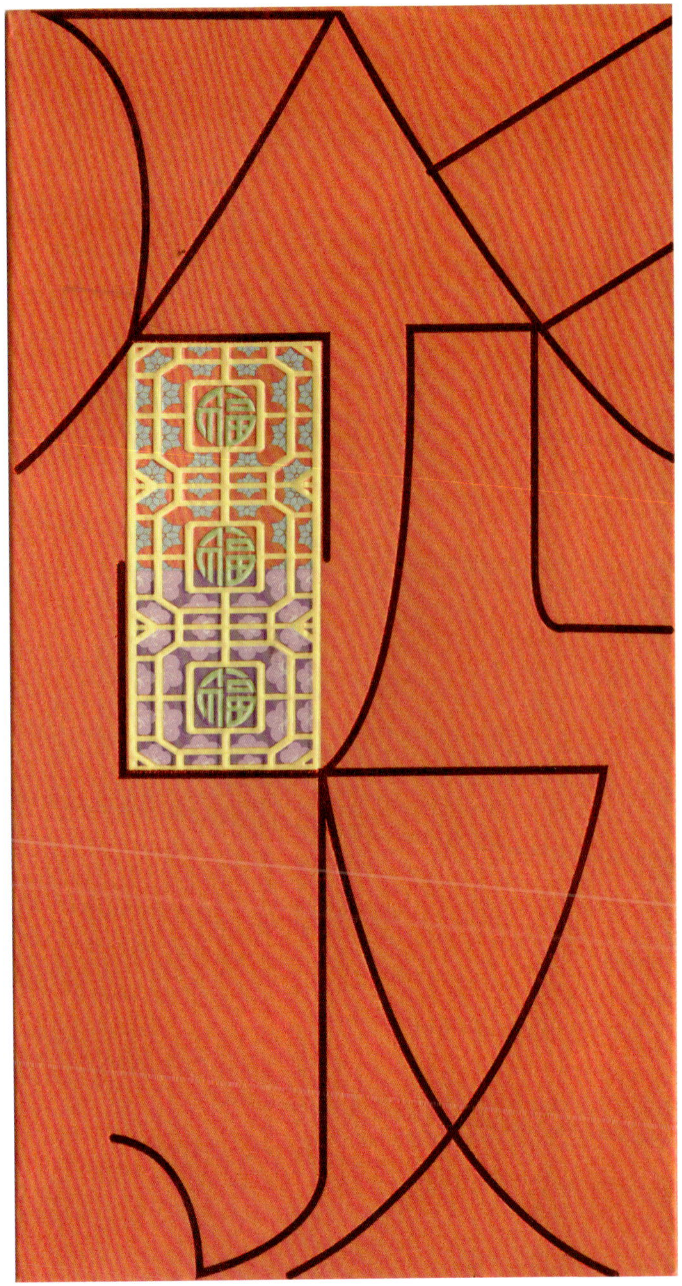

Capricorn
摩羯座
Red Envelope
Enjoy This Moment
Have a Nice Day

Aquarius
水瓶座
Red Envelope
Enjoy This Moment
Have a Nice Day

Pisces
双鱼座
Red Envelope
Enjoy This Moment
Have a Nice Day

Aries
白羊座
Red Envelope
Enjoy This Moment
Have a Nice Day

Taurus
金牛座
Red Envelope
Enjoy This Moment
Have a Nice Day

Gemini
双子座
Red Envelope
Enjoy This Moment
Have a Nice Day

Cancer
巨蟹座
Red Envelope
Enjoy This Moment
Have a Nice Day

Leo
狮子座
Red Envelope
Enjoy This Moment
Have a Nice Day

Virgo
处女座
Red Envelope
Enjoy This Moment
Have a Nice Day

Libra
天秤座
Red Envelope
Enjoy This Moment
Have a Nice Day

Scorpio
天蝎座
Red Envelope
Enjoy This Moment
Have a Nice Day

Sagittarius
射手座
Red Envelope
Enjoy This Moment
Have a Nice Day

祝
福
新年快乐
FREESTYLE
祝
福

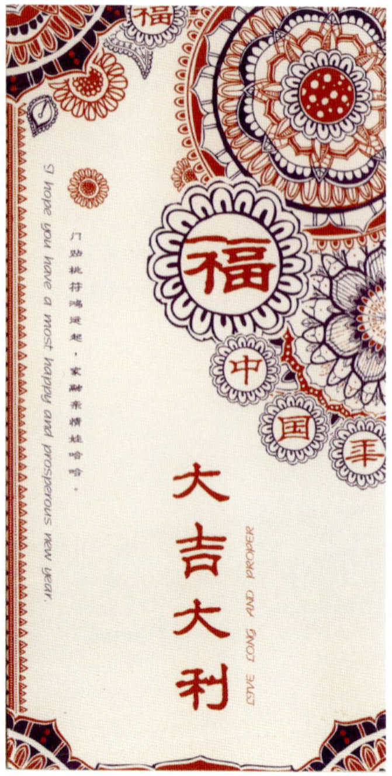
福
中
国
年
I hope you have a most happy and prosperous new year
大吉大利

万事如意
HAPPY NEW YEARS
HAPPY NEW YEAR
贺新年·庆丰收

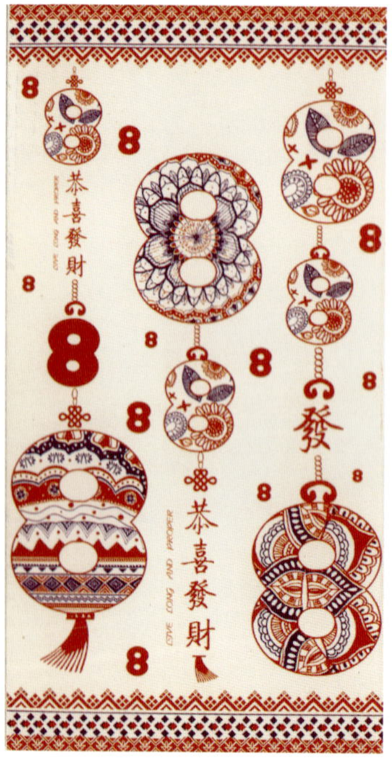
恭喜發財
發
恭喜發財

HAPPY NEW YEAR
十全十美 中国年

万福
萬事如意

發福
恭喜發財

美福
健康美麗

喜福
心想事成

余福
余錢多多

福

福

福

福

福

HAPPY
NEW YEAR
新年快樂
完賽包
FINISHED PACKAGE
JOYRUN ENJOY THE RUN
2017

HAPPY
NEW YEAR
新年快樂
悅跑圈
紅包
JOYRUN
JOYRUN ENJOY THE RUN
2017

HAPPY
NEW YEAR
新年快樂
咕咕咕咕
GU GU GU
JOYRUN ENJOY THE RUN
2017

HAPPY
NEW YEAR
新年快樂
唧唧复唧唧
JI JI FU JI JI
JOYRUN ENJOY THE RUN
2017

HAPPY
NEW YEAR
新年快樂
SUCCESSFUL PACKAGE
JOYRUN ENJOY THE RUN
2017

利是

壓歲錢

步步高升

萬事如意

歲歲平安

恭喜發財

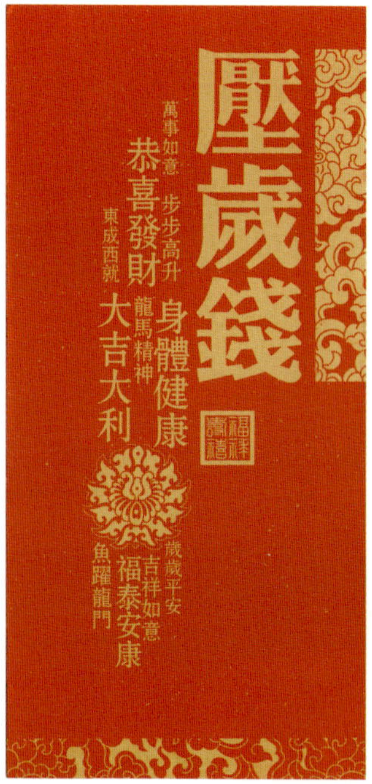
壓歲錢
萬事如意
恭喜發財
步步高升
東成西就
身體健康
龍馬精神
大吉大利
歲歲平安
吉祥如意
福泰安康
魚躍龍門

吉祥如意
歲歲平安
壓歲錢
龍馬精神
身體健康
東成西就
福泰安康
大吉大利
恭喜發財
萬事如意
魚躍龍門
步步高升

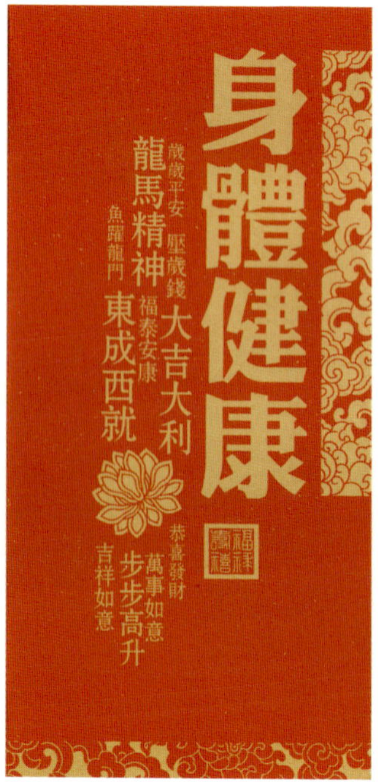
身體健康
歲歲平安
壓歲錢
龍馬精神
魚躍龍門
福泰安康
東成西就
大吉大利
恭喜發財
萬事如意
吉祥如意
步步高升

步步高升
萬事如意
壓歲錢
恭喜發財
身體健康
東成西就
龍馬精神
大吉大利
歲歲平安
吉祥如意
福泰安康
魚躍龍門

萬事如意
歲歲平安
壓歲錢
龍馬精神
身體健康
東成西就
福泰安康
大吉大利
恭喜發財
吉祥如意
步步高升
魚躍龍門

吉祥如意

身體健康

年年有余

學業進步

大吉大利

福星高照

恭喜發財

東成西就

福泰安康

龍馬精神

魚躍龍門

招
吉
福
財
旺

福
祥
富
旺
滿
財

（缩小版）

（缩小版）

掂過
碌

科科
攞

發過
頭

笑
常開

豐
足食

滿
缽滿

正到
爆

大大
利

荷
飽滿

家肥
潤

升職
加

想
事成

家
團
圓

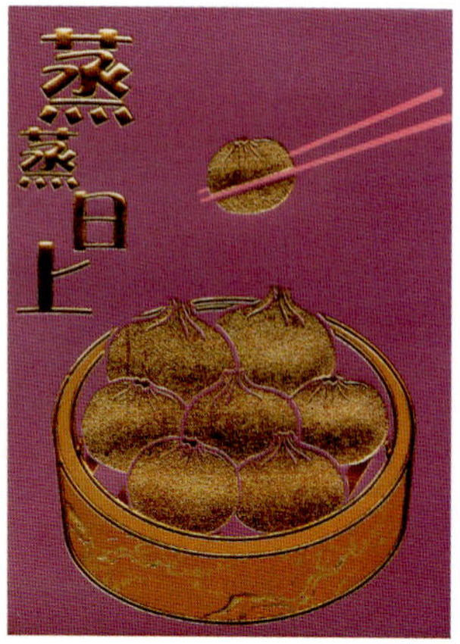
蒸
蒸
日
上

桃花旺

事業旺

福氣旺

財運旺

新年快樂

開開心心

學業進步

身體健康

快高長大

掂過碌蔗

祥
你祥子如意
你名字吉祥
吉 xiang 如意

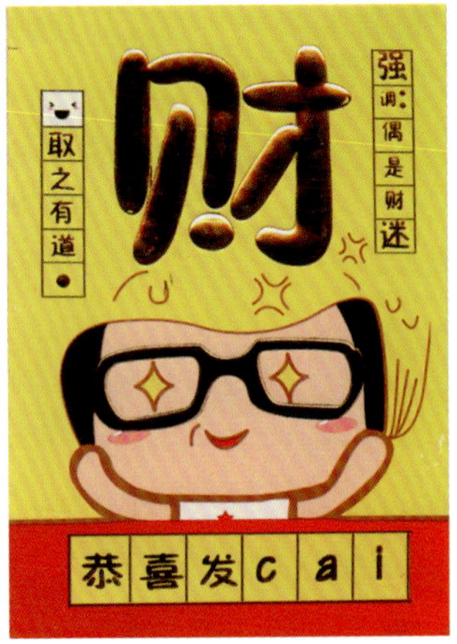
财
取之有道
强调偶是财迷
恭喜发 c a i

福
天天万事如意
时时五福临门
福 xing 高 zhao

吉
和顺一门有百福
平安二字值千金
我要大 ji 大 li

奋
目标：登上世界富豪榜
为 qian 终身奋斗

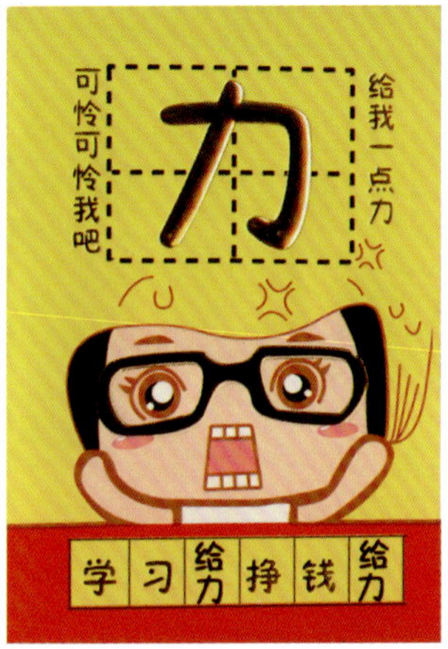
力
可怜可怜我吧
给我一点力
学习给力挣钱给力

身體健康

大吉大利

恭喜發財

萬事如意

心想事成

學業進步

（缩小版）

甜蜜
甜蜜

步步
高升

大吉
大利

笑口
常開

子孫
滿堂
福

横財
就手

大吉大利
恭喜發財
吉祥如意
心想事成
大吉大利
歲歲平安
福泰安康
身體健康
龍馬精神
心想事成
金玉滿堂
年年有余

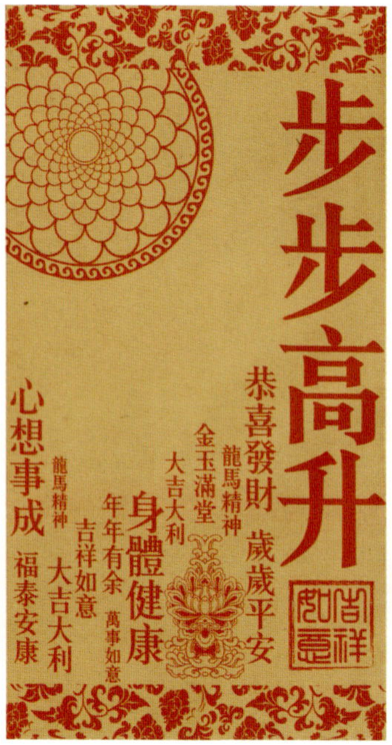
步步高升
恭喜發財
龍馬精神
歲歲平安
金玉滿堂
大吉大利
身體健康
年年有余
萬事如意
吉祥如意
心想事成
龍馬精神
大吉大利
福泰安康

身體健康
福泰安康
龍馬精神
心想事成
心想事成
年年有余
吉祥如意
萬事如意
身體健康
恭喜發財
金玉滿堂
歲歲平安
大吉大利

萬事如意

心想事成

恭喜發財

狗年旺旺

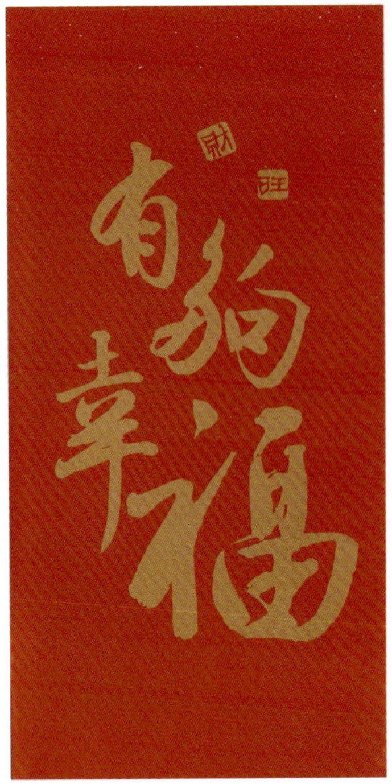
有狗幸福

荷包满满

大发好年

恭賀新春

龙马精神
HAPPY NEW YEAR

沉迷学习
日渐优秀

C位出道
HAPPY NEW YEAR

鸿运当头

（缩小版）

幸福
滿滿

巨款

隨便花

超級棒

好運來

恭喜
發財

福
豐

大吉大利

招財
好運來

Happy New Year
面到了
金
福禄寿全
Happy
年年有余
Happy New Year

POCHACCO
for Ukiuki de Wakuwaku kids
おてんきシール入り

黄金萬兩

Keroppi
HAPPY NEW YEAR
Marron Cream
Happy New Year
DIOSPADA
GUN BLASTER XTO
POCHACCO

（缩小版）

福包在我身上
白富美专用

福包在我身上
高富帅专用

爸妈赏的零花钱
HAPPY NEW YEAR

HAPPY NEW YEAR
爸妈赏的零花钱

好運常在
祝福滿袋
"袋袋"平安

好心情
恭祝年年有"魚"
學習如"魚"得水

衷心祝你
成績更高
跑步更快
身體更棒
歡樂年年

風車轉轉轉
好運滾滾來
BEST WISH

發

順

福

旺

賀

德 智 体 美 劳
最佳宝贝奖
BEST GIRL
奖

德 智 体 美 劳
最佳宝贝奖
BEST BOY
奖

Happy Baby!

Happy Baby!

招財進寶

Mermaid Magic

RULE the Seas

bold BRAVE beautiful ME

Make
Magic

Sleeping Beauty

大豐收

Special for You
Special for You
Special for You
Special for You

SNOW WHITE

RAPUNZEL & PASCAL

PRINCESS Sofia

Dream of Magic

Make your own Magic

O is for OLAF

当中国人祈求吉祥、安享吉祥的时候，红包便产生出来，并且伴随吉祥文化去演变发展自己的文化。红包，乃表达人们吉祥意识，满足人们吉祥愿望的载体也。无论红包是礼仪品、传承品，还是广告品、装饰品、收藏品……哪种类型哪种功能，不是吉祥意识的反映？哪个时期哪个方面，不是吉祥文化的体现？

吉祥篇

为吉祥而生

中国吉祥文化，是东方大国的一道独特风景。在绵延数千年的中国传统文化中，吉祥文化是一条十分重要的支流。它凝结着中国人的伦理情感、生命意识、审美趣味与宗教情怀，源远流长，博大精深。它的核心在于帮助人们更好地生活。凡是人们认为好的东西，都表现在吉祥文化之中，构成吉祥文化永恒的主题和美好的画面。吉祥文化的影响，从古至今，无处不在。

吉祥，对于中国人而言，就像水之于鱼，天空之于鸟，空气之于人。似乎没有人道得明白，中国的吉祥文化，产生于何时，源自哪里。唯一可以肯定的是，当人有了追求幸福、美好、平安愿望的时候，它们便被创造出来。而且，是通过各种手段和形式，遍及生活的各个方面。

吉祥，按照字面的解释，就是“吉利”与“祥和”。古人云：所谓“吉者，福善之事；祥者，嘉庆之征。”吉为事，祥为兆。兆于征象，成于事实。说白了，吉祥就是好兆头，就是凡事顺心、如意、美满。让人们的愿望、人们的追求，达到一种境界与境地。因此古往今来，没有人不追求吉祥。吉祥符号、吉祥物、吉祥图案、吉祥词语，就是人类创造出来的借以传达心声的道具。

当中国人祈求吉祥、安享吉祥的时候，红包便产生出来，并且伴随吉祥文化去演变发展自己的文化。红包，乃表达人们吉祥意识，满足人们吉祥愿望的载体也。无论红包是礼仪品、传承品，还是广告品、装饰品、收藏品……哪种类型哪种功能，不是吉祥意识的反映？哪个时期哪个方面，不是吉祥文化的体现？

随着岁月的流逝，历史的变迁，应该这么认识，红包封的色彩、形状、图案、词语、使用……从本质上表达的是中国人的吉祥愿望和吉祥符号。

可以说，红包为吉祥而生，为吉祥而活。它，应运而生，应时而活。我为红包点个赞：红包生得骄傲，活得自豪。

在此，不得不提湖南的品时文化创意有限公司。它是一家专门设计、制作、销售红包封的公司。一群朝气蓬勃的俊男美女，主打吉祥文化的主题。他们强烈的吉祥意识，来指导运用传统与现代相结合的视觉语言，开发出“庆雅集”“红庆祥”“禧时”等系列产品。把吉祥的精神元素融入现代设计中，使红包封这一形式得到传承与发扬，从而使吉祥文化在现代设计领域熠熠生辉。之所以，有满屋的吉祥符号，是因为，他们有满脑的吉祥文化。他们把吉祥送给了红包封，红包封再把吉祥传递给祈求吉祥的不同肤色的人们。

四季平安

心想事成

吉祥
本義作「善」解，乃美好之意。
「福也」解，乃福、祿、壽之總稱。
一帆風順 財運亨通
BNU

吉祥

吉祥

吉祥
中国銀行
珠江分行

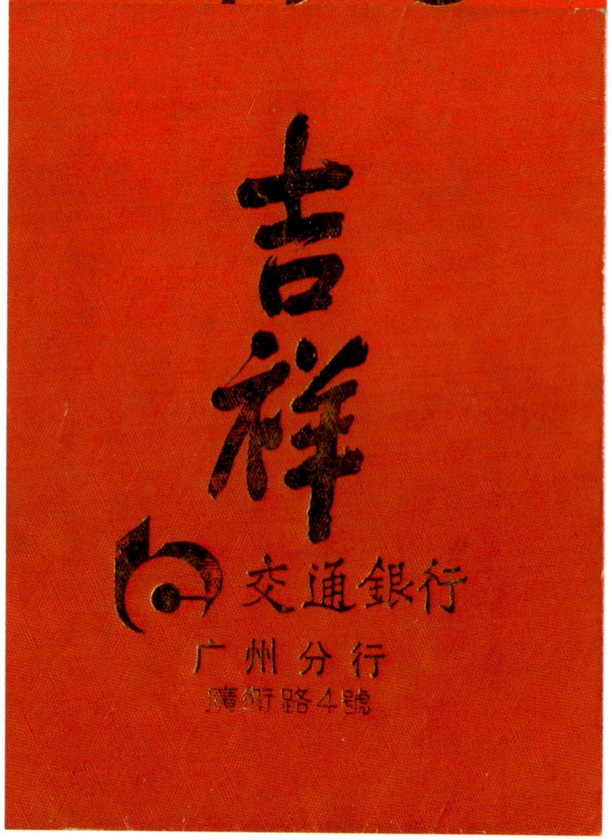
吉祥
交通銀行
广州分行
廣衛路4號

吉祥
滙業銀行
Banco Delta Asia S.A.R.L.

吉祥
大吉大利

吉祥

吉祥

吉祥
中国工商银行
广州天河支行

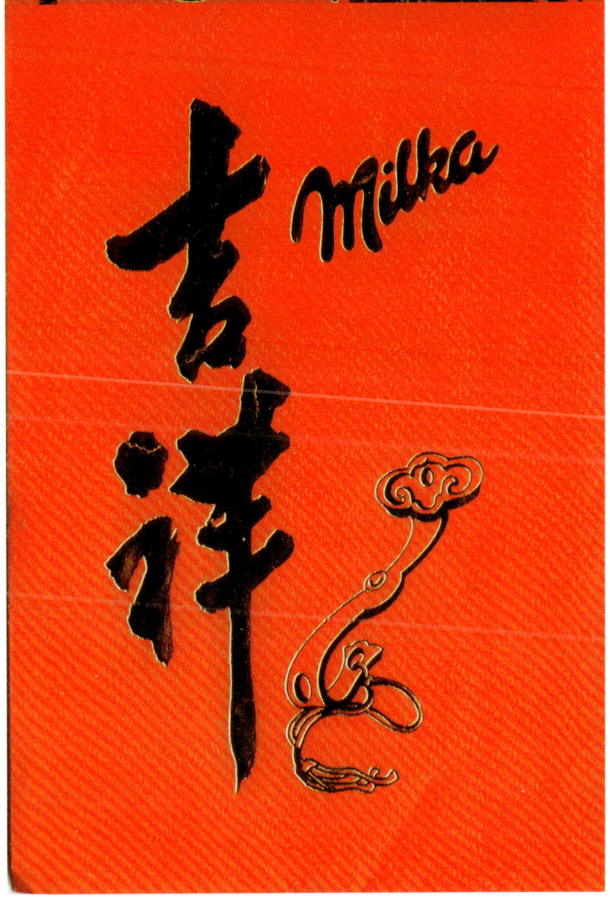
吉祥
Milka

吉祥

吉
如意
广东发展银行广州分行
GUANGDONG DEVELOPMENT BANK GUANGZHOU BRANCH
地址：广州市麓景路3号 电话：83573188转各部室

吉祥

吉祥
中国银行
BANK OF CHINA
广州市东山支行

吉祥
永亨銀行
BANCO WENG HANG, S.A.

吉祥如意
一帆風順
BEST WISHES FOR YOU

吉祥

吉祥

贰零零肆
吉祥
中国建设银行

吉祥

福
吉祥

吉祥
ICBC 工银澳门
吉祥
吉祥
吉祥
中国工商银行
五羊邨第一储蓄所
BEST WISH FOR THE NEW YEAR
吉祥
吉祥如意庆有余
恭贺新禧福满门
吉祥
农历甲申年
Holiday Inn
HOTELS · RESORTS
天天商场
TT STORE

吉祥
吉祥
Q-PETS
全城首創 寵物連鎖店
吉利
吉祥
吉祥
广州友谊商店股份有限公司
GUANGZHOU FRIENDSHIP CO., LTD.
吉祥
交通银行
香港分行

財運亨通 新春納福
吉祥
富貴有余

吉祥
BEST WISHES FOR YOU

SEASON'S GREETINGS
吉祥
花開富貴

吉祥如意
花開富貴

维客通
8msg.cn
吉祥

吉祥

吉祥
CIMB
吉祥
大吉大利 如意吉祥
吉祥
是利門雲

吉祥
福
吉祥
Best Wishes
For You
吉祥
吉祥
麒麟獻瑞
滙業銀行
Banco Delta Asia S.A.R.L.

一帆風順
如意吉祥
吉祥
吉祥
如意
CONGRATULATED THE NEW YEAR
【财源广进　大吉大利】
中国农业银行
AGRICULTURAL BANK OF CHINA
吉祥

吉祥
富
大吉大利
兴业银行
INDUSTRIAL BANK CO.,LTD.
恭喜發財
吉祥
瑞氣呈祥
鴻運亨通
Best wishes For You
吉祥
广州友谊商店

吉祥
招財
進寶

吉祥

吉祥
KCR
九廣鐵路

吉祥
HAPPY NEW YEAR
大展鴻圖

吉祥
大吉大利
中国建设银行
China Construction Bank
广东省分行

吉祥
納福

身體健
全家幸福
In the Night Garden TM & © Ragdoll WW Ltd 2007
高長大
Night Garden TM & © Ragdoll WW Ltd
活潑可愛
In the Night Garden TM & © Ragdoll WW Ltd 2007

天天開心
天真可愛
聰明伶俐
In the Night Garden TM & © Ragdoll WW Ltd 2007
笑常開
In the Night Garden TM & © Ragdoll WW Ltd 2007

一團和氣
龍精虎猛
身健體康

心想事成
學業進步
年年有餘

進
壹玖玖玖年
勝
壹玖玖玖年
福
壹玖玖玖年
祥
壹玖玖玖年
安
壹玖玖玖年

200
就
壹玖玖玖年
200
發
壹玖玖玖年
200
富
壹玖玖玖年
滿
壹玖玖玖年
財
壹玖玖玖年

Eureka
福
Eureka
春
Eureka
吉
祥

Eureka
满
Eureka
财
富
貴

福壽安康

年年有餘

松鶴延年

福
五福臨門

招財進寶

萬事如意

闔家歡樂

迎春納福

恭喜發財

福
新年快樂
Happy New Year

恭賀新禧

福
吉祥如意
恭賀新禧

萬事勝意
身壯力健
金鷄獻瑞
吉祥如意
恭喜發財

學業進步
哈樂
Harold
家庭和睦
招財進寶
富貴有余

《庆雅集》创意作品

紅紙包錢
红包变迁
記

红包变迁
記
福
彩圖燙金

不拘一格
HAPPY DAY
红包变迁
記

（缩小版）

如意
yu-i

如意
顺德农商银行

如意
中国农业银行

如意

吉祥
如意

如意
福

如意

如意
www.cdx.cc

如意
招财

如意
Standard Chartered
渣打银行

如意
BEST WISHES FOR YOU

如意

如意

（缩小版）

如意
BEST WISHES FOR YOU
如意
如意
如意
如意
如意
如意
如意
如意
如意
ICBC 工银澳门
如意
如意
MOS BURGER
如意
如意

如意
NEMOVIE

如意
HSBC
Premier

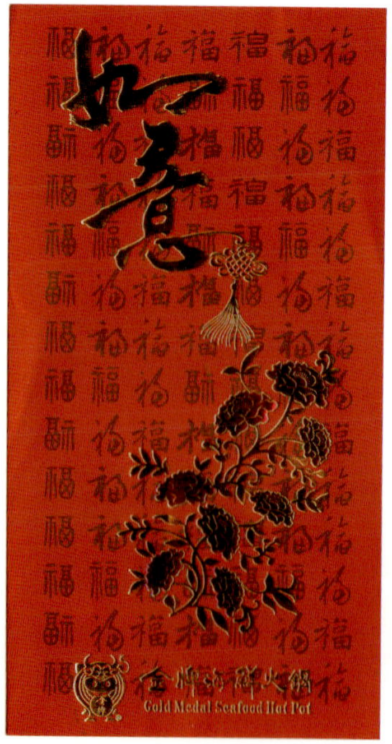
如意
Gold Medal Seafood Hot Pot

如意

花開富貴・年

吉祥
如意

吉祥如意

吉祥
如意

如意
吉祥
中国农业银行 南海市沙头支行

吉祥如意
中国银行

吉祥
如意

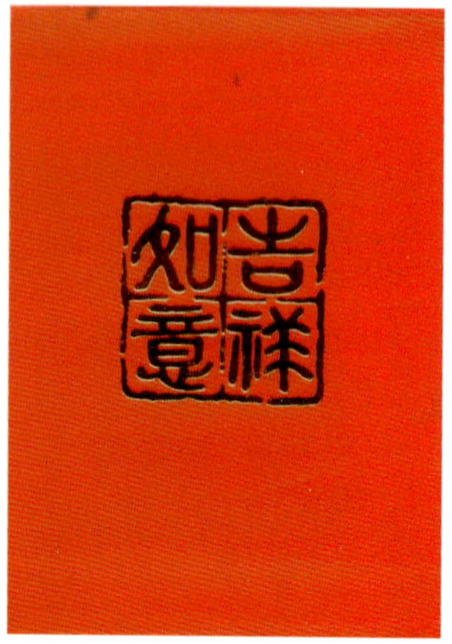
吉祥
如意

吉祥
如意

吉祥
如意

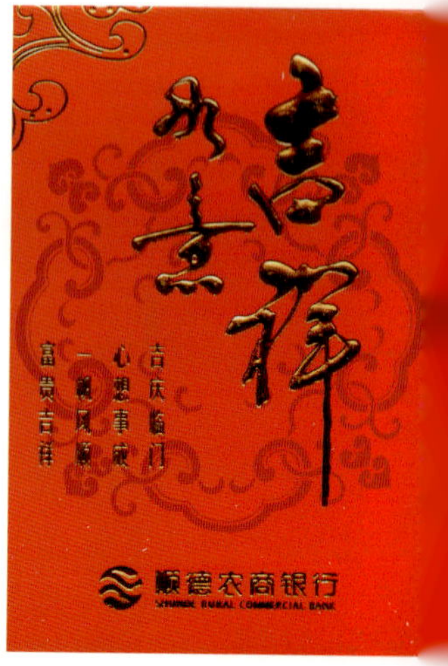
如意
吉祥
順德农商银行

如意
如意
如意
Shell
V-Power NITRO+
吉祥
吉祥
如意
吉如意祥
吉祥
如吉
意祥
吉祥
吉祥
佛山市环市农村信用合作社
吉祥
HongkongBank
滙豐銀行
吉祥
如意

HAPPY NEW YEAR

吉祥如意
祝
福

吉祥如意
嘉荣服务商场
JIA RONG SHOPPING PLAZA

福
吉祥如意

吉祥
如意
中国建设银行
China Construction Bank
东莞市分行

（缩小版）

FOR YOU!

BEST WISHES
FOR YON

吉祥如意

MISS
YOU

MISS
YOU

吉
祥

吉祥如意
佛山市南海铁烙坚货架五金制品有限公司
Tel:+86-757-86682986 81162988

吉祥如意
广东发展银行

吉祥如意
HAPPY NEW YEAR

吉祥如意

吉祥如意

吉祥如意
广东发展银行
GUANGDONG DEVELOPMENT BANK
诚信为本 相意为岸

吉祥如意
Disney's
best wishes!

（缩小版）

吉祥如意
中国工商银行 广州市北京路支行

吉祥如意
LOVELY

吉祥如意
中国工商银行 佛山市分行

吉祥如意

吉祥如意
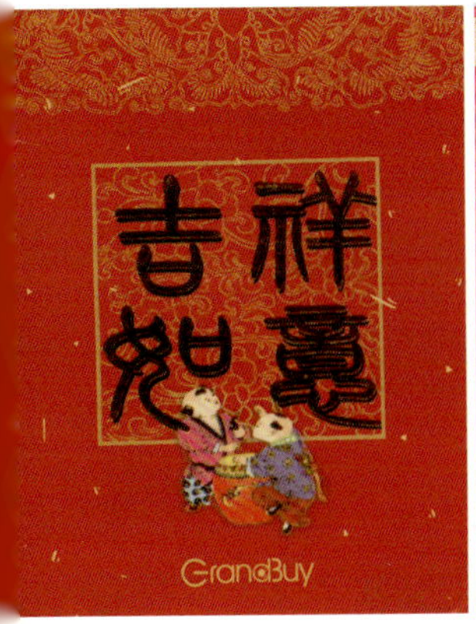
吉祥如意
GrandBuy

吉祥如意
喜迎新春

吉祥如意
恭贺新禧

吉祥如意
三雄·极光 照明 Schneider Electric

福
中国平安 PINGAN

吉祥如意

吉祥如意

吉祥如意

吉祥如意
DBS

吉祥如意

吉祥如意

吉祥如意

（缩小版）

吉祥
如意
SkyAvenue

吉祥如意
中国建设银行
China Construction Bank
广东省分行

吉祥
如意
恭喜發財
农村信用合作社
广州市赤坭信用社
中国信合

吉祥如意
GONG XI FA CAI
VICOM

吉祥
如意
SOYO
顺洋 顺洋投资控股有限公司

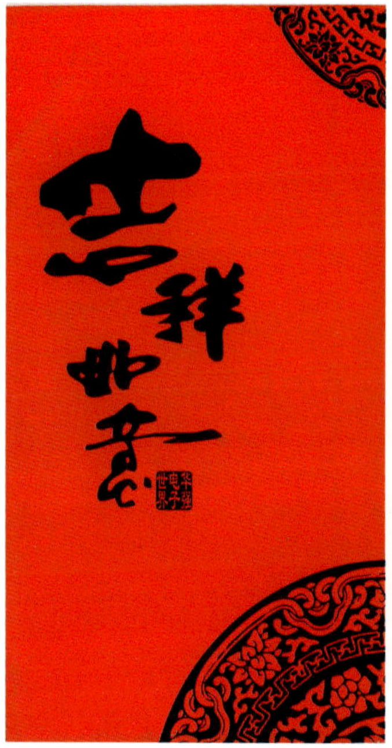
吉祥
如意

吉祥如意

吉祥如意
大慶綜合證券

吉祥如意
恭賀新禧 新春愉快
WISH YOU ALL THE LUCK IN THE WORLD
Please accept my best wishes for you

吉祥
如意
广州市商业银行
GUANGZHOU COMMERCIAL BANK

吉祥如意

吉祥
如意
中捷通信有限公司

吉祥如意
福
BEST WISH FOR THE NEW YEAR

吉祥如意
best wish for you

吉祥
如意

吉祥如意
May all the happiness and gladness surround you from this moment
SEASON' S GREETINGS

吉祥如意
福
招商银行 深圳罗湖支行
CHINA MERCHANTS BANK

吉祥如意
竹报平安

H.L Peninsula
半岛餐饮管理集团有限公司
吉祥如意

H.L Peninsula
半岛餐饮管理集团有限公司
吉祥如意
本集团已通过瑞士SGS公司
(ISO9001:2008)国际质量管理体系认证
全国统一服务热线：400-618-2868

吉祥如意
Season's Greetings and Best Wishes for the New Year

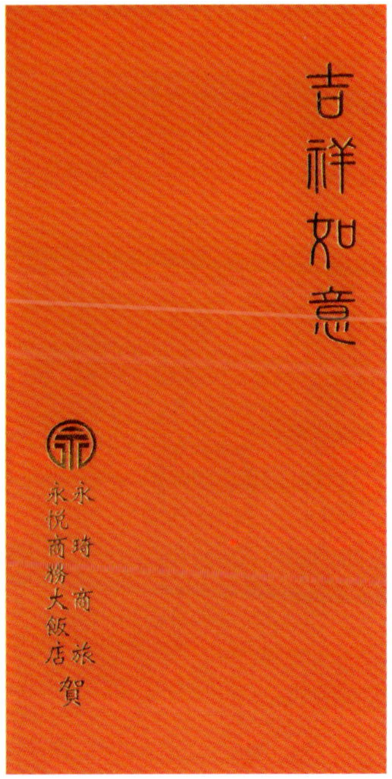
吉祥如意
永悦商务大饭店
永商旅
贺

（缩小版）

如意吉祥

如意吉祥

如意吉祥
恒隆銀行
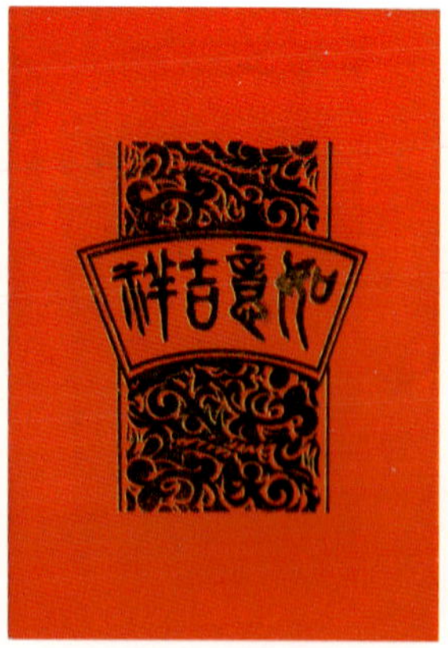
如意吉祥

如意吉祥
中国银行 香港分行

如意吉祥
中国银行 香港分行

如意吉祥
福
SINCERE

如意吉祥
福

如意吉祥

如意吉祥

如意吉祥
財源廣進

如意吉祥

如意吉祥

如意吉祥
明遠行有限公司
MING YUEN HONG LTD.

如意吉祥

如意吉祥

如意吉祥
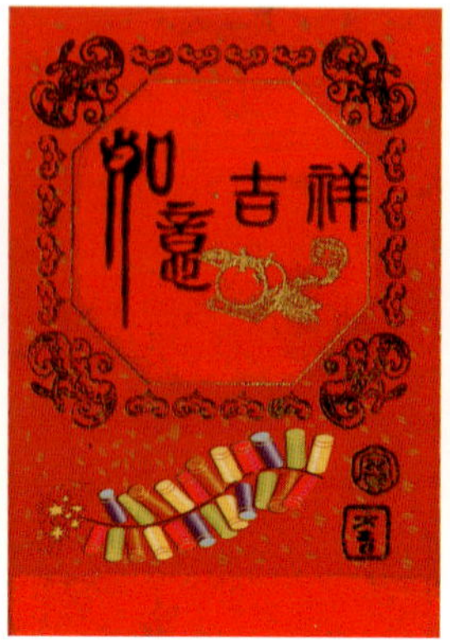
如意吉祥

如意吉祥
Deutsche Bank

如意吉祥
中国农业银行

如意吉祥
CITA

如意吉祥
如意吉祥
如意吉祥
如意
如意吉祥
交通银行 五羊支行
佛山市华美印铁制罐有限公司
如意吉祥
如意吉祥
如意吉祥
如意吉祥
如意吉祥
如意吉祥
如意吉祥
如意吉祥

（缩小版）

如意吉祥
吉祥如意
如意 吉 祥
如意 吉祥
萬事大吉
如意吉祥
吉祥 如意
如意吉祥
华厦大酒店
Hotel Landmark Canton
华厦大酒店
Hotel Landmark Canton
如意吉祥
岁岁平安
威斯广场
吉祥如意
吉祥 如意
番禺区
大石农村信用合作社
吉祥
HAPPY NEW YEAR
如意吉祥
中国工商银行
吉祥 如意
中国建设银行
China Construction Bank
如意 吉祥
广州友谊商店
如意吉祥
如意 吉祥
MACAU INSURANCE COMPANY
澳門保險
如意 吉祥

如意吉祥
永亨銀行
中国銀行 BANK OF CHINA
泰康人寿 TAIKANG LIFE
浙江興業銀行
中国工商银行 佛山分行
大吉大利
BEST WISHES FOR YOU
永亨銀行
永亨銀行

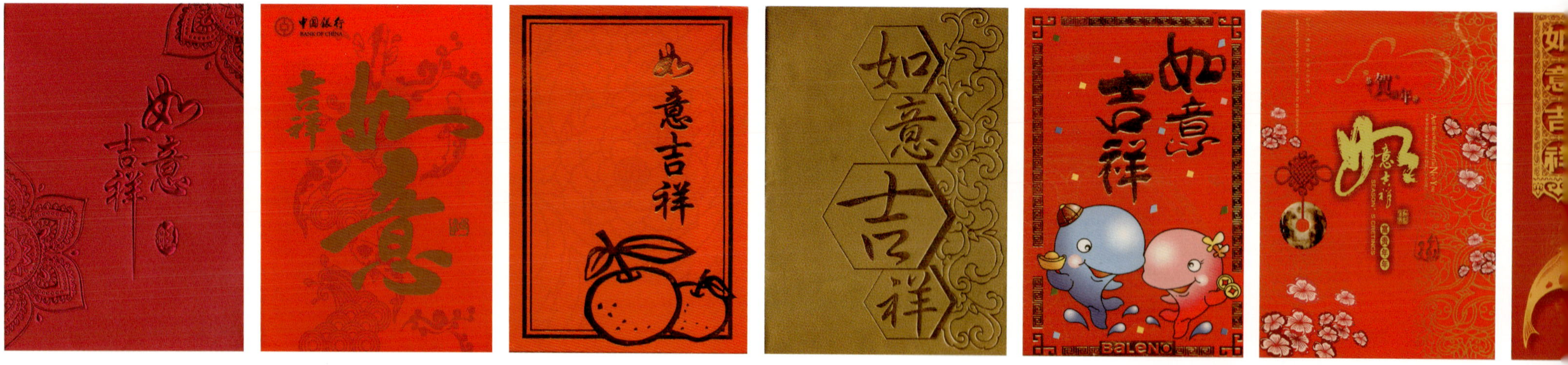

如意吉祥
中国银行
BANK OF CHINA
如意
如意吉祥
如意吉祥
如意吉祥
BALENO
如意吉祥

（缩小版）

如意吉祥
QATAR AIRWAYS
如意吉祥
Bank of America
如意吉祥
如意吉祥
如意吉祥
如意吉祥
HAPPY NEW YEAR
如意

如意吉祥
JUSCO
中国建设银行
祥吉意如
如意吉祥
鼎美兴
恭喜發財
如意吉祥
如意吉祥
南海农商银行
如意吉祥

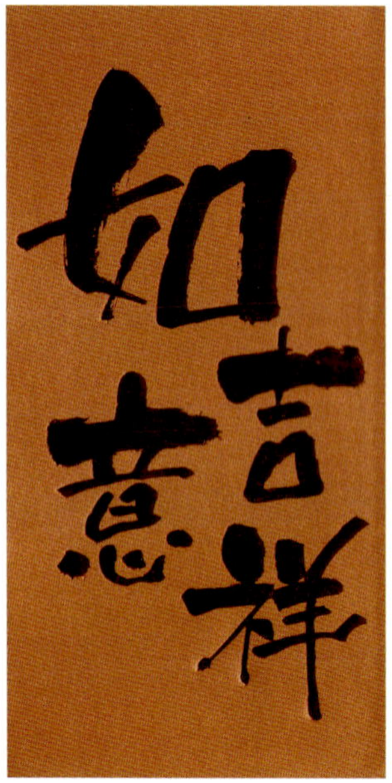
如意吉祥

如意吉祥
半島明珠

如意吉祥

如意吉祥
萬事勝意

如意吉祥

如意吉祥
發

如意吉祥
广东证券股份有限公司
GUANGDONG SECURITIES CO.,LTD.
东风东路营业部

如意吉祥
永亨銀行

如意
吉祥

如意吉祥
福

如意
吉祥
Amway

如意吉祥
3
HGC

如意吉祥
招商银行 广州分行
CHINA MERCHANTS BANK GUANGZHOU BRANCH

如意吉祥
BEIJING

swissprivilege
如意吉祥

如意
吉祥
Happy New Year

如意吉祥

如意
吉祥
BCMbank

如意吉祥
永亨銀行

魚意吉祥

如意吉祥
广州市商业银行
沙河支行

福
如意吉祥

如意吉祥

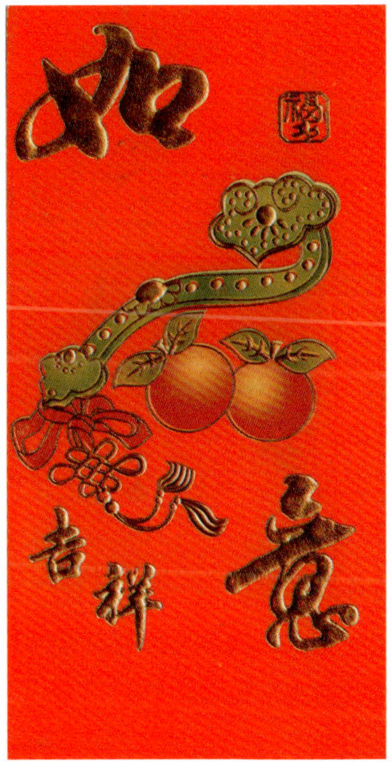
如
吉祥
意

新凯广场
IN JOY ENJOY
大吉大利

Enagic
衡康水系
大吉大利

大吉大利

大吉大利
May Care

和家庭
中国移动
China Mobile
大吉大利

大吉大利
HVB

大吉大利

大吉大利

大吉大利

大吉大利

大吉大利

祝
大吉大利
恭賀

红包有关数字的吉祥含义

7.21、72.1、721——亲爱的
3.4、34——相思
34.56、3456——相思无用
7.75、77.5、775——亲亲我
7.70、77.0、770——亲亲你
53770——我想亲亲你
8.85、88.5、885——抱抱我
80.50、8050——抱你吻你
2.58、25.8、258——爱我吧
5.20、52.0、520——我爱你
2.40、24.0、240——爱死你
24.06、2406——爱死你啦
52.40、5240——我爱死你
12.40、1240——最爱是你
19.20、1920——永久爱你
20.19、2019——爱你已久
20.99、2099——爱你久久
584520——我发誓我爱你
1314925——一生一世就爱我
1392010——一生就爱你一个
1.35、13.5、135——要想我
3.60、36.0、360——想念你
5.30、53.0、530——我想你
53.40、5340——我想死你
34.06、3406——想死你啦
100.1——百里挑一
1001——千里挑一
13.14、131.4、1314——一生一世
1.47、14.7、147——一世情
15.73、1573——一往情深
17.11、1711——一心一意
1.65、16.5、165——原谅我

红包吉祥词

恭贺新禧	恭贺新年	谨贺新年	新年进步	新年快乐	新春大吉	新春如意	新春纳福
新春送福	新春福旺	迎春接福	迎春纳福	迎春建福	迎新纳福	迎新贺春	春和景明
春回大地	春到人间	春到福来	春暖花开	户纳春风	阖家安康	阖家欢乐	阖家幸福
幸福连年	幸福好年	佳景年年	鸿运年年	富贵年年	好运连年	年年好运	欢乐年年
四海欢歌	欢天喜地	团团圆圆	圆圆满满	开开心心	开心快乐	年在一起	岁吉年祥
岁丰人寿	丰衣足食	五谷丰登	风调雨顺	葫福芦满	家肥屋润	百花齐放	醒狮报喜
四时吉庆	四季进财	六六大顺	七星报喜	八节安康	岁岁平安	代代平安	四季平安
合家平安	出入平安	百福平安	富贵平安	平安大吉	平安吉祥	平安多福	平安是金

福满人间	福满乾坤	福到万家	福照家门	福泽人群	福泽绵绵	福星高照	福星照引
福运齐来	福运亨通	福至心灵	福随心至	福乐常在	福满画堂	福禄满堂	福临百业
福临吉庆	福至生辉	福到财广	迎福接财	礼到福来	鸿福常满	鸿运百福	富贵纳福
开心接福	天官赐福	五福临门	百福临门	百福呈祥	百福具臻	门迎百福	万福齐迎
万福齐临	万福万利	平安是福	康泰是福	安宁是福	常乐是福	富贵是福	食得是福
捐得是福							

吉祥如意	万事如意	万事胜意	事事如意	事事顺意	诸事如意	诸事大吉	诸事顺利
如意吉祥	吉瑞永驻	紫气东来	神来气旺	神采飞扬	神清气爽	喜气盈门	喜事满堂
吉庆满堂	满堂富贵	快乐同喜	瑞意居安	风光胜旧	户纳千祥	万象更新	瑞气呈祥
祥瑞临门	兴旺发达	五德昌盛	五世其昌	荣华富贵	富贵有余	富贵万年	富贵吉祥
大富大贵	奋斗富强	海纳百川	皆大欢喜	一团和气	笑口常开	知足常乐	活泼可爱
聪明伶俐	好好学习	天天向上	学业进步	学业猛进	学业有成	成就学业	逢考必过
金榜题名	名列前茅	鱼跃龙门	学富五车	品学兼优	健康成长	快高长大	祝君好运
步步高升	飞黄腾达	大展鸿图	鸿运当头	鸿运亨通	鹏程万里	一飞冲天	C 位出道
前程似锦	锦绣前程	锦上添花	好事成双	喜从天降	如鱼得水	得心应手	心想事成
梦想成真	愿望成真	一帆风顺	时来运转	官上加官	声名远播	誉满全球	扬威海外
春风得意							

恭喜发财	行运发财	财运广发	财运亨通	财来运到	财源广进	财源滚滚	财如浪至
恭喜花财	生意兴隆	招财进宝	招财纳福	有财有福	金玉满堂	金福满堂	金银满屋
滋味满屋	财禄满贯	金利齐来	迎金接福	财福双全	大吉大利	大菇大利	大吉利是
利是大吉	兴旺财广	旺气冲天	大鱼大利	年年大利	年年有余	连年有余	莲年有余
年年发达	金喜连年	一本万利	开门大吉	开市大吉	室上大吉	门庭若市	客似云来
货如轮转	劲获盈利	日进斗金	横财就手	荷包饱满	黄金万两	百业振兴	百业腾飞

风生水起　名利双收　名成利就　东成西就　升官发财　和气生财　心诚则赢

天作之合　百年好合　天缘巧合　金石同心　永结同心　心心相印　永浴爱河　相亲相爱
美满姻缘　美满良缘　喜结良缘　佳偶天成　天生一对　幸福美满　喜福美满　百年偕老
珠联璧合　相敬如宾　宜室宜家　花好月圆　月圆花好　花开并蒂　凤凰于飞　才子佳人
琴瑟和鸣　鸾凤和鸣　龙凤呈祥　龙飞凤舞　龙腾凤舞　鸳鸯福禄　喜寿福禄　甜甜蜜蜜
双喜临门　喜上眉梢　花开富贵　富贵花开　青春常驻　驻颜有树　美丽承传　早生贵子
连生贵子　儿孙满堂　子孙满堂　百子千孙　弥月之喜　喜获麟儿　天赐麟儿　天赐石麟
喜叶弄璋　弄璋志喜　麟趾呈祥　祥瑞弄璋　英声惊座　啼试英声　德门增辉　明珠入掌
掌上明珠　喜颜如玉　弄瓦征祥　弄瓦志喜　祥瑞弄瓦　喜得千金　缘凤新雏　玉燕钟祥
庆衍龙女

寿比南山　寿比松龄　寿如日升　福如东海　寿富康宁　如松柏茂　齐天洪福　天赐遐龄
松鹤延年　福寿安康　福寿康宁　福寿平安　幸福康泰　久久安康　四季安康　富泰安康
福禄寿喜　福禄寿全　福寿双至　福寿双全　福寿满堂　三星拱照　多福多寿　长命百岁
万寿无疆　生日快乐　身体健康　身体棒棒　身壮力健　健康满屋　青春无敌

乔迁之喜　美轮美奂　雕梁画栋　栋宇连云　华堂集瑞　长发其祥　潭第鼎新　昌大门楣
甲第征祥　气象维新　辉生画栋　辉增堂构　竹苞松茂　斯千之吉　华堂焕采

金鼠贺岁　灵鼠献瑞　顺风顺鼠（水）　金牛纳财　金牛接福　金牛满屋　牛（扭）转乾坤
一牛（路）风顺　牛气冲天　旺虎（福）旺年　福虎生丰　虎虎生威　虎跃龙腾
扬眉兔（吐）气　百花兔（吐）艳　宏兔（图）大展　龙腾瑞气　龙腾虎跃　龙精虎猛
生龙活虎　龙马精神　龙舞福瑞　龙图天下　龙跃千禧　锦蛇贺年　金蛇狂舞　画蛇添福
蛇灿连发　马到功成　马到成功　万马奔腾　骏马奔腾　马踏飞燕　得意羊羊（洋）
羊羊（洋）得意　名羊（扬）四海　吉羊（祥）如意　神采飞羊（扬）　三羊（阳）开泰
三羊（阳）启泰　三羊（阳）和谐　喜气羊羊（洋）　喜乐羊羊（洋）　金猴腾祥
金猴献桃　封猴（侯）拜爵　迎猴（侯）晋福　猴（后）起之秀　猴王当道　金鸡报喜
金鸡献瑞　鸡（吉）祥如意　万事大鸡（吉）　狗年旺旺　灵獒贺岁　狗旺得福　吉犬招财
猪（珠）光宝气　猪笼入水　猪肥屋润　金猪御赐

一本万利　二人同心　三元及第　四季平安　五谷丰登　六合同春　七子团圆　八仙上寿
九世同堂　十全富贵
天天开心　时时快乐　分分精彩　秒秒幸福

幸福生活，一定要有物质基础。所以，红包一出现在中华大地，就祈求生意兴隆，开市大吉；招财进宝，财源广进；日进斗金，一本万利；和气生财，心诚则赢……福禄寿喜财，一起进门来。见面说一声“恭喜发财”，努力奋斗生财有道的事，天经地义，无可厚非。

發財
年祥福氣盛 ◆ 業旺財源廣
SOCIETE GENERALE
Corporate & Investment Banking

发财篇

不想发财的不是你

过年了，到处都在播放“恭喜发财”的祝福歌；拜年啦，到处都是“恭喜发财，红包拿来”的祈福语。

是啊，开店的、做小生意的、经营公司的；外地的、打工的、当老板的；小职员、大干部、首长领导，谁不喜欢“财神爷”？谁不欢喜“发财”？

其实，发财之心，人人有之，且早已有之。先秦时期就有近乎“恭喜发财”的词句了。我们常说的“恭喜发财”，是希望对方发财，大家发财，走向幸福之路；是人们极为美好的祝愿。

祝好事、祝生活、祝前程、祝身体、祝事业、祝老人、祝小孩……好多好多的祝福语，对于不论过去求丰衣足食、安居乐业的传统者，还是现在奔小康、求复兴的现代人来说，最最实实在在的还是这句流传最广的“恭喜发财”。

“恭喜发财”，最早源自清末时期的广州外贸十三行。广东商人和外国人做生意，经常是钱不离口。19 世纪初，一个名叫威廉的英国青年，根据自己的所见所闻，写了一本《番鬼在广州》的书。书中写道：在清代，广州一些吃洋务饭的中国人，每逢过年时，都会到商馆里去拜年，一进门便不停地讲着“恭喜发财”。此后，“恭喜发财”一语，便随之传遍国内外，如今已风行祖国大江南北。这句用英文记录下来的“恭喜发财”，成了中国第一句走向世界的祝福语。

从曾经的温饱年、旺旺年，到发财年，如今，尽管人们的生活日趋丰衣足食，但对美好生活的愿望，永远是我们矢志不渝追求的目标。而发财文化的传播，无论是精神还是物质层面，正是我们对幸福生活的期许。

幸福生活，一定要有物质基础。所以，红包一出现在中华大地，就祈求生意兴隆，开市大吉；招财进宝，财源广进；日进斗金，一本万利；和气生财，心诚则赢……福禄寿喜财，一起进门来。见面说一声“恭喜发财”，努力奋斗生财有道的事，天经地义，无可厚非。

又是广州，2017 年，《财富》全球论坛举行。在进入“财富”的时间里，与会嘉宾，其中不少的人是全球商界领袖，用主题是《开放与创新：构建经济新格局》——这一新时代的“财神爷”，来发掘新财富。他们无时无刻不在期待：财源滚滚来。

红包封上的吉祥语，不乏“求财、祈财、招财、纳财、发财、有财”等等金利齐来、财福双全的声音。庆幸的是，也有“惜财、怜财”的“年年有余”。

每逢过年，我国北方地区家家户户都会张贴这样一幅画：一个大胖小子，面带笑容，手持莲花，脸蛋红扑扑地抱着一条大鲤鱼。这样的年画，被称作《年年有余》。这幅画寓意深刻。简单地说，就是取“莲”与“年”的谐音，“鱼”和“余”的同音，寓意“年年都有剩余，一年比一年好”。年画中，体现着老祖宗对后辈人的训导：保持和发扬艰苦朴素、勤俭节约的作风。生活要有计划，不能吃光用光。即使进宝了，发财了，小康了，复兴了，也要岁岁今朝，年年有余。

發財

奋斗富强
丰收年

餘
Gong Xi Fa Cai

年年有余

The Singapore Mint
年年有余

年年有餘

播下希望的种子 收获沉甸甸的喜悦
年年有余

中国建设银行
China Construction Bank
广东省分行

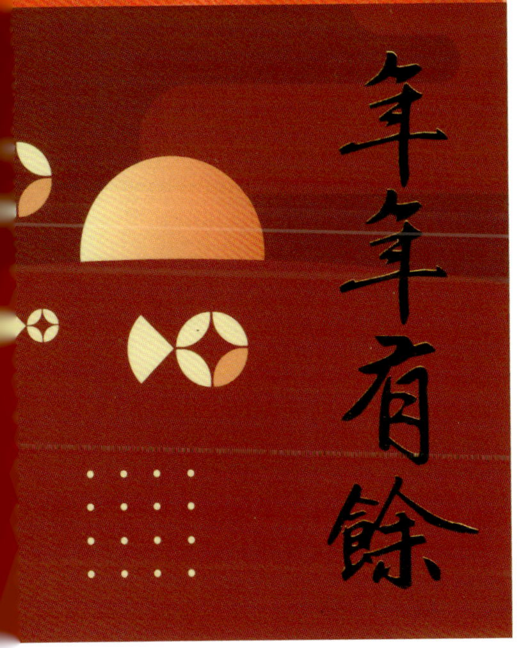
年年有餘

年年
有餘

中国
傳統
節日
年年有余
广州市农村信用合作社

兴业银行
INDUSTRIAL BANK CO.,LTD.
顺德支行
年年有馀

年年有餘
觀塘區議會致意
年年有餘
恭賀新禧
年年有
廣州市科技城市信用社
地址：廣州市天河廣州大道81號
電話：7500047，7580309
年年有餘
廣星傳訊
Kong Seng
年年有餘
年年有餘
大新銀行
大新人壽
大新金融 理財之選

年年有餘
港湾百
連年有餘
年年有餘
教文出版社
寶印務有限公司
源紙業文具行
電話：66821380
年年有餘
大新銀行
大新人壽
大新保險
大新金融　理財之選
MeadJohnson Nutritionals

吉慶有餘
澳門國際銀行
年年有餘
中國農業銀行北秀支行
地址:广州市小北路133号
年年有餘
新光酒楼(集团)有限公司
年年有餘
Allied Capital Resources Ltd.

庚辰新春
南強行珠寶首飾公司
遠東珠寶集團有限公司
年年有餘

年年有餘
POLICIA
年年有餘
顺德市信用社
THE CREDIT COOPERATIVES OF SHUNDE

年年有餘
摩卡
Mocha

年年有

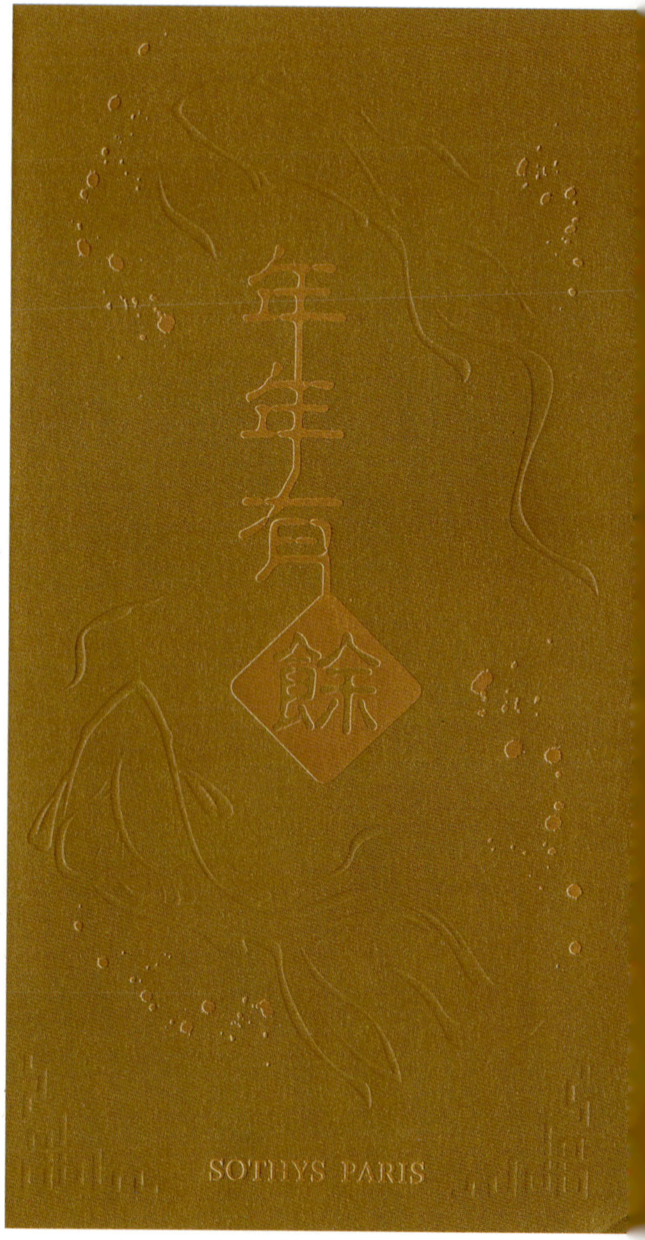
年年有
餘
SOTHYS PARIS

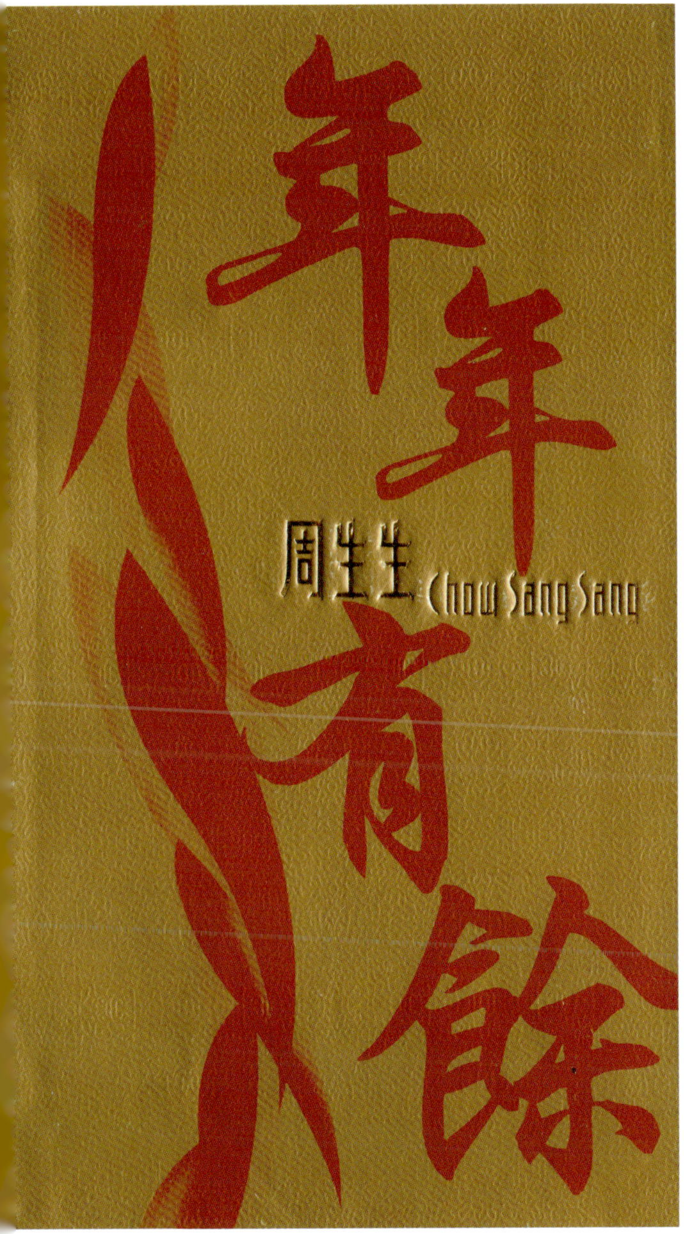
年年有餘
周生生 Chow Sang Sang

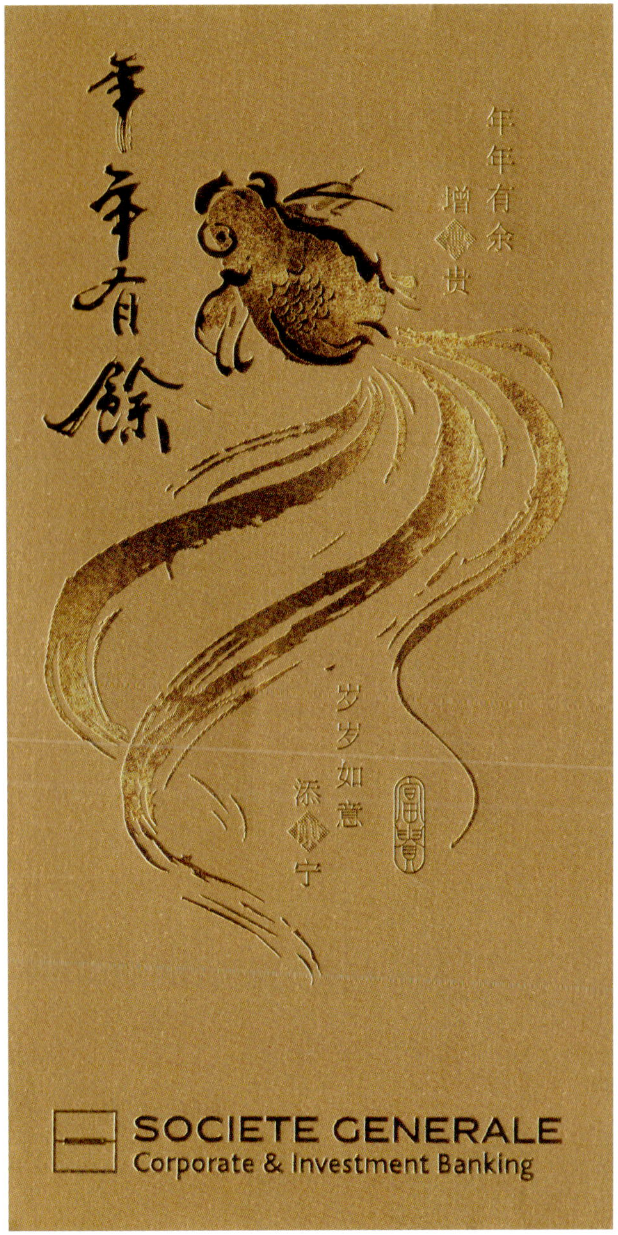
年年有餘
年年有余
岁岁如意
SOCIETE GENERALE
Corporate & Investment Banking

年年有餘

年年有餘
澳門國際銀行
LUSO INTERNATIONAL BANKING LTD.
年年有餘
TKL
大舊佬運輸有限公司
Tai Kow Lo Transportation Co. Ltd.
瑞士糖祝你
年年有餘

万菱广场
Onelink Int'L Toys&Gifts Wholesale Market
年年有余
HAPPY NEW YEAR·恭贺新禧
年年有余
ABM
大家好批发经济市场
ALL BEST MARKET
(MA 0027190-W)
Elite
尊貴理財
年年有餘
永亨銀行

年年有餘
WestLB
西德意志州銀行

年年有餘
祐財錶飾珠寶金行
澳門科英布拉街328號
金苑大廈地下S座
電話:(853)2875 3168、2875 3138

年年有余
屈臣氏 Watson's

年

余
通信
BILE
年年有餘
Coca-Cola
年年有餘
BNU
Banco Nacional Ultramarino
大西洋銀行
年年有餘
科滙
Memec

蓮年有餘
年年有餘
CHINESE 中藝 ARTS & CRAFTS
年年有餘
年年有余

年年有餘
年年有餘
年年有餘

年年有余
源源不絕
年年有餘
CLP 中電
年 年 有
Premier

年年有餘
年年
一帆風順年年好
有餘
財
萬事如意步步高
中捷通信有限公司
福
年年有餘
年年有余
WWW.YISHION.COM

年年有餘
年年有餘
年年有餘

年年有餘
年年有餘
春
年年有餘

年年有餘
ICBC (Asia)
工銀亞洲

年年有餘
HGC
和記環球電訊

年年有餘
Standard Chartered

年年
有餘

年年有餘

福
顺德农商银行
SHUNDE RURAL COMMERCIAL BANK

年年有餘
年年有餘
播下希望的种子 收获沉甸甸的喜悦
年年有余

GOOD LUCK AND HAPPINESS TO YOU

年年有魚！
年年有魚
Standard
Chartered
渣打銀行
年年有

ABN·AMRO
年
年
有
駿河行珠寶
スン カ コウ
年年有
SHARK
BITES TOAST
木瓜牛乳.創意土司.鬆餅專賣店

恭喜發財

恭喜發財

恭喜發財

恭禧發財
福

恭禧發財
福

恭禧發財
福

（缩小版）

恭喜發財

恭喜發財

恭喜發財

恭喜發財
大豐銀行
澳門新馬路

福
恭喜發財

恭喜發財

恭喜發財

恭喜發財

恭喜發財

恭喜發財

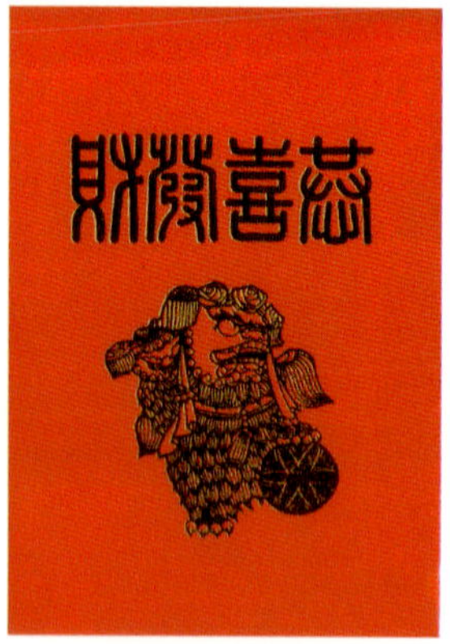
恭喜發財

福
恭喜發財
中国建设银行
长安支行

恭喜發財

恭喜發財
周大福珠寶金行

恭喜發財
福

恭喜發財

恭喜發財

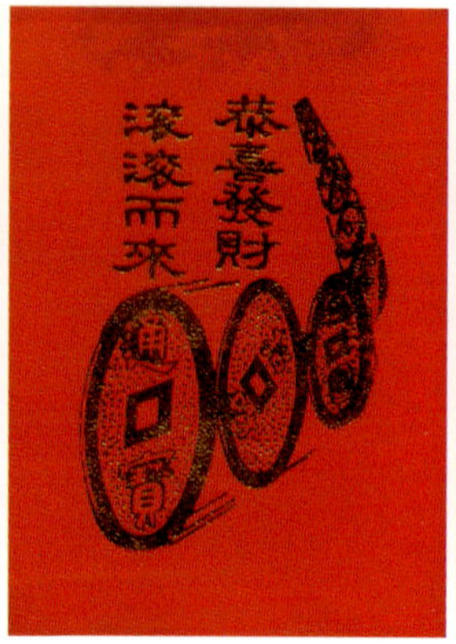
恭喜發財
滾滾而來

恭喜發財
滾滾而來
BNP
法國國家巴黎銀行

（缩小版）

財發喜恭
財發喜恭
恭喜發財
三和銀行
KUNG HAI FAT CHOI
恭喜發財
福
恭喜發財
財
恭喜發
財
恭喜發
恭喜發財
大華有限公司
恭喜發財
MACAU JOCKEY CLUB
恭喜發財
BIG
恭喜发财
恭喜發財
香港大丸
永興隆珠寶金行
恭喜發財
生意興隆
發恭財喜
財
恭喜發
恭喜發財
發恭財喜
AMERICAN INTERNATIONAL ASSURANCE CO., LTD.
GUANGZHOU BRANCH
生意興隆
發恭財喜
恭喜發財
新鴻基
地產發展有限公司
恭喜發財

恭喜發財
福
交通銀行
香港分行

恭喜發財

恭喜發財

發

財發喜恭
財

恭喜
發財

恭喜发财

SEASON'S GREETINGS
BEST WISHES FOR YOU

恭喜發財
彩虹水晶店

恭喜
发财
watsons
屈臣氏

恭喜發財
恭賀新禧

恭喜發財

南海市农村信用社

恭喜發財

恭喜
發財

中国农业银行 佛山南海支行

（缩小版）

恭喜發財
恭喜發財
HOTEL PRESIDENTE MACAU
恭喜發財
萬事如意
恭喜發財
招財利市
大吉大利 吉祥如意
Happy Every Day
恭喜發財
恭喜發財
恭喜發財
中国农业银行 广州市白云支行
AGRICULTURAL BANK OF CHINA
恭喜發財
財神到
恭喜发財
HAPPY NEW YEAR
恭喜发財
万事如意
心想事成
HAPPY NEW YEAR
恭喜發財
恭喜发財
中国銀行 广州市白云支行
恭喜發財
恭喜發財
中国建设银行
China Construction Bank
恭喜發財
恭喜發財
創興銀行
恭喜發財
創興銀行
福
恭禧發財
广州一江化工有限公司

（缩小版）

恭
喜
發
財

恭喜發財
新年快乐

恭喜发财

恭喜
發財

恭喜發財
如意

恭喜發財
賀

恭喜
發財
中国银行 番禺支行
BANK OF CHINA PANYU BRANCH

恭喜
發財

恭
禧
發
財

恭喜發財
如意

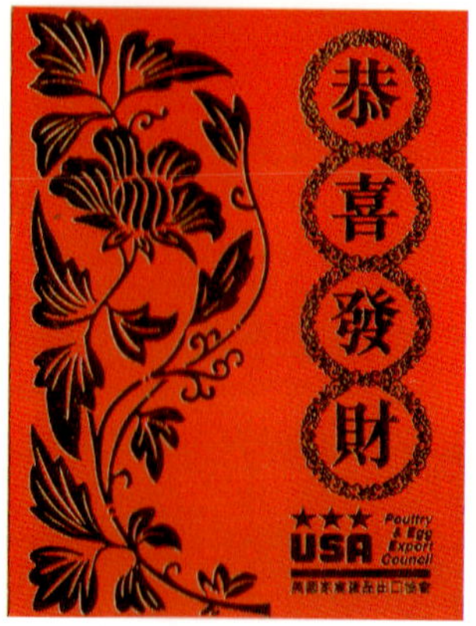
恭
喜
發
財
USA

恭喜
發財

恭喜发财
中国工商银行

BEA東亞銀行
恭喜
發財

恭禧發財
HappyNew Year!

恭喜
發財

好又多量贩
TRUST-MART
恭喜发财

恭喜發財

澳門國際銀行
LUSO INTERNATIONAL BANKING LTD.
恭喜
發財

恭喜發財
賀
恭喜發財
BNU
大西洋银行
恭喜發財
BNU
大西洋银行
恭喜發財
Happy New Year
恭喜發財
恭喜發財
BNU
恭喜發財
恭喜
發財
恭喜發財
中国移动通信
CHINA MOBILE
移动通信专家
恭喜发财
恭禧發財
財
恭喜發財
恭喜发财
恭喜
發財
清新县农村信用社
恭喜發財
恭喜
发财
大吉大利
恭喜发财
財
源
广进
恭喜发财
好又多量贩
TRUST-MART
恭喜发财

（缩小版）

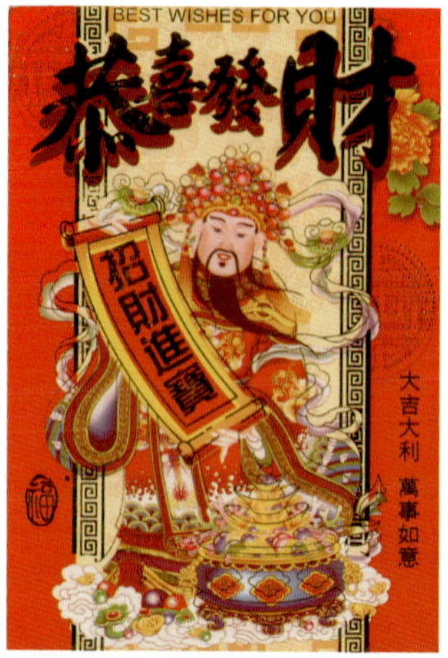
BEST WISHES FOR YOU
恭喜發財
招財進寶
大吉大利
萬事如意

恭喜发财
恭喜发财
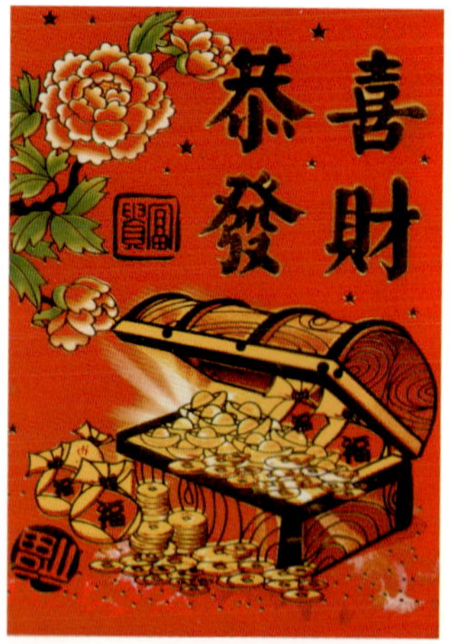
恭喜
發財

恭喜发财

恭喜發財

恭喜发财

恭喜發財

melody
恭喜發財

达能
光明
恭喜发财

恭喜发财

恭喜發財
中国工商银行

恭喜
發財
中国农业银行
AGRICULTURAL BANK OF CHINA

恭喜发财

恭喜發財
财神到
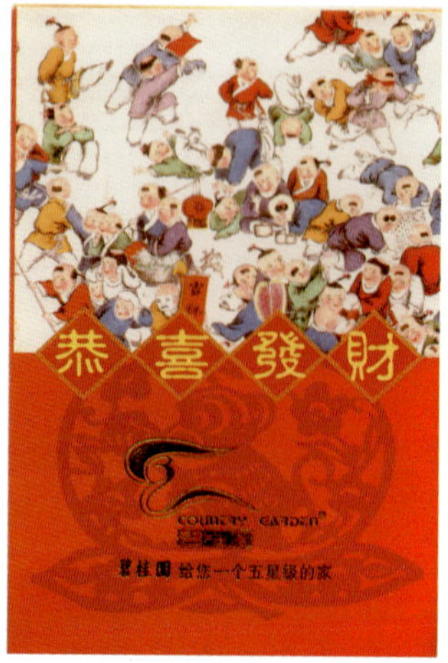
恭喜發財

Best wish for the new year
恭喜發財

恭喜發財
澳門博彩股份有限公司
SOCIEDADE DE JOGOS DE MACAU, S.A.

恭喜發財
深圳西武
SEIBU

恭喜發財
华盛彩
专业冲印连锁店
婚纱艺术摄影城
HUA SHENG COLOR

Happy New Year
身體健康
恭喜發財

Happy
NEW YEAR
恭喜發財

恭喜發財
財神到
虹橋海鮮酒家

恭喜发财
中国移动通信
CHINA MOBILE

恭喜發財

恭喜发财

恭喜發財
Friend

恭喜發財
广南超市

恭喜發財
吉祥如意
身体健康

恭
喜发财
万事如意
BEST WISHES FOR YOU

恭喜發財

恭 Gong
喜 Xi
發 Fa
財 Cai

恭喜發財
Seng Heng Bank Limited
誠興銀行

恭喜
發財

恭喜發財

恭喜
發財
發財錶飾珠寶金行

恭喜
发财

恭喜发财
財
賀

恭喜發財
招财进宝
中国银行 广州市东山支行
BANK OF CHINA

恭 喜
發 財
中国农业银行 广州市天河支行
AGRICULTURAL BANK OF CHINA

財
恭禧
發財

恭喜發財
招商银行 东风支行

Happy
New
Year
恭喜發財
SEASON'S GREETINGS AND BEST WISHES OF THE NEW YEAR

發
福
Season's Greetings and Best Wishes for the New Year

恭喜
寶
發財

恭喜發財

恭喜发财
过年
HAPPY NEW YEAR

恭喜發財
財神到

恭喜發財

恭喜发财
大鱼大利

福
恭喜發財
萬事亨通
身體健康
HAPPY NEW YEAR

恭喜发财
發
中国建设银行
China Construction Bank

恭喜发财
中国银行 广州市白云支行

恭喜發財

恭
財 發
禧

恭喜發財

恭喜
发财

恭喜发财
招商银行

恭喜
發財

恭喜
發財

May Your Coming Year
be filled with Happiness
恭喜發財
財源廣
迎春接福
福滿堂

恭喜
發財
福

恭喜發財
VERTU

NUANCE
KUNG HEI
FAT CHOI

恭喜發財
PDL
優質電器配件

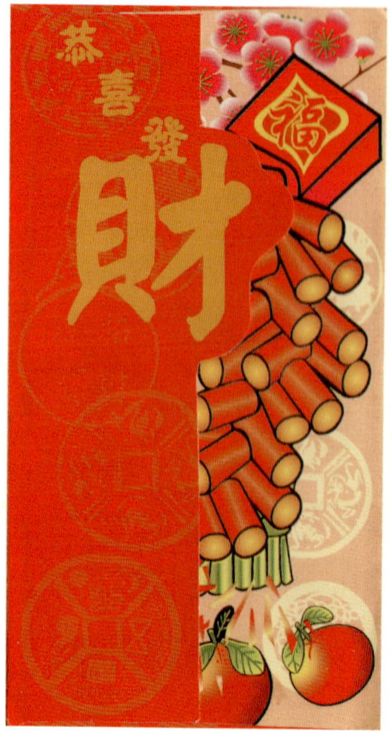
恭喜
發財
福

財

SEASON'S GREETINGS
BEST WISHES FOR YOU

Season's greeting

恭喜发财

HAPPY NEW YEAR

中国建设银行
China Construction Bank
东莞市分行

招財進寶

HAPPY NEW YEAR

招 財 進 寶

招財
進寶

招財進寶

（缩小版）

招財進寶
广州市商业银行
GUANGZHOU COMMERCIAL BANK
大豐銀行
BANCO TAI FUNG
寶昌葉記珠寶金行
招財進寶
中国农业银行 南海市支行
AGRICULTURAL BANK OF CHINA
HAPPY NEW YEAR
GREETINGS
招财进宝
大吉大利
萬事如意
珠江貿易

招財
進寶
福

招
財
進
寶

招財進寶

招財進寶
大豐銀行
BANCO TAI FUNG

招进
财宝
財
如意

Zhao cai
jin bao
Give you...
招財進寶

富貴吉祥
BEST WISHES

健康
萬事如意
年年有餘

大吉大利

如意吉祥
FC
FOTO CREATIVE

招財進寶
福

新年快樂
招財進寶

寶進財招
CTM

新春如意
富贵吉祥
招財進寶

招财进宝
福
中国工商银行
高明市支行

招財進寶

招财进宝
交通银行
让投资更简单

拜年
SEASON'S GREETINGS
SEASON'S GREETINGS AND BEST WISHES OF THE NEW YEAR
新年好

招財進寶

招財進寶

財
招財進寶

金城賓館

财
源
廣
進

財源廣進
美輝製帽有限公司
MEI FAI HATS MFG. CO., LTD.

财源廣進
诚信为本 质量第一
为人民健康着想

源進
財廣
發財
恭喜

財
源
廣
進

財
廣
進
源

財源廣進
HAPPY NEW YEAR

ULTRAMAN
財
源
廣
進

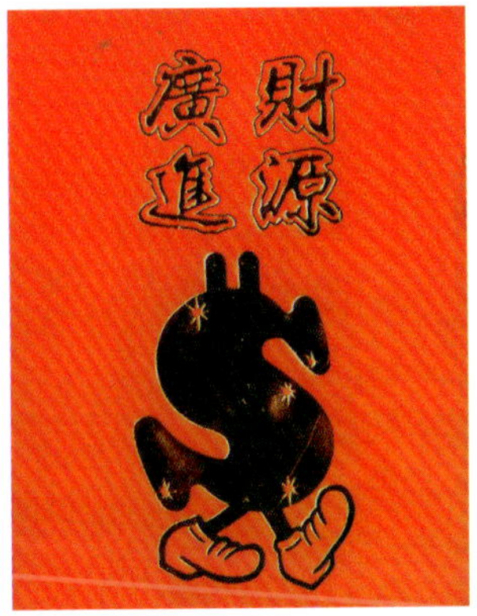
財源
廣進

財
源
廣
進

中国邮政储蓄
CHINA POSTAL SAVINGS
財
源
廣
進

財
源
廣
進

HAPPY NEW YEAR
财源
广进
ICBC 中国工商银行

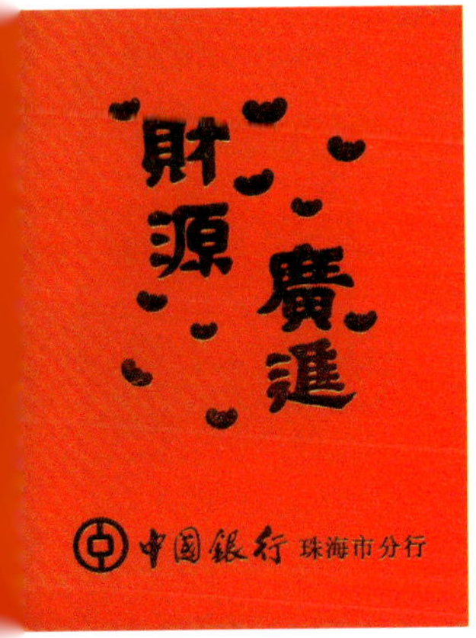
財
源
廣
進
中国銀行 珠海市分行

財神到
財源廣進
广州市穗银城市信用社

財
源
廣
進
中國工商銀行
大德支行

財
源
廣
進

財源
廣進

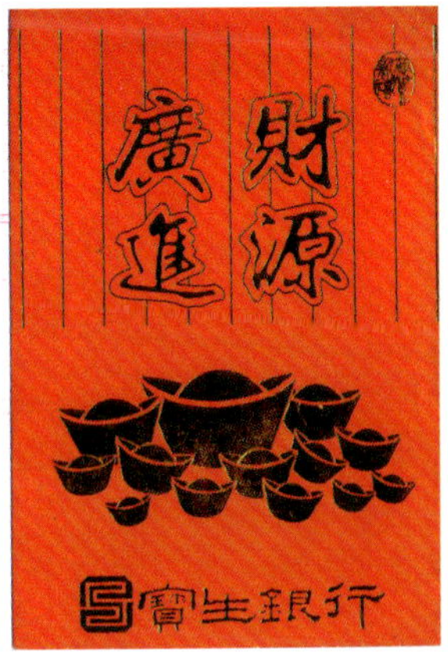
財源
廣進

財源廣進
如意吉祥
中國工商銀行
广州市分行

財源廣進
Happy new year

財源滾滾

財源廣進

財源滾滾

財源廣進
招財進寶
BCM

財
源广进
中国农业银行
AGRICULTURAL BANK OF CHINA

財源廣進
澳門國際銀行

財源廣進

財源廣進

財源滾滾
郵政儲蓄
广东省邮政储汇局

財源廣進
恭喜發財

財源廣進
澳門國際銀行

財源廣進
g3

ABN·AMRO
財進源廣

財源廣進
Coca-Cola

財源滚滚
【HAPPY NEW YEAR】

財源廣進

福
財源廣進
LOVABLE TUZIZE

財源滾滾
財源廣進

財源廣進

財源滾滾
Happy New Year

來
Bests Wishes for You
Bests Wishes for You

恭禧發財
萬事勝意
澳門香煙
MACAU
深圳发展銀行 广州分行
Happy New year

万事如意
財
財源滾滾
財
中国工商银行
連年有余
恭喜發財·萬事如意
財
福
財
財神酒店
恭喜發財
BEST WISHES FOR YOU
財
財
財
財
源廣進
中国工商银行
財
恭喜發財
恭喜發財
BEST WISHES FOR YOU
財
財
中国銀行 广州市沿江支行
地址：广州市长堤大马路91号
財

發
財
旺
HAPPY NEW YEAR

旺
中国工商银行

恭喜发财
身体健康
如意吉祥
心想事成
旺

旺
福

旺福

旺气冲天

鴻福常來

财源广进欣欣向上
春风得意大展鸿图
满

心想事成
吉祥如意
順
新年好
恭喜發財

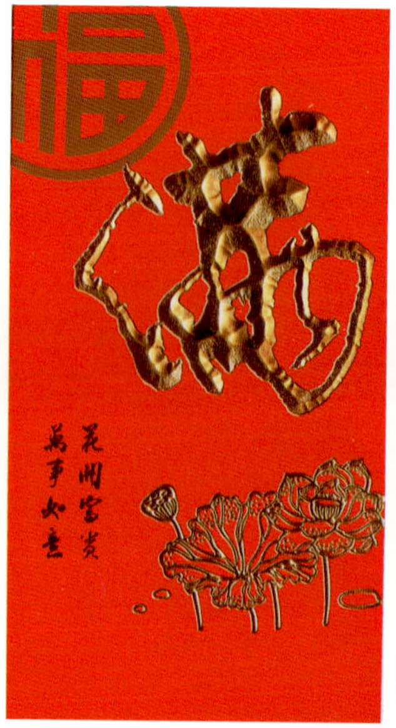
滿
花開富貴
萬事如意

金
銀
滿
屋

滿
Everything goes well

順
一帆風順

順

滿

餘
best wishes for you

YOYO
&CICI
餘
富貴有余
萬事如意
Happy

餘
森信
集團

餘

年年有
餘

餘
www.savills.com

餘
豐
華僑永亨銀行
OCBC WING HANG

餘

精美的红包封，或披上时尚的广告图，或配上优美的宣传语，很是讨人喜欢，耐人寻味。广告红包封，也让人爱不释手。因为它，很有文化味、艺术感。尽管它是广告封，可是你感觉不到商业营销；但是，你从喜欢这个红包封，不知不觉喜欢这件商品了。

广告篇

欣赏它，也是一种享受

广告，是一种商业现象，又是一种文化交流。广告在社会文化的影响下，成为商业文化的一个组成部分。它，像一支无形的手，左右着人们的生活方式和消费习惯。同时，还用文化价值和文化观念，对人起着潜移默化的教育作用。

广告文化的核心，不在于文化，而是在于用文化的手段达到广告的目的，就是用文化进行商业说服。通过大众传媒的方式，经由说服来推销自己的产品。

精明的中国商家，不知何时开始，在方寸大小的红包封上打主意，利用它来做广告。换言之，红包封，是什么时候向商界进军、登上广告舞台的？一直以来，红包封也是一种身份或者一个名号的表示。几乎各行各业的企业，都会用红包封来展现自我，已经从一种表示到至今的一种企业文化。

商家把红包封作为促销的“催化物”，常印制红包封赠送给客户，或直接装入礼金礼物或宣传品派送。甚至，连某些外商也入乡随俗，推出了许多“中西合璧”的个性红包封。

精美的红包封，或披上时尚的广告图，或配上优美的宣传语，很是讨人喜欢，耐人寻味。广告红包封，也让人爱不释手。因为它，很有文化味、艺术感。尽管它是广告封，可是你感觉不到商业营销；但是，你从喜欢这个红包封，不知不觉喜欢这件商品了。心底里，充满了对二者的欣赏感。

广而告之，宣传也。现在，已经不止商家，也许有部门、团体、教派，还有家庭、个人……都想运用红包封，来达到或祝福、或感恩、或宣传、或纪念……的目的。这样的红包效应，远远超出广告的界限。红包封，太有能耐了。

我脑门顿开，也来“皮一下”。为纪念60周年的同学情而作。我喜欢荷花，从中选出一张照片：一朵荷花在残叶中含苞待放，寓意不管年少还是年老，都可“风华正茂”；配上“悠悠花甲情，久久和乐心”（1959—2019）的写照，特地制作一个红包封。分三种色彩，分别代表少年、中年、老年三个时期。就这样，红包代表我的心，献给同学们一份薄薄的且浓浓的情谊。恰似我的温度。

干脆，开一开心，再来“雷一次”。我从以前的两本荷花画册中，各挑出一批图片，印上原配的诗词，制作成红包封。恭呈各位，望笑纳。

你-咀-我-咀-咀-香-園

年年助
互助
水務處儲蓄互助社

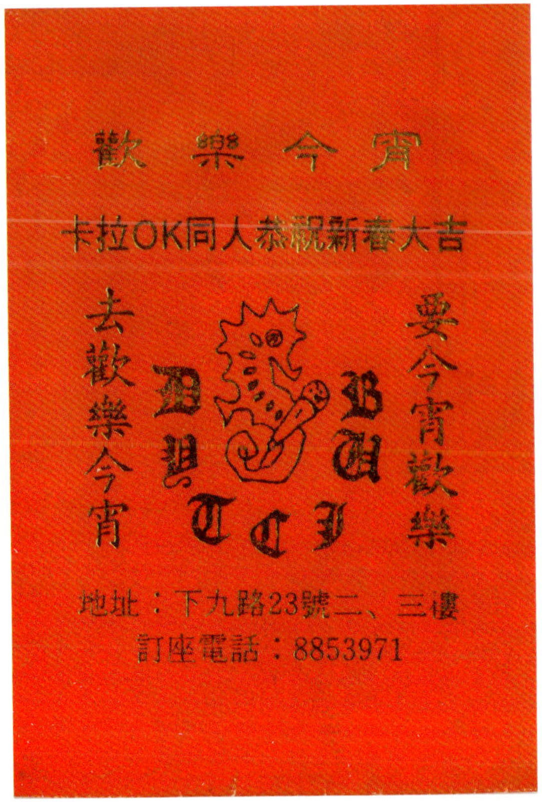
歡樂今宵
卡拉OK同人恭祝新春大吉
去歡樂今宵
要今宵歡樂
地址：下九路23號二、三樓
訂座電話：8853971

平安是福
广州市公安局交通警察支队

步步高升
Yakult
益力多

恭賀新禧
长城卡 全国通行
中国银行 人民币长城卡
MasterCard
MC
陳村 中國銀行

中国建设银行
China Construction Bank
佛山市分行
善建者行

可信赖的银行
您身边的银行
中国工商银行
中国工商银行 广州市下九路支行
INDUSTRIAL AND COMMERCIAL BANK OF CHINA

中信实

中国农业银行
AGRICULTURAL BANK OF CHINA
中国农业银行
AGRICULTURAL BANK OF CHINA
5194 1388 8888
中国农业银行
AGRICULTURAL BANK OF CHINA
5194 1388 888
2004
KINGGA
享受信用 品味人生

恭賀新禧
癸亥年
1983
交通銀行 香港分行

广州市商业银行
GUANGZHOU COMMERCIAL BANK
五福临门家家吉祥如意
招财进宝人人一本万利

道道道亨通
羊羊順景
道亨集團

深圳发展銀行
Development

恭禧發財
國泰世華銀行
Cathay United Bank

New Year

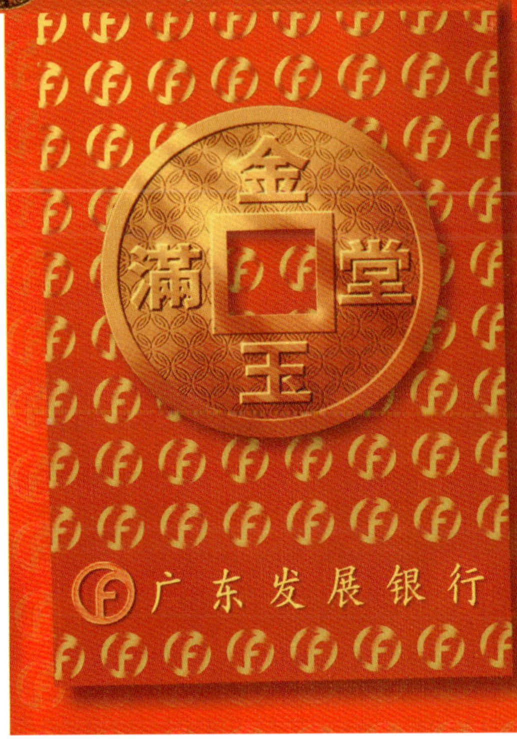
金玉滿堂
广东发展银行

BANCO NACIONAL ULTRAMARINO
LISBOA 1864
EM MACAU DESDE 1902
BANCO NACIONAL ULTRAMARINO
BNU

祝您永遠好運
HX
東華西信用社

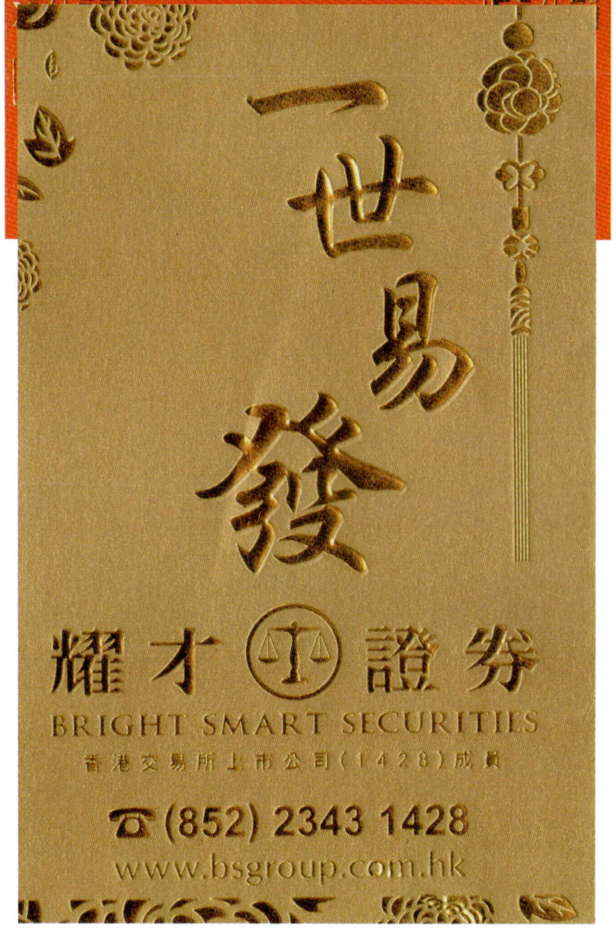
一世易發
耀才證券
BRIGHT SMART SECURITIES
香港交易所上市公司(1428)成員
☎(852) 2343 1428
www.bsgroup.com.hk

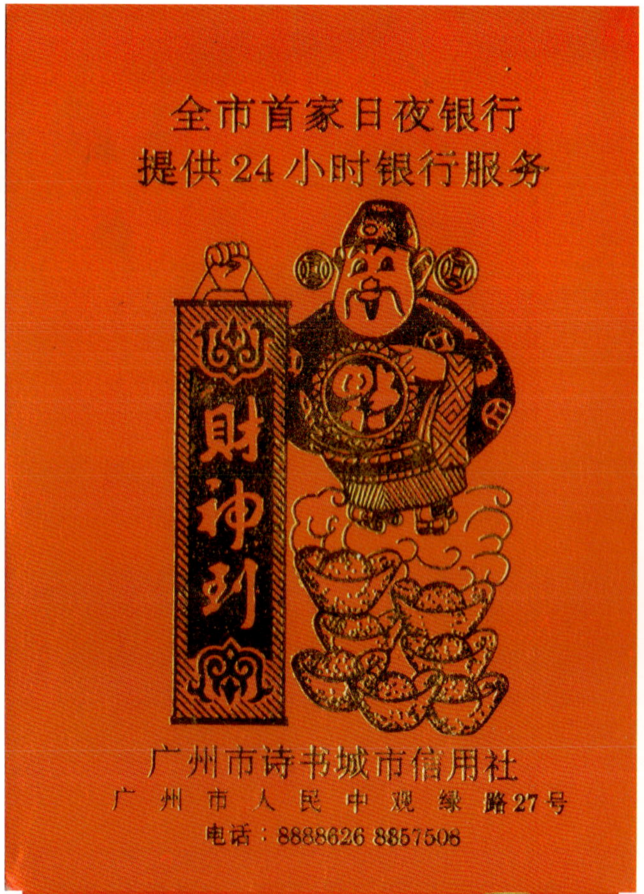
全市首家日夜银行
提供24小时银行服务
财神到
广州市诗书城市信用社
广州市人民中观绿路27号
电话：8888626 8857508

福
南方證券中山營業部

恭禧發財
中国信合
ZHONGGUO XINHE
仙村信用社
竭诚为您服务

家家致富
恭賀新禧
致富
CHIEF
證券
期貨

美

广州市体育彩票管理中心 印制
WWW.CP218.COM

中国体育彩票
CHINA SPORTS LOTTERY
国家公益彩票

保 險
Assurance

新春平安到
开门喜事多

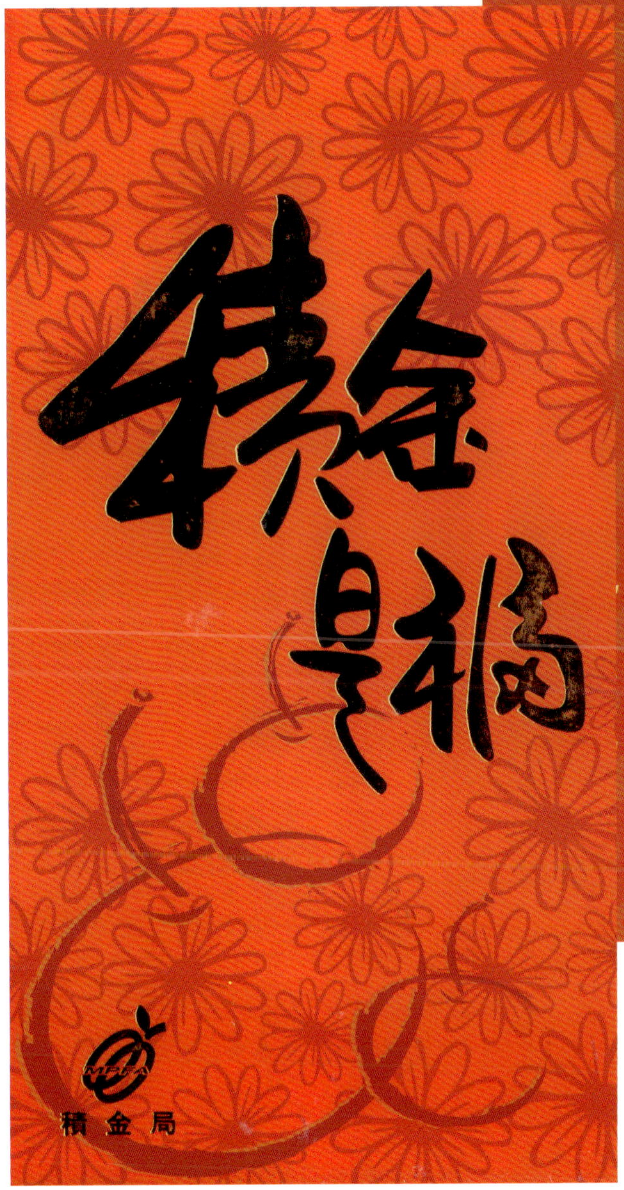
積金局

中国人寿
保险
一言九鼎

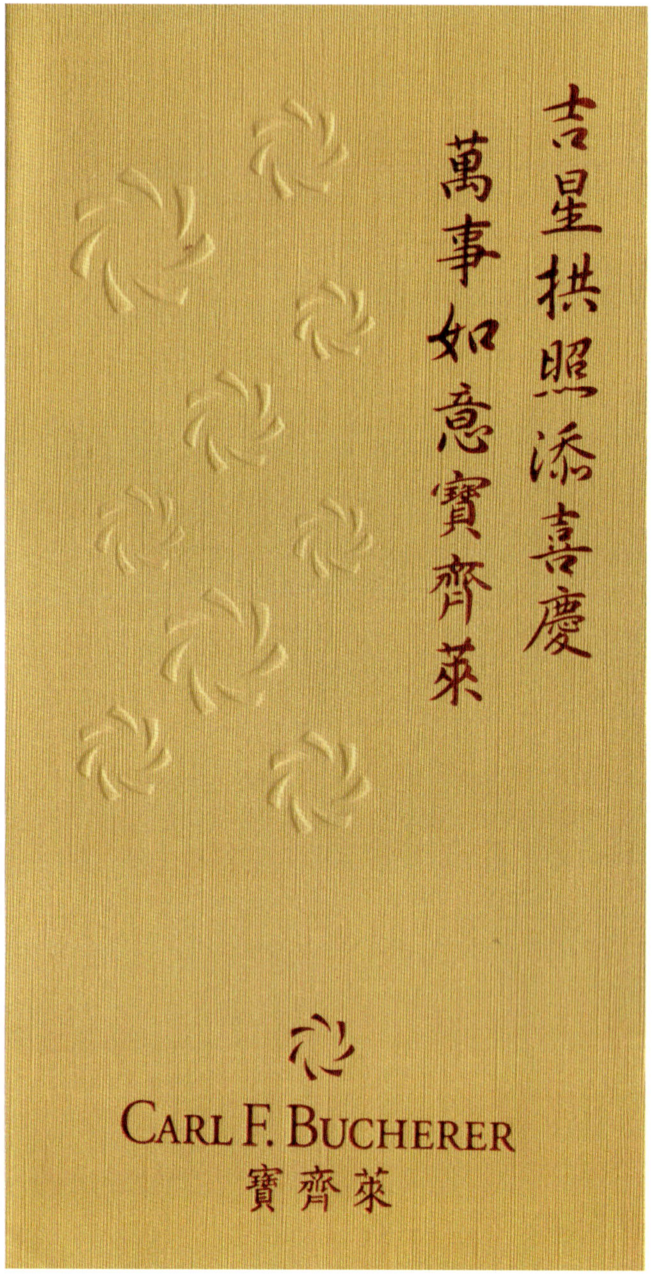
吉星拱照添喜慶
萬事如意寶齊萊
CARL F. BUCHERER
寶齊萊

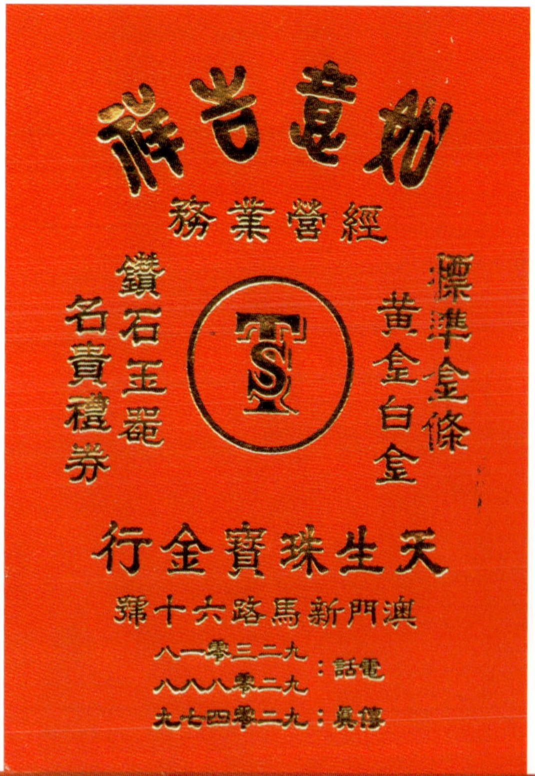
妙意吉祥
經營業務
標準金條
黃金白金
鑽石玉器
名貴禮券
TS
天生珠寶金行
澳門新馬路六十號
電話：九二三零一八
九二零八八八
傳真：九二零四七九

一帆風順
福
六福珠寶金行
LUK FOOK JEWELLERY & GOLDSMITH COMPANY
六福齊來

999.9
生福生福
生財聚福
廣東省工藝美術總公司
生福珠寶金行
電話：7773606 7752308

玉器墟
百年字号
广东省工艺品进出口(集团)公司
地 址：广州市人民南路30号
电 话：8861213

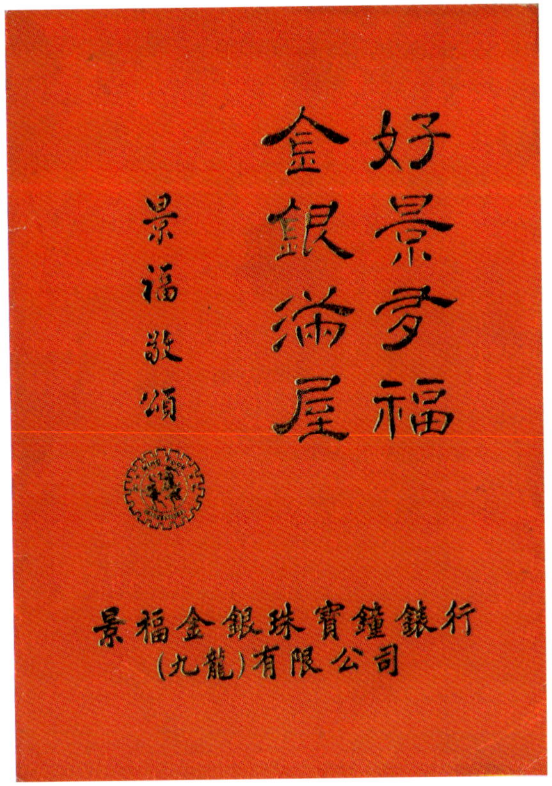
好景多福
金銀滿屋
景福敬頌
景福金銀珠寶鐘錶行
(九龍)有限公司

東盛珠寶金行
東盛老金舖有限公司
恭喜發財
九龍官塘物華街六十九號地下
電話：三·八九七六八二二·四二三三八〇
九龍官塘物華街六十五號地下
電話：三·八九一八〇二·四五五六六一

大昌珠寶金行
珠石玉器
黃白金飾
香港筲箕灣道一五八號
電話：㊄六〇二八九八

有盈有利
盈利鐘錶珠寶行
24小時營業
澳門羅理基博士大馬路36號地下（富豪酒店側）
電話：(853) 28930606

深圳市钟表配套市场
1994年创立
SHENZHEN TIMEPIECES
Trade Center Ltd.
一鳴惊人

祝君
健
康
健民医药
广州市医药公司健民医药连锁店
地址:广州市德政中路261号
十月初五
餅家
澳門
OCTOBER FIFTH BAKERY
MACAU
金猴閃耀
莎果豐年

统一
鲜橙多
Orangeate
年年鲜橙多
家家欢乐多
多C多漂亮
WWW.O-BOX.CN

QUAKER
桂格
WHOLE
ROLLED OATS
原片大燕麦
INSTANT
OATMEAL
即食燕麦片
身心健康 喜氣洋洋

大吉大利
新奇士
Sunkist
加州阳光精华

你咀我咀咀香園
千咀萬咀賀新
SONAC
埃及特大甜橙
Hong Kong Agencies :-
Sunharvest Ltd.,
Joyful Fairy (Fruits) Ltd.,
Woo Lee Fruit & Vegetable Co. Ltd.
Hing Lee and Company
健の寶 KAMABLE
身壯力健
鷹牌
恭賀新禧
健康食品企業有限公司
Health Food Enterprise Ltd.
福
一箭萬利
如意吉祥
美國箭牌香口膠

年有礼
米 业
安利
居庆升平
民展骏业
Amway
美珍香
梅蕊飄香迎春陽
臘鼓聲中接好運
香
SunRayCave
Pure Distilled Water
日之泉蒸餾水
恭喜
福
嘉顿到
福到好运到
海草インスタントヌードル
四洲
紫菜湯麵
FOUR SEAS
SEAWEED
INSTANT NOODLE

恭喜發財
WEBBAR
天涯海角
COFFEE WEB BAR
总店：宝岗大道1073号之11
电话：84418883
分店：天河东路215号
电话：38810063
餐厅
皮爽、肉滑、骨軟
外賣亭地址：廣州市廣大路一巷
餐廳地址：廣州市廣大路22號
電話：353628
小觀園酒家
萬事勝意
一帆風順
广州市东山区合群西路7号
电话：776158
學
進
肯德基
KFC
恭喜發財
一帆風順 年年有餘
JUBAO
聚寶海鮮城
廣州市環市東路328號
3828688 3802999轉
油麻地
敦煌酒樓
Treasure RESTAURANT
九龍彌敦道469號
電話：3-7801212
順峰 順

胜客
欢乐餐厅

花城海鲜酒家
花城
廣州市建設六馬路40號
電話：3833299

恭喜發財
海皇
海皇海鮮酒家
海皇(合利)菜館
電話：553684 553634

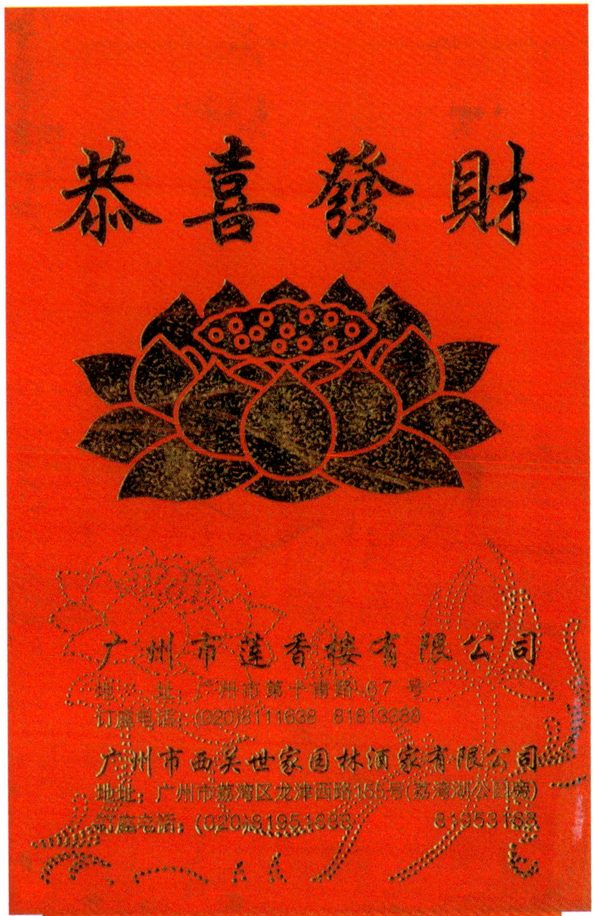
恭喜發財
广州市莲香楼有限公司
地 址：广州市第十甫路67号
订座电话：(020)8111638 81813388
广州市西关世家园林酒家有限公司
地址：广州市荔湾区龙津西路155号(荔湾湖公园内)
订座电话：(020)81951688 81953188

心顺意

恭喜發財
FAIRWOOD
分分鐘獻真誠

大同酒家
萬事勝意
如意吉祥
穗港合作經營
DAITUNG RESTAURANT
一帆風順
廣州市長堤沿江路63號
電話總機：八八八九八八
營業部電話：八八八四四七

京華酒樓
澳門南灣殷皇子馬路四十九號
電話：七七七七八，七七七七九

吉野家

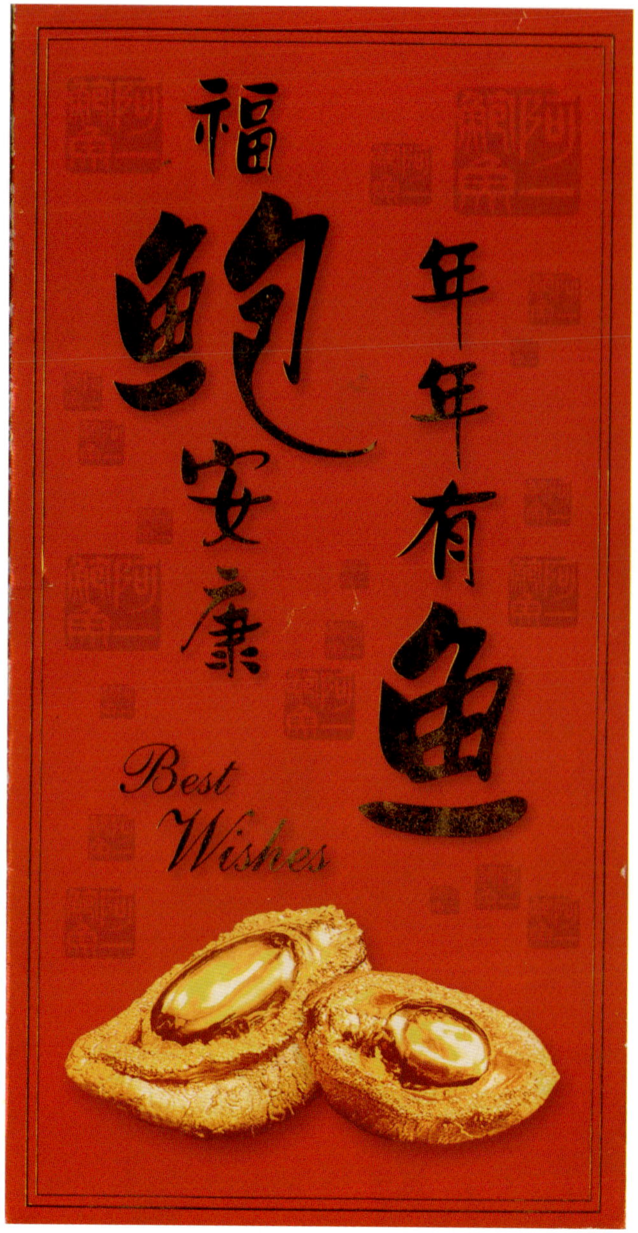
福
鮑安康
年年有鱼
Best Wishes

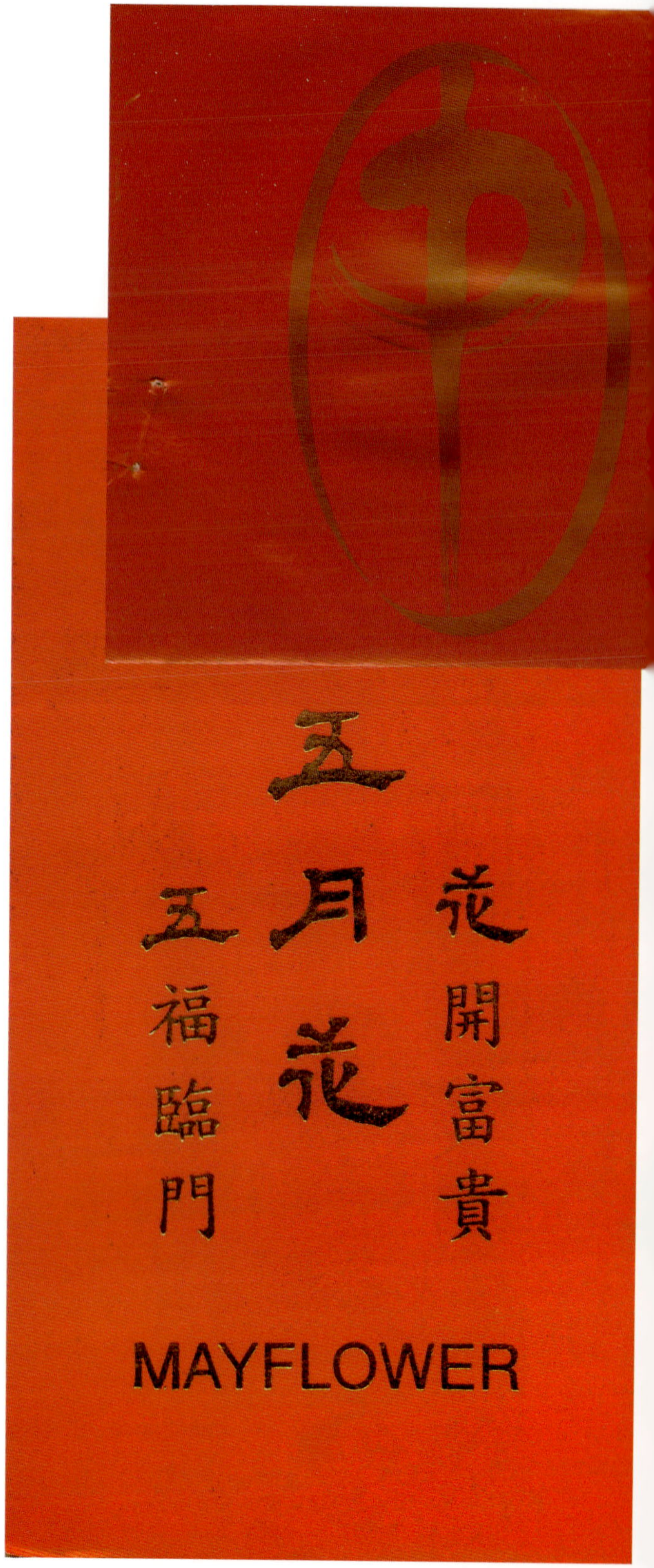
五月花
五福臨門
花開富貴
MAYFLOWER

zhong
sen
club
国菜
有家有爱。
中国年
真功夫
营养还是蒸的好

食得是
福
稻香集團
Tao Heung Group

修心堂
xiuxintang
拥有八吉祥 如意又吉祥

ÆON
礼
AEON Mid-Autumn Gift
Best For You
ÆON gift card

喜临门
八佰伴
Yaohan

KWONG FAT HONG
恭賀
春釐
廣發行
廣安泰行
代客買賣股票証券投資公司
華洋百貨批發出入口商
香港中環林士街壹號廣發行大厦
廣安泰行：544 4559
廣發行
543 3327
旺角分行
394 4117-9
香港仔分行
873 3918
觀塘分行
341 5221-3

广州白云国际会议中心
中国·广州
Guangzhou China
如意吉祥

天
相
伴
天

彩祥云

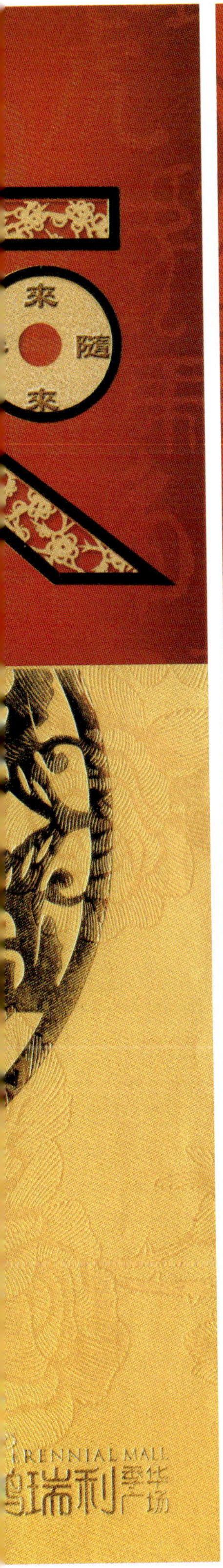
來
隨
來
RENNIAL MALL
鸿瑞利季华广场

富甲天下
越秀·财富天地
Fortune World International Shoes Plaza
国际鞋业广场

大吉大利
吉
JUSCO
吉之島

萬願能達
Minolta
萬能達
爲您生活添姿彩

恭喜发财
看清前途好赚钱
换副眼镜好过年
大众眼镜华师店
地址：天河五山路华师科技大楼二楼222-223室
电话：(020)85214142 （天河北路路口）

福
Watson's
DISTILLED WATER
屈臣氏蒸馏水

白天鵝賓館
WHITE SWAN HOTEL
one of
The Leading Hotels of the World

財源廣進
如意吉祥
珠海特區大酒店
地址：广州市海珠北路11－15号
电话：322933

白雲賓館

一帆風順
殷勤款客 商旅之家
远洋宾馆
OCEAN HOTEL
广州市环市东路412号 电话:020-87765988
免费订房热线:800-830-9668
http://www.oceanhotel.com.cn

花好
花园酒店
GARDEN

財星拱照
耀千里
神靈庇佑
達萬家
財神酒店
金沙獻瑞
MGM
澳門
美高梅
星際酒店
StarWorld Hotel

Ailas Aroma
慧青 美容中心
CSBELL
娇雪贝儿
鴻運當頭
頭頭是道
美國莎朗
更多美丽
更多宠爱
寶潔與您共賀新年
P&G
廣州寶潔有限公司
极润全年
极润
双倍透明质酸

明艷照人
靚得精彩
sasa
making life beautiful

Getting to Zero
Spice Up Your Life
Copyright © 2008 - 2015 Sunwin. All Rights Reserved.
3DARTGAME

恭喜發財
Z Beauty
Z儷人專業纖體美容中心
Salão De Beleza De Z-Beauty
旗艦店：新口岸巴黎街62號富達花園地下E舖（附設男賓部）TEL：722638
澳門第一分店：新口岸巴黎街80號富達花園地下G舖（附設男賓部）TEL：755121
氹仔第二分店：埃武拉街萬國華庭地下B舖（附設男賓部）TEL：839998
氹仔第三分店：埃武拉街萬國華庭地下C舖（附設男賓部）TEL：842808

万事如意
VANKE 万科地产
羊城晚报

星河湾
Star River
星河如意
HAPPY 06 NEWYEAR
四季呈祥

家和万事兴
方圆
fineland

我爱我家
顺电东门店
SUNDAN
雅居乐业
HAPPY NEW YEAR
Tree and flower of the city
绿地·香树花城
广州西·50万m²法式原香生活区
大吉大利

廣州
如意吉祥
廣州卷烟一厰贈

REMY MARTIN
人頭馬一開
好事自然來
天天漁港
天天火鍋
T & Tea 咖啡室
天天大碗麵
天天飲食管理有限公司經營
維基泰集團成員

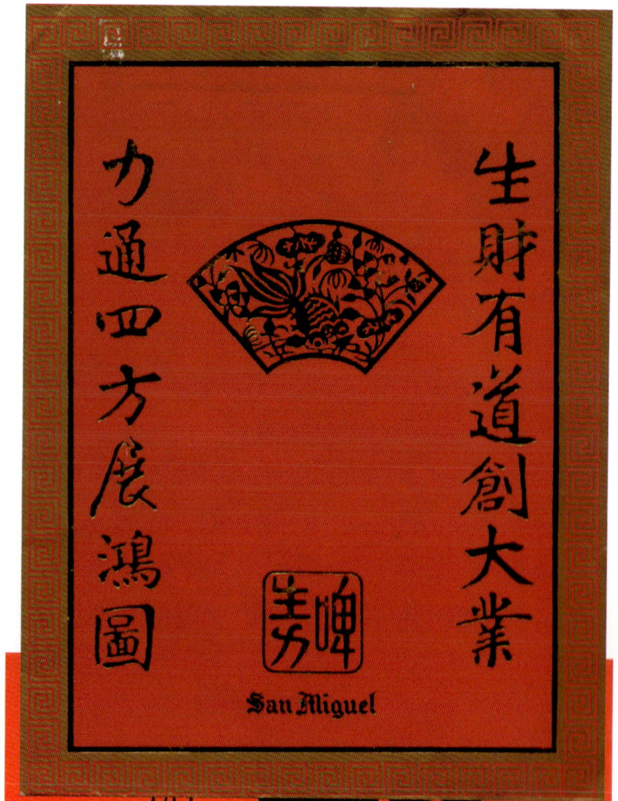
生財有道創大業
力通四方展鴻圖
San Miguel

如意
吉祥
福
TSINGTAO BEER
TRADE MARK
青島啤酒
中國
青島啤酒股份有限公司
出品
TSINGTAO BREWERY CO., LTD.
TSINGTAO, CHINA

總督賀新歲
瑞龍添福祿

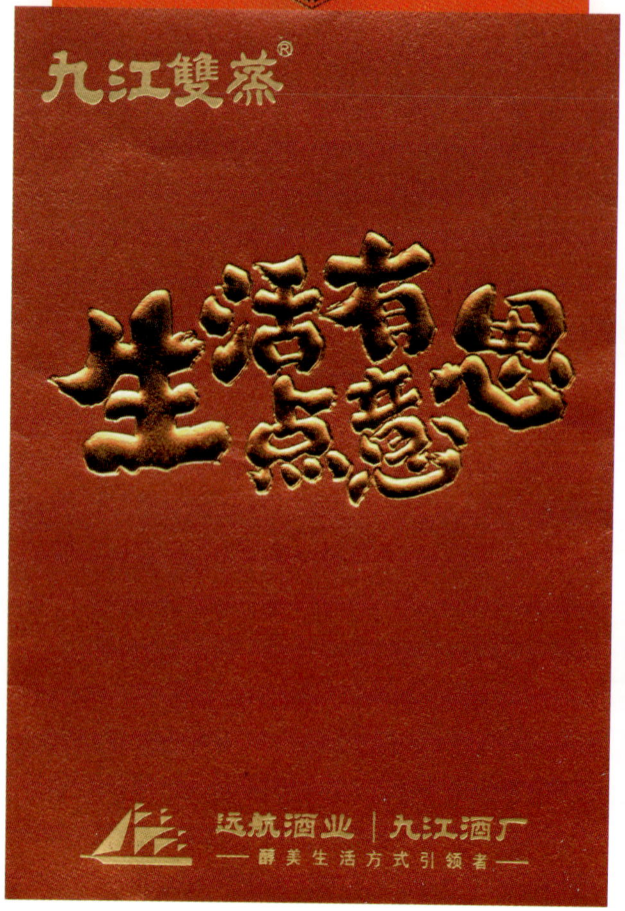
九江雙蒸®
生活有點意思
远航酒业 | 九江酒厂
—— 醇美生活方式引领者 ——

人生得意
金装双喜
广州卷烟二厂 同仁鞠躬
馬爹利
恭喜發財
东方喜炮
一炮打红
中国酒类商业协会
推荐优质酒
滿載而歸
風順
法國帆船XO干邑
LARSEN
APPY NEW YEAR

Guangzhou 2010
中国南方航空
CHINA SOUTHERN
广州2010年亚运会合作伙伴
Guangzhou 2010 Asian Games Partner
AIR MACAU 澳門航空
溫馨接送十載情
澳航成長存感恩
飞驰千禧
一路平安
华南快速干线
如意吉祥
广州铁路集团工程总公司
三汽®
广州市第三公共汽车公司
广州市环市东路488号（东兴大厦）4、5楼
电话：(020) 87617277 邮编：510075
路
JUMBO BUSES
路路暢通

广州马拉松
广汽丰田
广汽丰田
2016广州马拉松赛
GAC·TOYOTA·2016 GUANGZHOU MARATHON

KMB
九巴服務 日日進步

東成西就
KCR
九廣鐵路

開門紅
中国邮政储蓄银行
POSTAL SAVINGS BANK OF CHINA

欢迎您到邮局储蓄
广州市邮政储汇局

歡樂
用刘翔的速度迎接2008
EMS
全球邮政特快专递
WORLDWIDE EXPRESS MAIL SERVICE

日日有好报

福
朝朝早，精神好
网址：www.fm1052.cn
报料热线36236663
羊城交通廣播電台
FM105.2
鳳凰衛視
恭賀新禧
粤讲越掂
周六21:40播出
珠江频道——第一粤语电视频道
一本萬利
廣州購書中心

爱心托起未来
Support Our Children with Your Caring Heart
中国儿童少年基金会"中国儿童保险专项基金"
CCTF CHINA CHILDREN INSURANCE FOUNDATION

專營各國嬰兒用品

恭賀新禧
穗港文苑
藝術婚紗攝影公司

中國最大的紙巾生產基地
1949
1995
Vinda
維達紙業
恭喜發財
廣東維達紙業股份有限公司
GUANGDONG VINDA PAPER INDUSTRIAL CO., LTD

中国驰名商标
广之旅
C G Z L
賀年
祝福
年年好景 風光無限

財源廣進
星達紙巾
一擦即發
星 達
SINDA
星達國際(香港)投資有限公司

万事如意·财运亨通
QSS
中国大型专业冲印连锁企业
东方 冲印连锁集团
服务专线:87671590
国际顶级婚纱摄影公司
琳琅法国 婚纱摄影世界
洪正士 · 国际大师摄影
服务专线:81815966
全体员工 敬贺

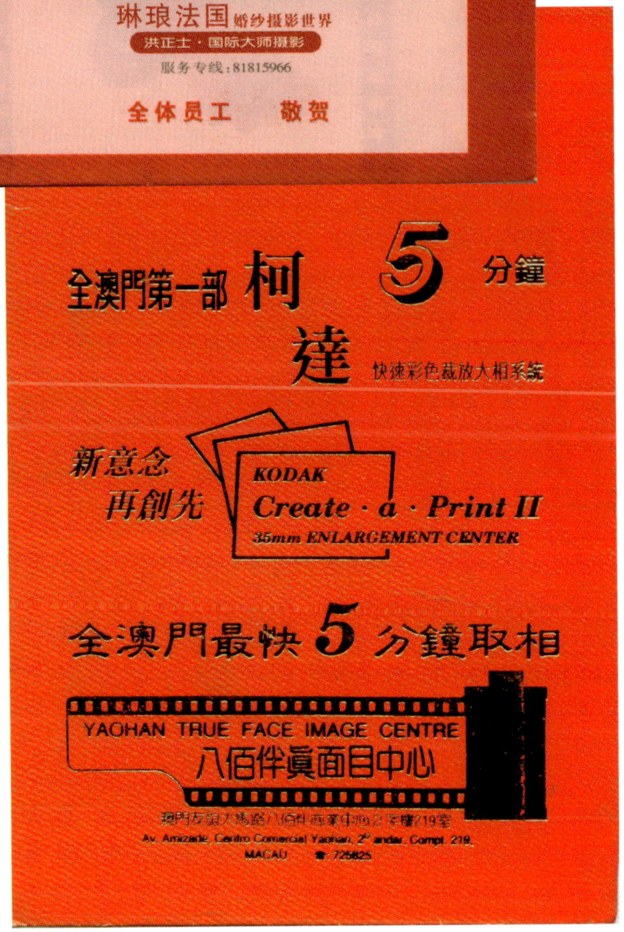
全澳門第一部 柯達 5 分鐘
快速彩色截放大相系統
新意念
再創先
KODAK
Create · a · Print II
35mm ENLARGEMENT CENTER
全澳門最快 5 分鐘取相
YAOHAN TRUE FACE IMAGE CENTRE
八佰伴眞面目中心
澳門友誼大馬路八佰伴商業中心2字樓219室
Av. Amizade, Centro Comercial Yaohan, 2º andar, Compt. 219,
MACAU ☎: 725825

FUJIFILM
富貴吉祥
FUJIFILM
富士彩色
SUPERIA
200
36

年年旺相
喜喜洋洋
Kodak
EXPRESS

bp
BP石油气
BP GAS
喜氣洋洋
碧辟（佛山）液化石油气有限公司
BP Foshan LPG Company Limited
全国统一服务热线：4008-507-507

恭賀新禧
CALTEX
加德士
石油氣
FORMOSA為你加油
台塑石油

丰盛FONSON
丰盛地板
丰盛人生

LOUVRE罗浮宫家居

GALY
嘉利電器
有家庭就有嘉利

恭喜發財
小6升
Rinnai
日本林内
广州维修中心
广州市光复北路740号
上门维修预约电话:(020)8861318
广州市海珠中路165号(二楼)
电话:(020)8883669 8887503

SAMSUNG

万家乐
MACRO
恭賀新禧
万家乐·乐万家！

SUPOR 苏泊尔
恭賀新禧
苏泊尔祝您新年幸福

如意吉祥
AMF
BOWLING CENTERS
美國保齡

紛紛樂
FUN
FunFun樂兒童樂園
新年紛紛樂

澳門漁人碼頭

MISSION HILLS
觀瀾湖
GUINNESS RECORDS WORLD'S NO.1
健力士紀錄 世界第一大球會

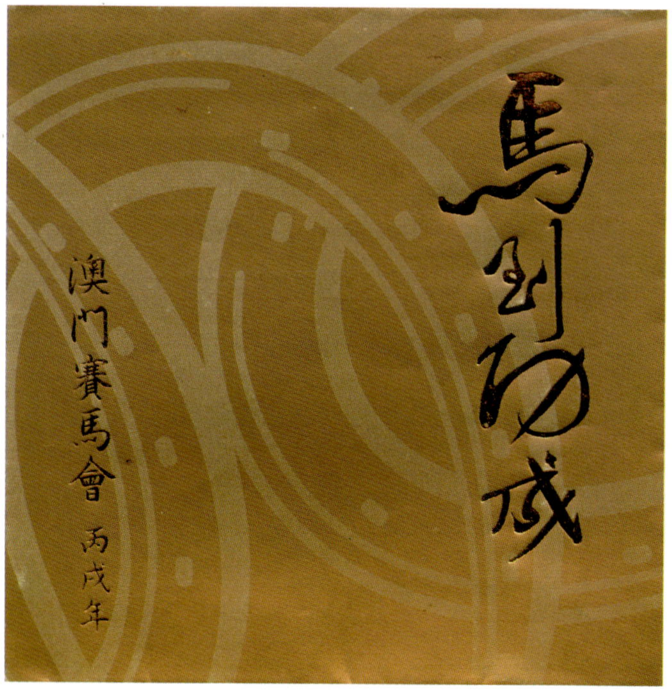
馬到功成
澳門賽馬會
丙戌年

online
DoReMi
多樂米麻將館
www.mjgame.com.tw

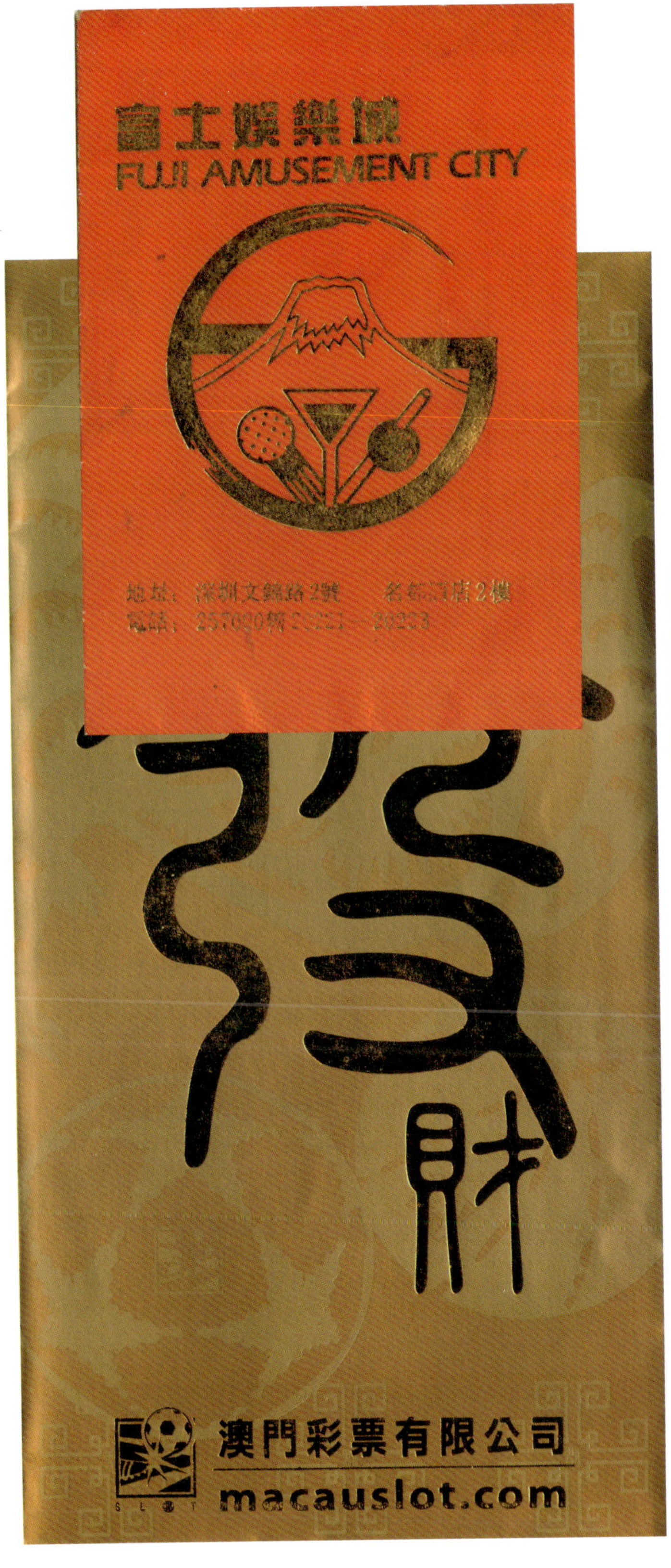
富士娛樂城
FUJI AMUSEMENT CITY
財
澳門彩票有限公司
macauslot.com

澳
彩

FREEMAN
自由人卡拉OK試音室
TEL 210344, 528163
歡迎電話預訂
PARADISE
滙彩娛樂坊

麟行鼠年
獨〈一〉無〈二〉
譚詠麟
花木蘭
成龍
紅番區
恭賀新禧
Star
黃飛鴻笑傳
群星賀歲笑片王
97家有囍事
恭喜發財
鳴謝：PEPSI
鳴謝：COVERMARK
New York

迎春纳福
现代都市系列轻喜剧
“柴米新人类”
唧唧
阿甘
阿执
广东电视台
马到功成
恭喜發財
臥虎藏龍
A FILM BY ANG LEE
金甲歡喜 繁星爽快賀新春
蔡振南 盧廣仲 范足妹
我的世界你不懂！
你擱咧衝啥！
花甲大人轉男孩
Back to the Good Times
導演 瞿友寧
2018/2/9(五) 甲你過好年
iLOOK
MOVIE MAGAZINE

恭贺新禧
CROCODILE
鳄鱼恤

adidas

赚得好
earn more!
GIORDANO

身体好
stay healthy!
GIORDANO
佐丹奴

食得好
eat well!
GIORDANO
佐丹奴

take care!
平安好
GIORDANO
佐丹奴

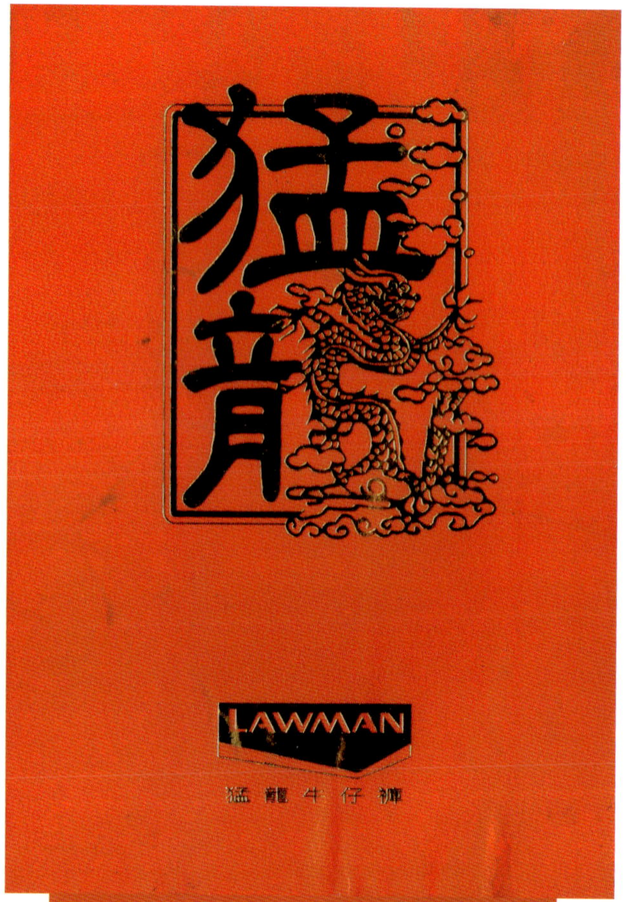
猛龍
LAWMAN
猛龍牛仔褲

JIVE

輝煌瑞氣珠寶包
光彩耀目金銀飾
恭喜發財
光輝飾包

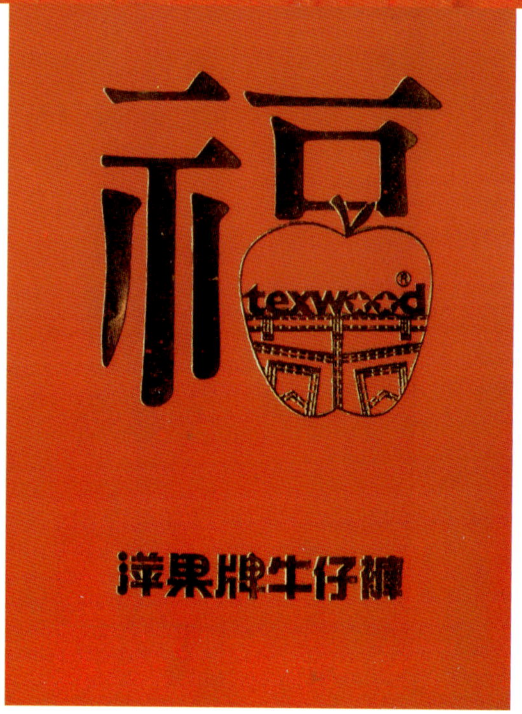
福
texwood
苹果牌牛仔褲

預顯光輝萬里程
發意廣傳萬業興
PLAYBOY

恭喜發財
DAXUE 大学
大学鞋业公司
总公司 中山四路359-369号
第一分店 北京路224号
第二分店 中山二路一号

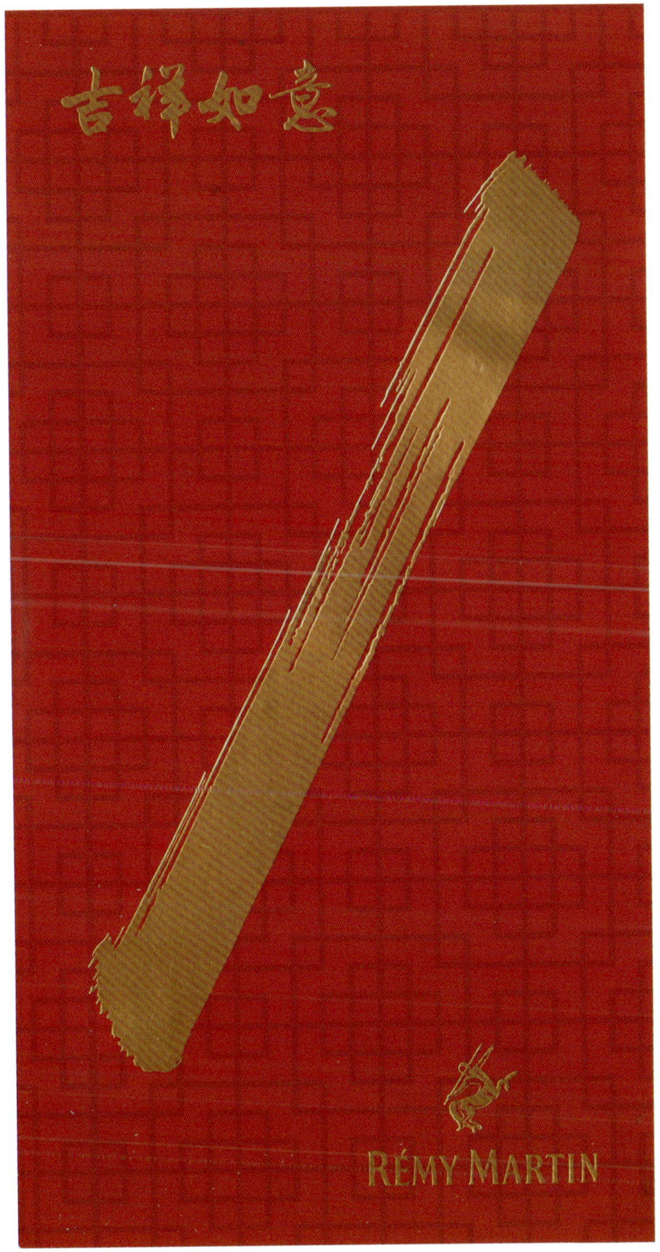
吉祥如意
RÉMY MARTIN

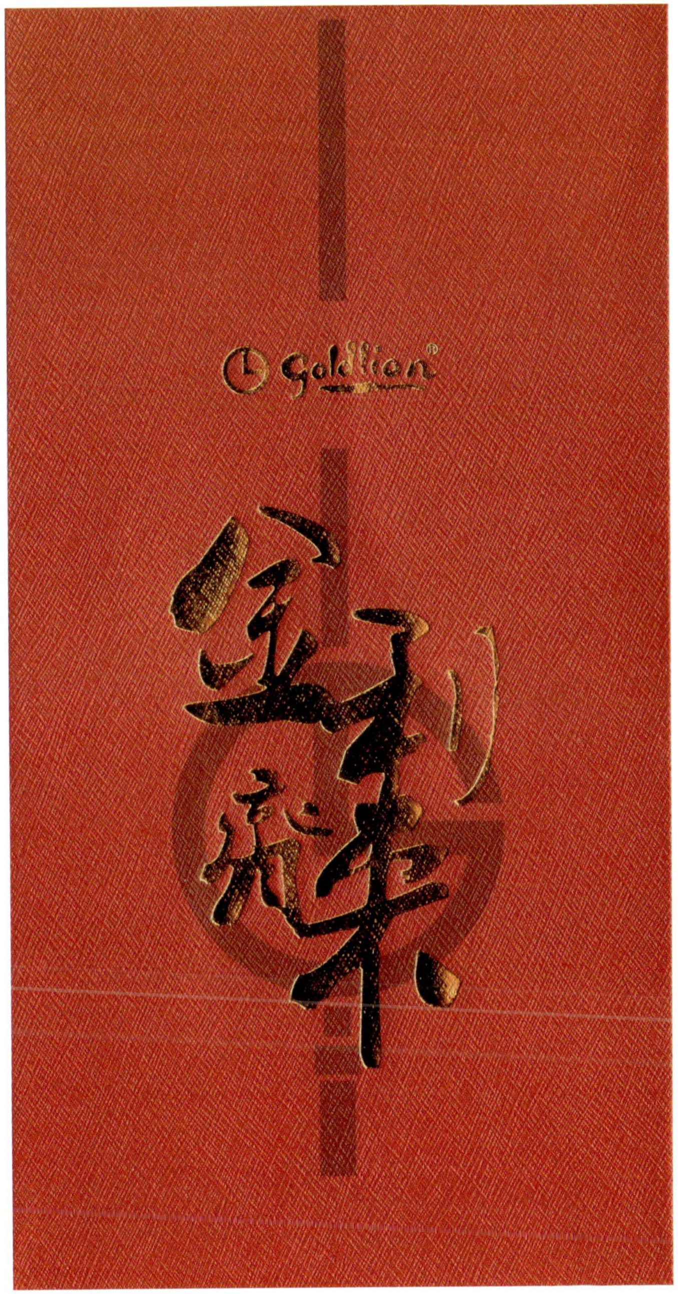
Goldlion
金利来

易
日
日
發
和記傳訊
廣星傳訊有限公司
仝人鞠躬
恭贺新春
ups
Worldwide
Olympic Partner
華語熱線
1-800-233-8133
福臨萬家

喜訊頻傳
LEVAMOS-LHE SEMPRE
BOAS NOTÍCIAS
WE ALWAYS CARRY
GOOD MESSAGES
CORREIOS E TELECOMUNICAÇÕES DE MACAU
澳門郵電司
轻松由我
神州行
灵机移动
恭贺新春
灵机移动
SMS
OK
灯谜（打一神州大众卡品牌主张）
小钱办大事
聪明生活我钟意

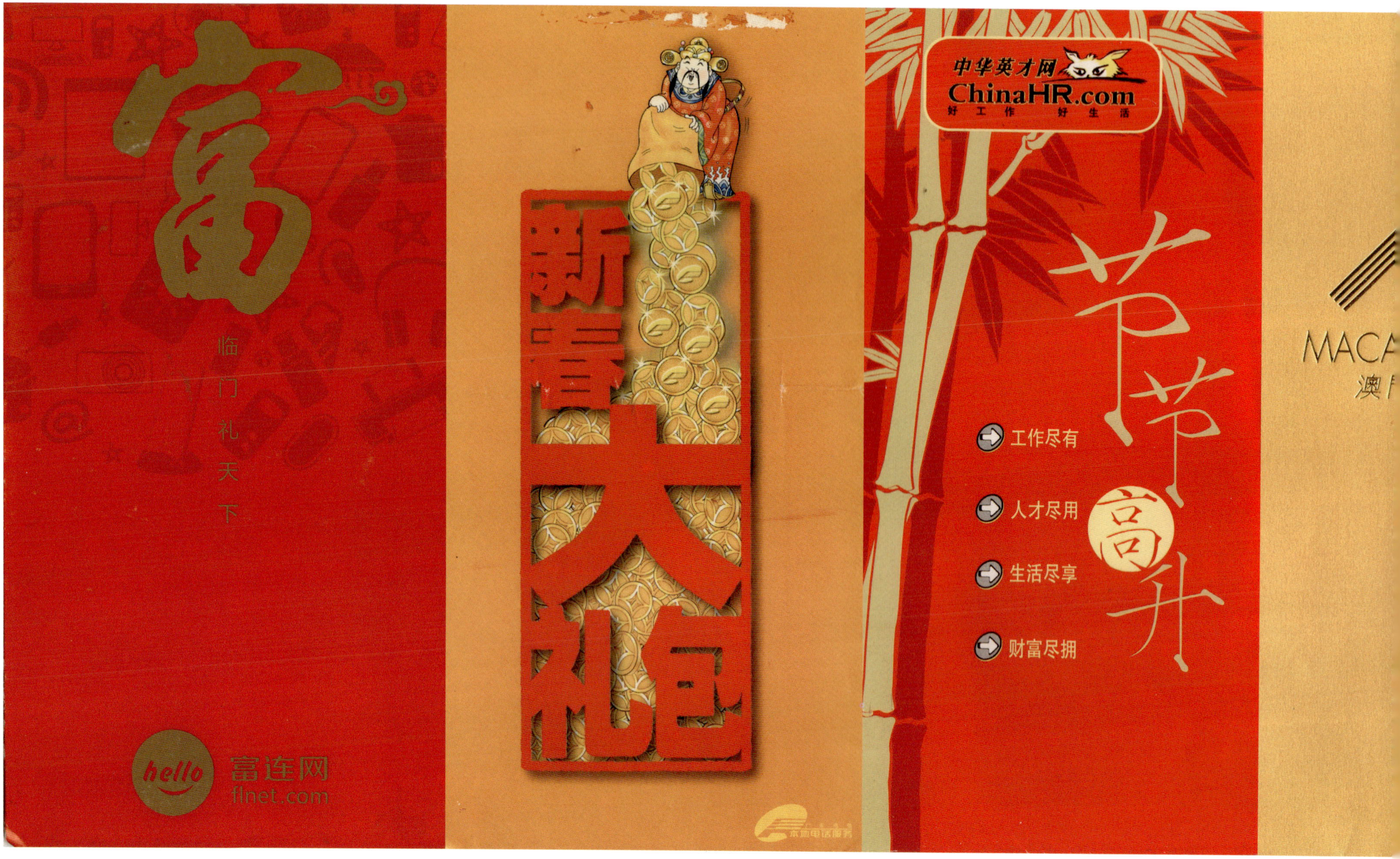
富
临门礼天下
hello
富连网
flnet.com
新春大礼包
本地电话服务
中华英才网
ChinaHR.com
好工作 好生活
节节高升
工作尽有
人才尽用
生活尽享
财富尽拥

LETV
足及生活每一天
万事如意
WWW.SOHU.com
恭贺新禧
福
LG
China unicom中国联通
吉祥如意

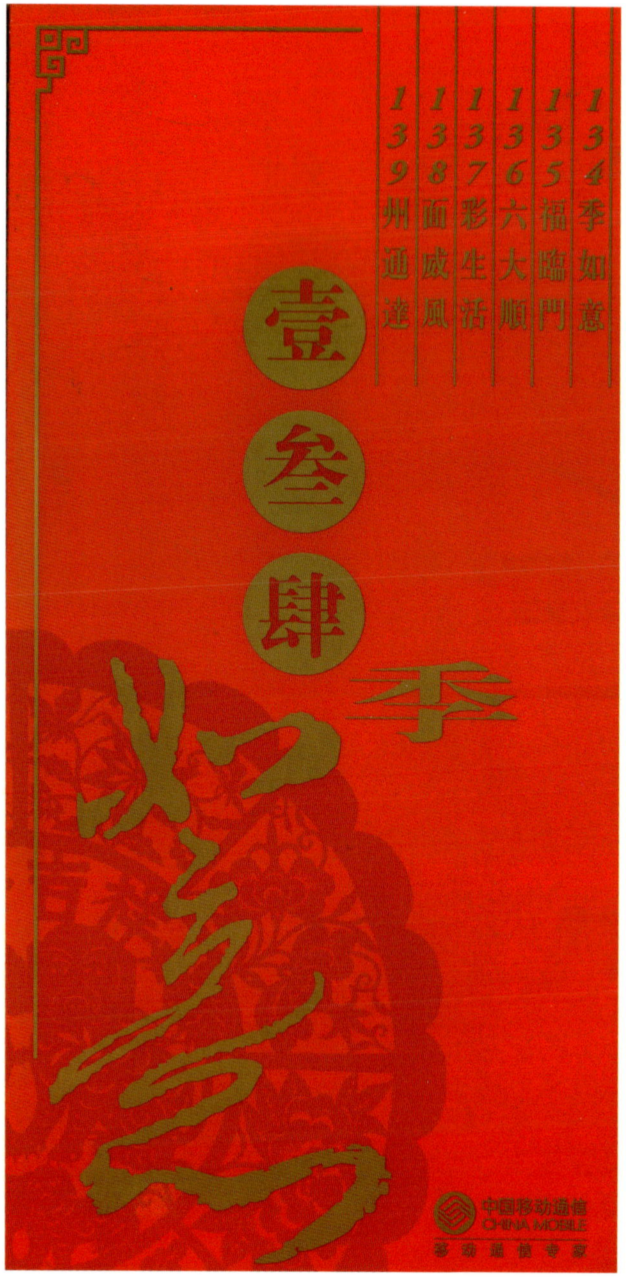
1334季如意
1335福临门
1336六大顺
1337彩生活
1338面威风
1339州通达
壹叁肆
季
中国移动通信
CHINA MOBILE

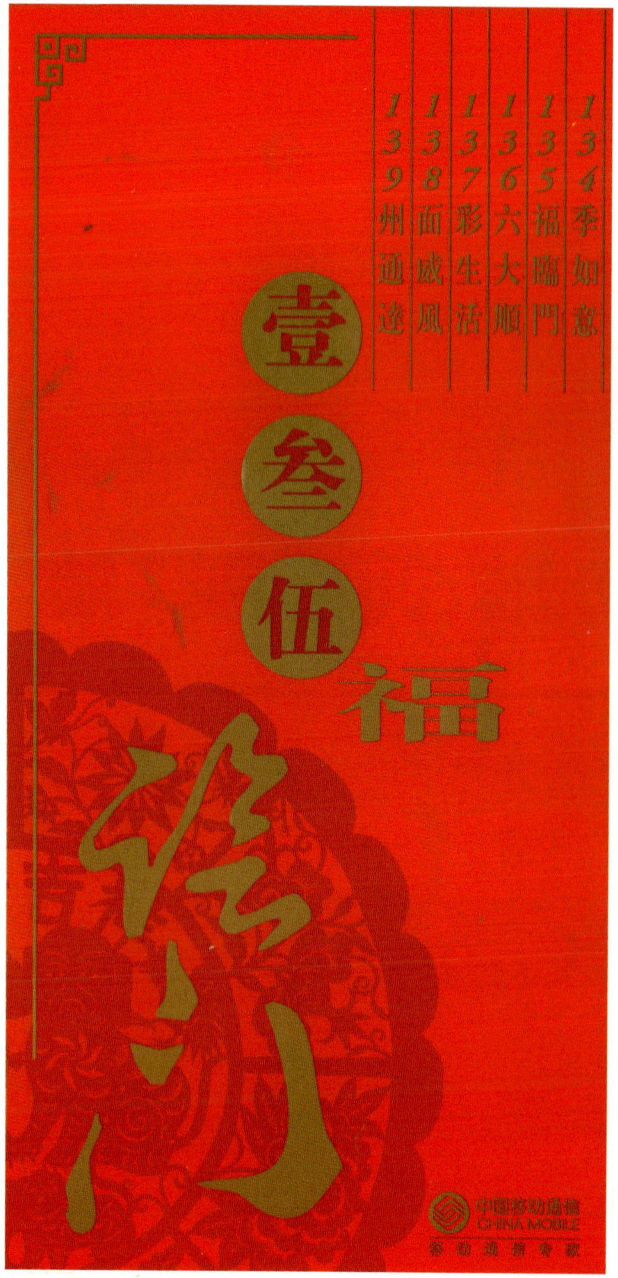
1334季如意
1335福临门
1336六大顺
1337彩生活
1338面威风
1339州通达
壹叁伍
福
中国移动通信
CHINA MOBILE

1334季如意
1335福临门
1336六大顺
1337彩生活
1338面威风
1339州通达
壹叁陆
陆
中国移动通信
CHINA MOBILE

134季如意
135福臨門
136六大順
137彩生活
138面威風
139州通達
壹叁柒
彩
生活
中国移动通信
CHINA MOBILE
移动通信专家

134季如意
135福臨門
136六大順
137彩生活
138面威風
139州通達
壹叁捌
面
威風
中国移动通信
CHINA MOBILE
移动通信专家

134季如意
135福臨門
136六大順
137彩生活
138面威風
139州通達
壹叁玖
州
通達
中国移动通信
CHINA MOBILE
移动通信专家

She's
FREE STYLE
JUST
FOR YOU

翡翠
贺年
CRYSTAL JADE

sammy

大吉
福
simplybread
Lucky Pocket

PANDORA
UNFORGETTABLE MOMENTS

旺旺招財

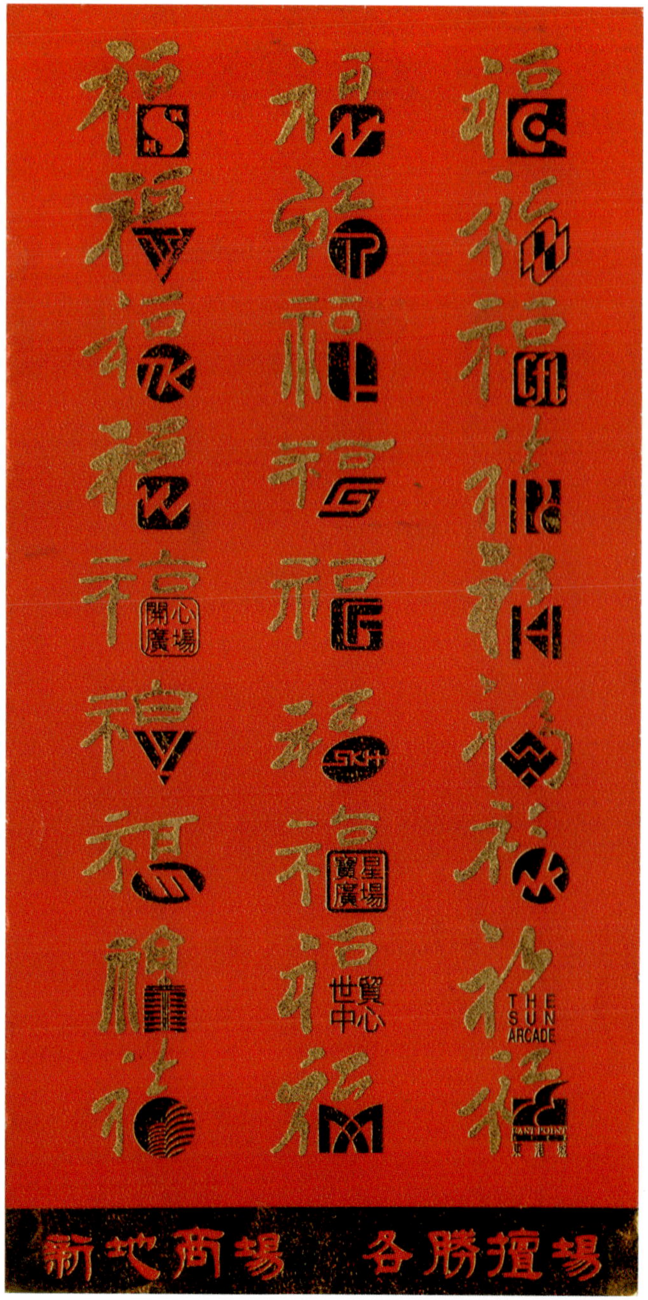
開心廣場
世貿中心
THE SUN ARCADE
新地商場 各勝擅場

你我心連心 家庭樂滿分
聖雅各福群會
家庭生活教育組
電話：28354373-4

TAI PING DRIVER'S ASSO
HONG KONG
太平之友司机联会

大埔萬家慶新春
恭賀新禧
庚辰年
日期：一月廿六日（臘月二十）至二月十九日（年十五）
庚辰年大埔萬家慶新春活動委員會主辦
康樂及文化事務署、大埔區議會贊助
www.taipo.org
幸福

恭賀新禧
智醒大使
澳門工會聯合總會
Federação das Associações dos Operários de Macau

健康卫家人
除菌宝平安
卫宝
Lifebuoy
可以洗手的红包

祝你百事可乐
百事可乐
美年达
魔幻厨房
magic kitchen

祝你百事可乐
百事可乐
美年达
魔幻厨房
magic kitchen

祝你百事可乐
DUFFER
HOG
ROCK
百事可乐
美年达
魔幻厨房
magic kitchen

祝你百事可乐
PEPSI
百事可乐
美年达
魔幻厨房
magic kitchen

祝你百事可乐
百事可乐
美年达
魔幻厨房
magic kitchen

祝你百事可乐
百事可乐
美年达
魔幻厨房
magic kitchen

i'm lovin' it
i'm lovin' it
蘋果批
i'm lovin' it
i'm lovin' it
我 就 喜 欢

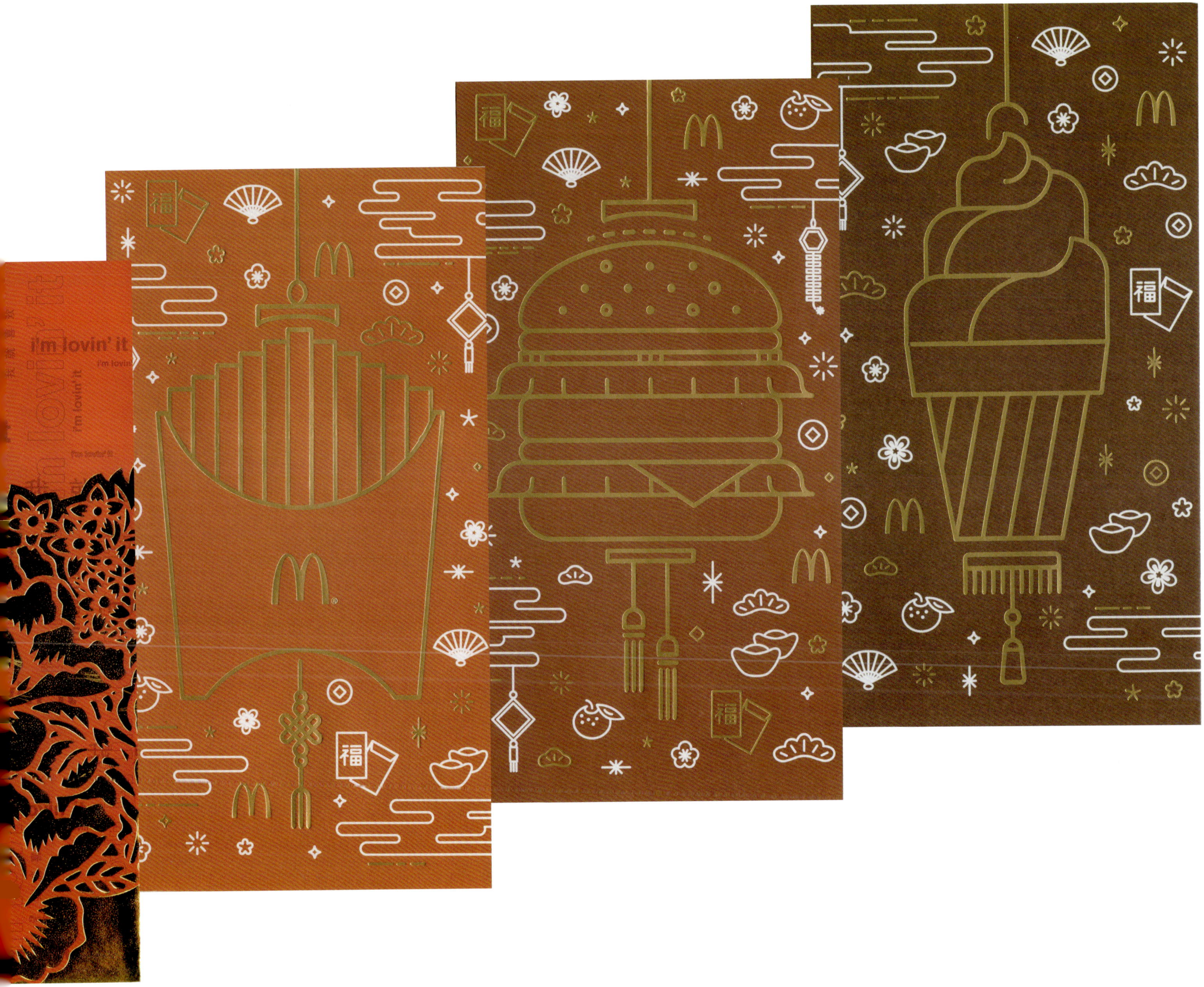
i'm lovin' it
福

山
生有幸
佳兆业·盐田城市广场
CITY PLAZA
F5计划
焕新盐田·颜值担当

Luck Duck

海
纳百川
佳兆业·盐田城市广场
CITY PLAZA
F5计划
焕新盐田·颜值担当

恰同学少年
悠悠花甲情·久久和乐心
（1959-2019）

常相思
长相忆

恰同学少年
悠悠花甲情·久久和乐心
（1959-2019）

溶溶水国中
冉冉江乡畔

空留万古香魂在
结作双葩合一枝

向谁解语
妒杀红颜
尽得风流
轻摇绿柄

妆羞丽质水边人
净比禅心月上女

净客原从净土来
尘埃不染花心性

迎风苒苒原无意
对月亭亭却有香

一股生命的激情正含苞欲放
因为阳光雨露的滋润

我们分不清楚
谁呵护着谁
谁依靠着谁

淡淡的月色，浓浓的花香，
这花前月下是别样的风流。

从开放到结果
一步一步地成长
回首却是一瞬之间

且看我踏歌起舞
且听我醉舞高歌

即便苍老得只剩一把筋骨
仍要为你撑开一片宁静的天空

如意吉祥
滙豐銀行
HSBC 滙豐
HSBC 滙豐
HSBC 滙豐
HongkongBank
HongkongBank
香港滙豐銀行
HSBC PREMIER

國泰世華銀行
Cathay United Bank
國泰世華銀行
Cathay United Bank
萬事如意
國泰世華銀行
Cathay United Bank
迎新賀歲
國泰世華銀行
Cathay United Bank
春
Happy New Year
國泰世華 財富管理
財源廣進
國泰世華銀行
Cathay United Bank
春
Happy New Year
國泰世華 財富管理
花蓮二信 HL2C

心想事成
Coca-Cola

Coca-Cola

Coca-Cola

可口可乐

可口可乐
金猴贺新春
可口又可乐

来瓶可口可乐

新春大吉
可口可乐

团圆年味
就要可口可乐
红火兴旺

可口可乐
你想与谁分享?
新年第一瓶

可口可乐

可口可乐 春节添欢乐
Coca-Cola

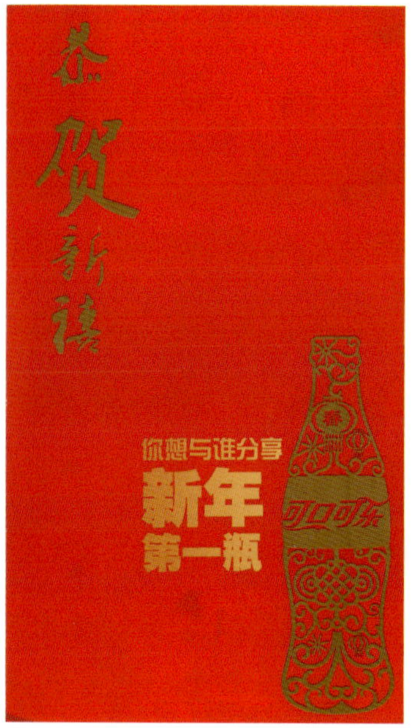
恭贺新禧
你想与谁分享
新年第一瓶
可口可乐

Coca-Cola
恭喜發財

Coca-Cola
Coca-Cola
分享新年第一支

红包
可口可乐

龍馬精神
可口可乐

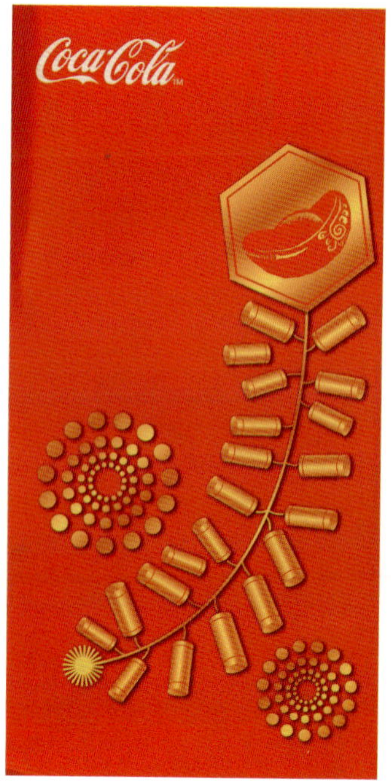
Coca-Cola

（缩小版）

Lay's
乐事
礼到
乐事到
百事可乐
GUANG ZHOU
百事可乐
快活年年
百事可乐大家发
七喜临门美年达
美年达
广州百事可乐饮料有限公司
祝你百事可乐
祝你
百事可乐
PEPSI
sports
我要超速度
祝你 百事可乐
百事可乐
渴望无限

海印實業公司
海印毛毯布料總匯（東揚）
恭喜發財
廣州市東湖路143號
恭喜發財
恭喜發財
Season's Greetings and
Best wishes for the New Year
海印集團
海印有禮
海印股份
HIGHSUN
海印集团
HIGHSUN GROUP

富貴
榮華
榮華集
WING WAH
大吉大利
传统美食
福
银记肠粉
2018
旺旺
Happy New Year
金亿餐饮
全体同仁恭贺

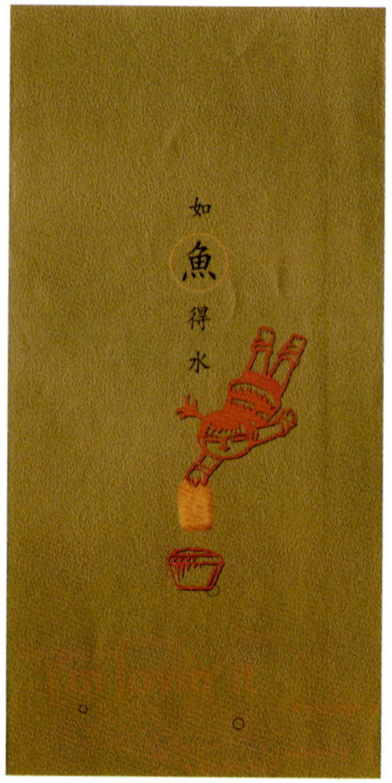
如
魚
得
水

年年有

HAPPY NEW YEAR

McCafé

天河城百货
天河城百货
天河城
TEEMALL
天河城百货
恭喜
發財
天河城
TEEMALL
HAPPY NEW YEAR
天河城百货
天河城百货
Happy New Year
賀歲
天河城百货
Happy New Year
賀歲
有
貴
富
天河城
TEEMALL
天河城广场
福
天河城广场
吉祥
如意
天河城广场
恭喜发财
事事如意
天河城广场
广州市天河购物广场
恭贺新禧
天河城广场

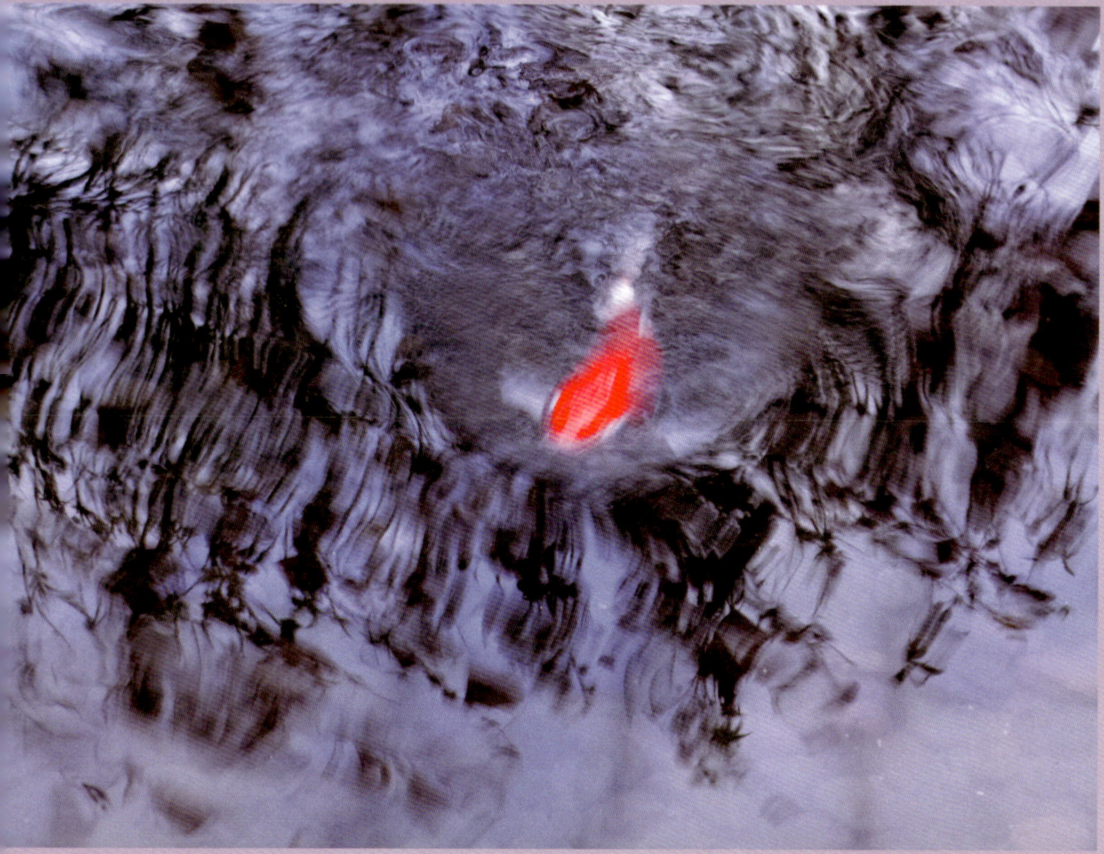

综合篇

佛
菩萨赐福

天壇大佛
開光紀念
香港寶蓮禪寺敬贈

福壽康寧
鴻慈普佑
南海观音文化苑

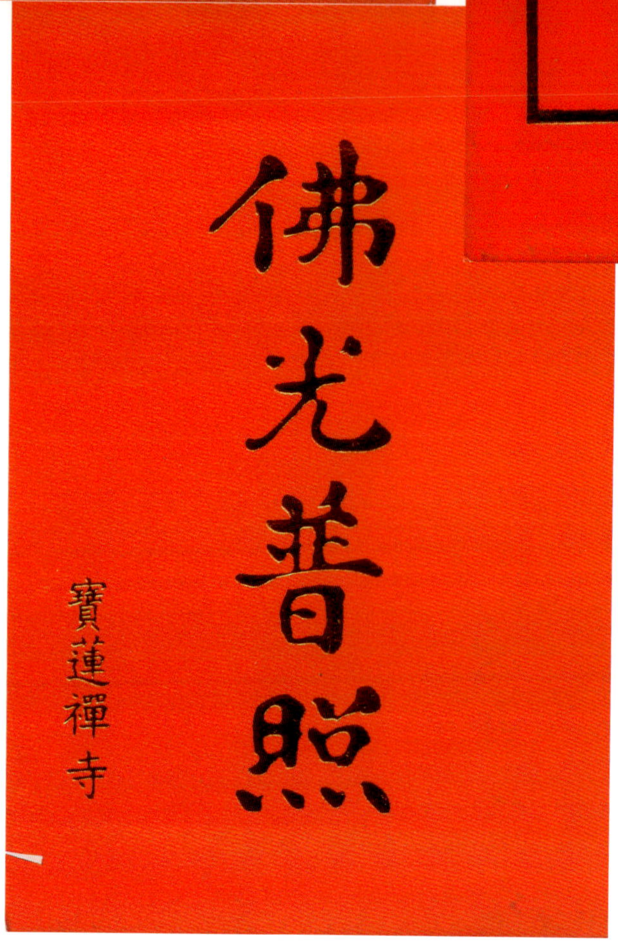
佛光普照
寶蓮禪寺

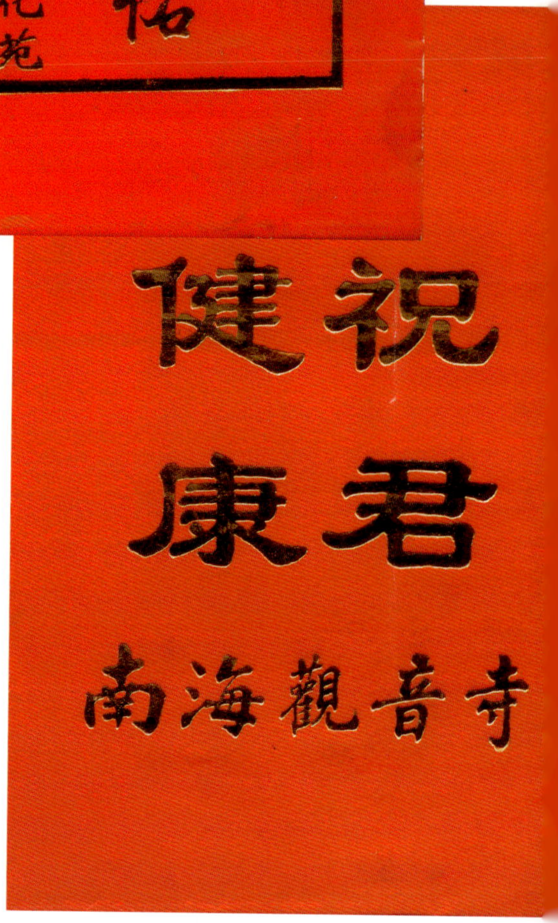
祝君健康
南海觀音寺

福
妙理自然在心中
妙法齋 素食中心
2765 8413 2765 8999
2412 0301 2412 0342
2450 7288

如意吉祥
無量光明無量壽
最勝福田最勝心
雲門利是

吉祥
雲門利是

如意吉祥
無量光明無量壽
最勝福田最勝心
雲門利是

六時吉祥
福慧雙增
六時吉祥
福慧雙增
六時吉祥
福
佛光普照
知恩報恩
淨空
看破放下自在隨緣念佛
極樂寺・台南市淨宗學會 敬贈

真誠 清淨 平等 正覺 慈悲
開光風水利事

財 亨 通 運
戊子年 2008
Happy New Year
龙母赐福
德庆悦城
龙母祖庙

道教
何仙姑家庙
如意吉祥
四季平安
开光专用
地址：增城市小楼镇仙源路8号
电话：13711253575 邮编：511396

呂道會信善壇
如意吉祥
四季平安

龍光普照
德慶悅城龍母祖廟

IN GOD I TRUST
福
找到了天主
才是福中之福
天主教广州教区
The Catholic Archdiocese of Guangzhou
天主教广州教区
Cacholic Diocese of Guangzhou

天主爱你100分
福
福

天恩盈宇宙
福
主爱满家庭

福杯常满溢
主恩永丰盈
天主教广州教区

主啊，是
你们要

天恩福傳宗
主愛樂滿庭

天恩盈宇宙
主愛滿家庭
福

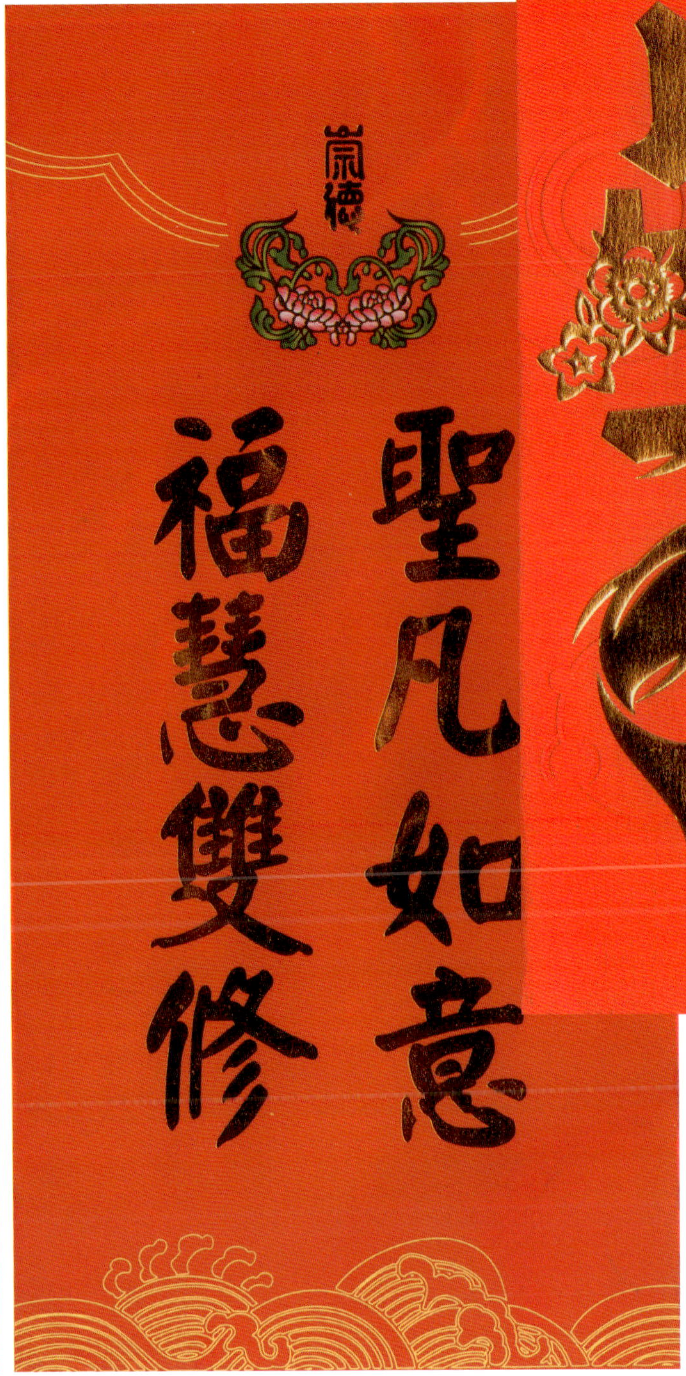
聖凡如意
福慧雙修

崇

Selamat Idul Fitri
Selamat Hari Raya Idul Fitri
Selamat Idulfitri
Selamat idul fitri
Salam Aidilfitri
Salam Aidilfitri

Salam
Aidilfitri
Selamat Hari Raya aidilfitri
Selamat
Hari Raya
Aidilfitri
Maaf Zahir Batin
Selamat Hari Raya aidilfitri
Selamat Hari Raya
Aidilfitri
ELA MAT H ARI RAYA
AIDILFITRI
Maaf Zahir Batin
Maaf Zahir Batin
ela mat H ari Raya
···Aidilfitri···
Maaf Zahir Batin
Sela mat H ari Raya
—Aidilfitri—
Salam
Aidilfitri

图书在版编目（CIP）数据

中华红包集锦 / 王力建，姜夏旺编著 . -- 武汉：华中科技大学出版社，2019.10

ISBN 978-7-5680-5753-0

Ⅰ . ①中… Ⅱ . ①王… ②姜… Ⅲ . ①人间关系 - 中国②中华文化 Ⅳ . ① C912.11 ② K203

中国版本图书馆 CIP 数据核字 (2019) 第 222092 号

中华红包集锦
Zhonghua Hongbao Jijin

王力建　姜夏旺 **编著**

出版发行：华中科技大学出版社（中国・武汉）电话：（027）81321913

地　　址：武汉市东湖新技术开发区华工科技园（邮编：430223）

出 版 人：阮海洪

策划编辑：王　斌　　责任监印：朱　玢

责任编辑：吴文静　李　楠　　装帧设计：百彤文化

篇章文字：大　毛

印　　刷：深圳市新联美术印刷有限公司

开　　本：965 mm × 1270 mm　1/16

印　　张：39.5

字　　数：900 千字

版　　次：2019 年 10 月第 1 版　第 1 次印刷

定　　价：518.00 元（USD 102）

华中出版

投稿热线 :13710471075　　342855430@qq.com

本书若有印装质量问题，请向出版社营销中心调换

全国免费服务热线：400-6679-118 竭诚为您服务

姜夏旺

工学博士，擅长纸材质与工艺的研究及运用，具有近十年的红包产品开发经验。先后于2015年和2016年赴意大利米兰理工大学、新西兰尼尔森·马尔伯勒理工学院交流学习。参与或承担多项国家及省级科研课题研究。公开出版教材一部，专著两部。拥有外观专利83项，实用新型专利15项。

王力建（小名：大毛）

中国摄影家协会会员，广东省摄影家协会会员、高级会士；中国花卉协会会员；

曾编著《荷风》《和荷天下》《莲哉·澳门》《中国历代咏荷诗文集成》《荷莲中国》；

呈了荷花献红包。从集藏、筛选，至整理、配文，再到编辑、出版，30余载的人生之乐、心意之美，让千千万万的红包，瞬间化为一页一世界、一册一尘缘。

从心出发——感恩一切，知足所有！

牛杂粉
福
TVB
大吉
大利
明濠阁
棋牌
阁棋牌
价格表
上午10点-18点
新新精艺 满满心意